人文社科
高校学术研究论著丛刊

现代小学数学思维能力培养研究

马建霞 著

中国书籍出版社
China Book Press

图书在版编目(CIP)数据

现代小学数学思维能力培养研究 / 马建霞著. --北京：中国书籍出版社，2021.4
ISBN 978-7-5068-8434-1

Ⅰ.①现… Ⅱ.①马… Ⅲ.①小学数学课—教学研究 Ⅳ.①G623.502

中国版本图书馆 CIP 数据核字(2021)第 067281 号

现代小学数学思维能力培养研究

马建霞 著

丛书策划	谭 鹏 武 斌
责任编辑	牛 超
责任印制	孙马飞 马 芝
封面设计	东方美迪
出版发行	中国书籍出版社
地 址	北京市丰台区三路居路 97 号(邮编：100073)
电 话	(010)52257143(总编室)　(010)52257140(发行部)
电子邮箱	eo@chinabp.com.cn
经 销	全国新华书店
印 厂	三河市德贤弘印务有限公司
开 本	710 毫米×1000 毫米　1/16
字 数	305 千字
印 张	19
版 次	2022 年 7 月第 1 版
印 次	2022 年 7 月第 1 次印刷
书 号	ISBN 978-7-5068-8434-1
定 价	90.00 元

版权所有　翻印必究

目 录

第 1 章　认识数学思维 ································· 1
   1.1　数学思维概述 ································· 1
   1.2　数学与数学思维在科学中的地位 ················ 13
   1.3　思维能力培养的意义和效果 ···················· 15
   1.4　培养小学生数学思维能力的策略 ················ 28

第 2 章　数学符号思维 ································ 34
   2.1　数学符号价值意蕴及培养 ······················ 35
   2.2　数的抽象与概念教学的意义 ···················· 39
   2.3　分数与小数教学 ······························ 45
   2.4　选择合理的数据收集方法 ······················ 52
   2.5　引导儿童对数据进行深入解读 ·················· 54
   2.6　在问题解决中培养符号意识 ···················· 57
   2.7　在表达关系中深化符号意识 ···················· 60

第 3 章　运算思维 ···································· 64
   3.1　运算思维训练 ································ 64
   3.2　以"和""份"概念为核心揭示运算意义 ············ 66
   3.3　整数运算及其对小数、分数的迁移 ·············· 79
   3.4　运算思维训练案例 ···························· 86

第 4 章　逻辑推理思维 ································ 94
   4.1　小学数学中的逻辑推理思维 ···················· 94
   4.2　命题及命题条件 ····························· 101

  4.3 判断的意义和种类 …………………………………… 105
  4.4 形式逻辑的基本规律 ………………………………… 110
  4.5 在问题解决中培养儿童的推理能力 ………………… 114
  4.6 逻辑推理思维培养案例 ……………………………… 118

第5章 创造性思维 ……………………………………… 121
  5.1 数学创新能力 ………………………………………… 121
  5.2 数学创造性思维的过程与结构 ……………………… 123
  5.3 学习过程中的创造性思维培养 ……………………… 125
  5.4 教学过程中的创造性思维培养 ……………………… 127
  5.5 激发学生创造性思维的技巧 ………………………… 131
  5.6 培养创造性思维案例 ………………………………… 134

第6章 图形思维 ………………………………………… 153
  6.1 基本图形与图形的辨认 ……………………………… 153
  6.2 图形分析 ……………………………………………… 163
  6.3 在画图中培养小学生的几何空间观念 ……………… 174
  6.4 图形思维培养案例 …………………………………… 178

第7章 应用题思维 ……………………………………… 183
  7.1 以运算基本概念为中心的思维训练 ………………… 183
  7.2 一步应用题教学思维训练 …………………………… 189
  7.3 两步应用题教学的思维训练 ………………………… 199
  7.4 多步应用题教学的思维训练 ………………………… 207
  7.5 巧解应用题 …………………………………………… 214

第8章 小学数学思维能力评价 ………………………… 230
  8.1 小学生数学学习评价的目的 ………………………… 230
  8.2 各种数学思维能力 …………………………………… 232
  8.3 不同维度下小学数学内容领域中的思维能力
     评价 …………………………………………………… 238
  8.4 认知领域中的思维能力的评价 ……………………… 247

目 录

第 9 章　数学游戏与思维能力培养 …………………… 252
　9.1　数学游戏 …………………………………………… 252
　9.2　数学游戏与数学符号思维 ………………………… 255
　9.3　数学游戏与计算思维 ……………………………… 259
　9.4　数学游戏与推理 …………………………………… 267
　9.5　数学游戏与图形思维 ……………………………… 276
　9.6　数学游戏与创造性思维 …………………………… 283

参考文献 ………………………………………………… 288

第1章 认识数学思维

数学是思维的工具,是思维的载体。培养学生的数学思维是培养学生学习能力乃至其他能力的根本途径,它不仅意味着解数学题的能力或者将实际问题转化为数学问题来处理的能力,还包括善于运用数学思维方式去考虑问题、处理问题的能力,也就是运用数学观念来考虑和处理问题的能力。[①] 培养学生的数学思维有利于学生加深对概念的理解和洞察,有利于学生的判断和想象能力的提升,有利于培养学生的逻辑思考能力,从而有利于增强学生的自信心。

1.1 数学思维概述

1.1.1 数学思维及涵义

1.1.1.1 数学思维的引出

数学是研究现实世界中数量关系和空间形式的,简单说,是研究数和形的科学。科学的区分在于研究对象的特殊性,对于数学认识有它的特殊性。数学研究对象的特殊性就在于它研究事物的量的规定性,而不研究事物的质的规定性;而"量"是抽象地

---

① 孙杰. 培养数学思维能力与学生素质的提高[J]. 德州学院学报(自然科学版),2001(2):25-27.

存在于事物之中的,是看不见的,只能用思维来把握,思维有其自身的逻辑规律。所以数学对象的特殊性决定了数学认识方法的特殊性。数学与其他文化一样,也具有两种价值:物质价值和精神价值。许多远见卓识的数学家和数学教育家"最为关心"的正是数学的精神。正如克莱因(M. Kline)所说:"从最广泛的意义说,数学是一种精神,一种理性精神。正是这种精神,激发、促进、鼓舞并驱使人类的思维得以运用到最完善的程度,也正是这种精神,试图决定性地影响人类的物质、道德和社会生活;试图回答人类自身提出的问题;努力去理解和控制自然;尽力去探求和确立已经获得知识的最深刻和最完美的内涵。"所谓数学精神,即指人类从事数学活动中的行为规范、价值取向、理想追求等意向性心理的集中表征,特别是数学思维方式,凡是学习数学的人都知道,学好数学,必须有情感投入,特别是兴趣的投入,真正在数学上有成就的人,他们都有坚定信念,忘我工作,不畏艰辛,不辞劳苦,不怕牺牲地追求真理,坚持真理,且对数学是着迷的、入魔的。所谓着迷的、入魔的,就是全神贯注,刻苦思考,如果不这样,就难以在数学学习和研究中有所成就,历史上大多数数学家都具备这种精神和思维魔力,这样的例子举不胜举,在这里仅举出三例。

例 1-1 古希腊阿基米德(Archimedes 公元前 287—前 212)是最伟大的科学家,当然也是数学家,公元前 212 年,罗马军队入侵叙拉古,年近 80 岁的阿基米德正在全神贯注地思考沙滩市的一个几何问题,疏忽了回答一个罗马士兵的问话,结果被刺死。他虽然不幸被害离开了人间,但是他的思想存在。

例 1-2 18 世纪法国女孩索菲亚·热尔曼,她在 13 岁的时候读到一本叫《数学的历史》的书,书中写到阿基米德在被罗马士兵刺死之前还在思考几何学。便得出这样的结论:如果一个人导致他死亡的是几何问题,那么数学必定是世界上最迷人的学科了。她马上对最迷人的学科——数学着了迷,经常思考工作到深夜,研究牛顿和欧拉的著作,父母没收掉她的蜡烛,搬走取暖的东西,也没有阻止她继续学习和思考。后来她在许多人望而生畏的费马猜想上迈开一大步,获得了德国格丁根大学的荣誉博士称号,她是一位自学成才的数学家。就像两千年间涌现出的大多数女数学家一样,她终身未婚,她已经和真理(数学)结了婚。

例 1-3 我国的现代数学家陈景润(1933—1996)也是一位对数学着迷的人,为了解决哥德巴赫猜想,他自述到"我有我的天地,读书和演算才是我极大的乐趣。我认为并不是每一个人都能享受到这种乐趣的。""有一次,我边走路边思考题目,忘记了周围的一切,一头撞到一棵大树上,头上碰出一个大包,一面用手摸着额头,一面还埋怨别人撞了我。"为了研究和思考数学,他几乎没有作息时间表,不论上班、下班、白天、黑夜、走路、吃饭,他都在不停地构思和思考尝试用各种可能的方法去推理运算,几乎停止了一切与数学无关的行动。为证明哥德巴赫猜想,他研究和思考了三十多年。

甚至,同一个数学问题,多少代数学家前仆后继,为之思考,为之献身:

欧氏几何平行公理的独立性问题,两千多年的时间里为人们苦思冥想;

正多边形的尺规(或圆的等分)问题也经历了两千年以上的思索,直到高斯时代;

…………

这就是所谓的数学精神,即指人类从事数学活动中坚韧不拔、一丝不苟的探索和思考精神。

在当今社会,人类的活动更离不开科学思维,现代科学技术(包括社会科学)发展的一个明显的特征是,数学和数学思维正在到处渗透,更显示了数学思维的巨大威力与其他学科不同的特征,如果换用一种更贴切的说法,那么"数学的思维"便是科学思维的闪光点。表现在以下几个方面:

一是以内在方式表现在数学理性精神对人类思维的深刻渗透力。数学的每一次重大的进展都给予人类生活带来方便,同时给数学思维以丰富的启迪,提高人们的思维能力。但是在当今社会人们往往直接看到的是摩天大厦、高速公路、磁悬浮火车、数字电视、电子计算机、航天飞机等等，这些是现代科技文明的代表，被人们认为是现代科学技术和工程技术的杰作，数学的作用在哪里，人们大都直接看不到。有一句名言："数学是打开科学大门的钥匙"。其实数学不仅仅是作为工具，关键是数学思维具有无穷的威力，也有令人醉心的魅力。

二是以外显方式表现出数学的应用越来越广泛，几乎渗透到人们生活的每一个角落。数学思维的特点是准确而严密，给人们生活带来方便，"数学是打开机会大门的钥匙"。这已是数学在美国等西方发达国家中树立起来的形象，数学思维的应用渗透于人们生活中的方方面面。

三是高科技的发展，对人们的思维提出了更高的要求，能适应各种变化，对复杂性问题能发觉其模式并且能解决非常规的问题。高新技术的飞速发展已经使当今许多的工作场所"数学化"，人们比过去任何时候都更需要数学的思考，数学成为许多工作的先决条件。例如在微软研发部中有一个理论组，其中就聘请了12位数学家。

四是数学提供了有特色的思维方式，包括建立模型、最优化、逻辑分析、从数据进行推断、运用符号进行运算等，普遍适用并且强有力的思考方式就是应用数学思维方式，数学的思维方式在众多的不同层次上影响人们的生活和工作方式。例如比较贷款的优劣，理解通货膨胀率、物价税率、公共事业等重大问题，常常是集中在用数字表述出来的数学问题，数学思维能使人们识别谬论，能探查偏见，能估计风险，能提出解决办法。

五是数学思维能改善思维的品质，提高思维的技能，人们做事往往愿意作定性思考，缺乏定量思考，特别是当今社会是知识爆炸时代，当许多事物的发展以指数增长的形式进行时，定性估计是最容易出错的。最简单的例子：一张大白纸，对折50次，有多厚？说出来令人难以相信，当纸薄到百分之一毫米时，也有一千万公里厚！

六是探讨数学思维,是教师提高教学质量,培养学生思维能力的一个重要的方面。这是一个古老而常新的课题,永远不会完结。

数学思维源于人类的思维,这种思维具有抽象性、严密性的特点,并逐步演变成为相对独立的思维方法,因而具有准确、简洁的特点,可以避免有些日常语言引起的混乱,可以简化思维步骤,有利于推理和论证。因此,数学思维是人类思维的一种重要思维形式,也是有关人士常常探讨的重要课题之一。

那么,什么是数学思维?

"数学思维"是在数学教育活动中经常出现的名词,但它不仅指数学教育中出现的思维和思维方式,而且指数学教育之外其他许多数学活动的思维方向和方式,例如体现在平时的数学学习、研究和各种应用等活动中。有的人常常把数学的学习称为思维的体操,如果你经常做数学训练,就意味着你的思维在做体操,它能使你的思维更精密、更深刻、更聪慧。正如俄罗斯伟大的科学家罗蒙诺索夫所说的:"至于数学,即使只不过使人的思维有条理,也应该学习。"尽管数学科学的表现形式好像显得特别"高高在上",不好接触;这是因为数学所研究的空间形式和数量关系是以极度抽象的形式出现的,它完全脱离了现实世界的物质内容和具体形式。各门纯粹数学,如代数、几何、分析等等,所研究的对象都是纯粹的量和空间形式,这样才保证数学以高度概括和极度抽象的形式出现,正是由于数学科学有了这种"高高在上"的典型特征,从而保证了数学和数学思维存在的普遍性和适应的广泛性。因而数学思维训练在提高人的推理能力、抽象能力、分析能力和创造能力上,是其他思维难以替代的。

从科学技术发展史上,可以看到科学家们天才的思维能力、想象能力超过了他们所在的时代科学的发展水平,这就是数学思维的魅力,反过来对科学世界的更深入研究又超过科学家们的天才想象力所设想的概念或目标,这就是数学思维在认识世界上的辩证关系,因此,必须深入地研究数学的思维与发展。

1.1.1.2 数学思维的意义

数学思维是过程和结果的统一体。作为过程，它是科学思维的工具；作为结果，数学知识本身就是数学思维的结果。所以说思维是过程与结果的统一体。

例如，中学数学教学大纲(试验修订本)将培养学生的三大能力之一"逻辑思维能力"改为"思维能力"，虽然只是去掉两个字，概念的内涵却更加丰富，人们在教育的实践中实现了认识上的转变。在注重逻辑思维能力培养的同时，还应该注重观察力、自觉力、想象力、联想力、迁移力等思维能力的培养。而这些思维能力的培养由于长期得不到重视，学生在学习的过程中对数学的本质容易造成误解，认为数学是枯燥乏味的；同时对数学的学习也缺乏取得成功的必要的信心，从而丧失数学学习的兴趣。人们在实践中感觉到：逻辑思维能力有时往往是过程，直觉思维能力往往是结果，直觉思维在人们生活中随时可见，例如当人们看一场精彩的体育表演或观赏一幅名画时，会情不自禁地叫好或赞赏。直觉思维是对一种事物、问题、现象的直接领悟式的思维。可以这样说，直觉思维是人们在实践经验的基础上，由于思维的高度集中而形成的对客观事物综合的直接的判断思维形式。过多地注重一种思维能力的培养，不利于思维能力的整体发展。全面培养思维能力是社会发展的需要，是适应新时期社会对人才的需求，这给数学教育工作者提出了更高的标准。

因此，我们说数学是一门科学，是一门教育，是一种语言，是一门艺术，更是一种科学思维。数学和其他文化一样，有它自己的思维，即数学思维。数学思维是人类思维的一种重要形式。

到底什么是数学思维呢？

1.1.1.3 数学思维的发展

数学本身是一个历史的概念，对数学思维的研究也是随着历史的发展而逐步深化的。更广义地说，有数学的产生和应用就应该有数学思维,从人类的最原始计数开始,数学思维则有之,随着社会的进步和数学的发展,取得了一定的进展和成果。但是,过去由于人们只是过于注重记述数学研究的事实与最后成果本身,因此一直到18世纪,数学思维的研究基本上处于分散状态,各个数学分支、研究部门很少联系,数学思维方法的提出往往是零散的、个别的、具体的和解决实际问题的。例如中国数学家刘徽的"割圆术",英国数学家纳皮尔发明的对数方法,牛顿-莱布尼茨的无穷小量方法等都是如此。

  18世纪末到20世纪初,人们提出和发现了一些具有划时代意义的数学思维方法,这些数学思维方法导致了数学基础学科的变革,例如在几何学中创立了非欧几何的一系列思维方法。在代数学中,出现了群论的思维方法。在数学分析中,出现了极限的思维方法。特别是出现集合论思维方法之后,对整个数学基础的研究,尤其对近现代数学结构的探讨具有巨大而深远的意义。这些都大大推动了数学的发展。

  20世纪初以来,由于数学基础学科中重大思想方法的出现,尤其是数学公理化方法的形成,数学基础理论的辩论,数学统一性等问题的展开,使人们逐渐注意数学分支之间内在的联系,在这个时期,数学家们在继续创造出许多数学思维方法用来推进数学发展的同时,也有一部分数学家用大量的精力从事数学思想方法和理论的研究,并且发表了大量的关于数学思维方面的论著。例如,对数学思想方法本身最早系统发表见解的要算希尔伯特于1900年在巴黎数学家代表大会上的演讲《数学问题》,他阐述了重大数学问题的特点及其在数学发展中的作用,提出了具有重大意义的23个数学问题。随之,法国数学家庞加莱(Henri Poinare,1854—1912)于1902年到1909年发表了《科学与假设》《科学的价值》《科学与方法》等著作,许多章节讨论了数学方法论的问题。后来也有许多数学家发表了关于数学方法论的论著。

  另外,从数学教育与数学能力培养的角度、从研究著名数学家的思想方法和特点——人物评传的角度、从数学哲学的角度等等都有数学工作者和数学家在探讨、研究,都有大量的论著发表。他们创造了各种数学思维和方法,都大大地推进了数学的发展。

1.1.1.4 数学思维的涵义

20世纪80年代开始,我国数学家徐利治陆续发表了《浅谈数学方法论》《数学方法论选讲》和《数学与思维》等论著,引起国内外数学界与哲学界的注意。他认为:数学是一种思维方法,表现了人类思维的本质和特征。几何学能训练人的逻辑思维能力,这一点已得到了公认。"数学思维"也是当前学术界的常用名词,它不仅指数学中的逻辑思维,而且特指与数学密切相关的思维方式。数学家将这种思维分为左脑管辖的抽象思维、形式化和公理化,右脑管辖的探索性思维、形象思维的直觉思维。目前正在研究左右脑思维的配合,以期将数学发展成为一种高效率的思维科学。①

近些年来,对于什么是数学思维的涵义,我国众多的数学家和学者也在不同的论著中给出其定义。例如:

王仲春教授等认为:"数学思维是指人类关于数学对象的理性认识过程,包括应用数学工具,解决各种实际问题的思考过程。"

周学海教授认为:"所谓数学思维,是指数学对象'纯粹的量'的本质和数学对象之间'纯粹的量'的规律性的关系在人的头脑的反映。"

任章辉教授认为:"数学思维"一词,初看起来是数学工作者用惯了的,其涵义不言自明的,通常指人们在数学活动(数学研究和数学教育)中的思想或心理的过程与表现,然而探究起来就相当复杂甚至是不容易讲清的东西。

魏纶教授等认为:数学思维是人脑和数学对象(空间形式,数量关系,结构关系)交互作用并按照一般思维规律认识数学内容

---

① 王青建. 数学是什么[J]. 自然辩证法研究,2000,16(1):1-5,36.

的内在理性活动。

王宪昌教授等认为：一般地说，数学思维就是数学活动中的思维。更确切地说，数学思维是人脑在和数学对象交互作用的过程中，运用特殊的数学符号语言以抽象和概括为特点，对客观事物按照自身的形式或规律做出的间接概括的反映。[①]

高隆昌教授认为："数学思维属于认识论和方法论的综合型思维形式，它具有概念化、抽象化、模式化的认识特征，或说具有把数学中的概念结论和处理方法推广应用于认识一切客观事物，这样的哲学高度和认识特征。"

这是因为人们可以从不同角度，不同方面去理解或给出数学思维的涵义。有的是从数学思维理论、数学思维方法、数学文化等不同角度给出的；有的是从数学教育学、数学方法论、数学与思维等不同方面谈论的。仔细分析这些专家给出的定义，可以得出以下的几个结论：

第一，数学思维是"理性认识过程""在人的头脑中的反映""内在理性活动""间接概括的反映""思想或心理的过程与表现"，尽管词语不一样，基本精神是一样的，数学思维是一种思维过程。

第二，数学思维是数学活动中的思维。事实上，凡是有数学活动的地方就有数学思维，数学活动的范围是很广的，例如大、中、小学校及幼儿园的学生和教师们、数学工作者和其他科学工作者、甚至一般的劳动者在日常的生活中也都有数学思维，只有从数学学习、数学教育和数学研究及数学应用等等方面去看待和理解，才能对数学活动有比较全面的了解，才能对数学思维的涵义有比较全面的认识。

第三，数学思维有明确的目的性，是指认识"数学对象'纯粹的量'的本质"，"对客观事物按照自身的形式或规律做出"的"反映"，这些是"解决各种实际问题的"。在某种意义上讲，目的性就

[①] 金李会. 中学生数学思维障碍的成因分析和对策探讨[J]. 高中数理化，2011(8)：24-25.

是问题性。一般说来,数学问题就是决定数学的发展方向和推动的动力,反过来,数学问题的解决也就是数学思维要达到的目的。如果没有问题,数学思维则不存在,或者说数学思维毫无意义。

第四,思维的工具是语言,"运用特殊的数学符号语言"作为数学思维的工具。

第五,数学思维的过程是"人脑在和数学对象交互作用"的过程,是一个反复认识的过程。"数学是一种思维方法,表现了人类思维的本质和特征"是"认识论和方法论的综合型思维形式,"是"应用于认识一切客观事物"。所谓"综合型思维"应该包括多种思维能力。

数学思维是思维的一种,既然思维具有间接与概括的特征,毫无疑问数学思维也具有该特征。数学语言的含义是很广的,既包括符号语言,也包括定义、定理、法则、判断、证明、公式、计算等,数学方法含义更广泛。"客观事物"从广义理解,可以是数学本身的问题,也可以是社会经济、科学技术等问题。

在这个基础上给出数学思维的定义:

数学思维是数学活动中的综合思维。是人们在从事数学学习、数学教育、数学研究和数学应用等过程中,运用数学的语言和方法,以数学问题为载体,在人脑与数学对象交互作用中,认识客观事物的内容或本质的内在理性活动。

1.1.2 数学思维方法

数学不仅是一种重要的"工具"或"方法",也是一种思维模式,即"数学方式的理性思维"。数学思维是人类思维的一种形式,除了具有思维的一般规律和特征外,它也有自己独特的思维方法。数学思维方法则是在数学思维指导下,为数学活动提供思路和逻辑手段以及具体操作原则的方法。

数学思维是针对数学活动而言的,它是通过对数学对象,并且主要是由数学问题的提出、分析、解决、应用、推广和检验等一系列工作，获得对数学对象"纯粹的量"（包括空间形式、结构、模型、模式等）的本质和规律性的认识过程。这个过程是人的大脑思维对数学对象信息的接收、分析、选择、加工与归纳的过程。它是一种复杂的心理活动和思考过程，思考使数学思维与数学知识具有密不可分，互为表里的血肉关系。数学思维是一种内隐的心理加智力的活动，数学知识则是数学思维的结晶。从数学思维到数学知识（包括数学问题的解决），这一过程，人们往往运用了大量的思维方法，这种思维方法就是数学思维方法。那么，什么是数学思维方法？

从数学研究的角度来看，数学工作者的数学思维方式是一种典型的数学思维。他们在实践中通过不断地提出数学问题、猜想、假设，通过直觉、注意、观察、记忆、联想、概括、迁移、分析、归类、创造、发展思维等等的思维方法，和高超的思维技巧去分析和解决历史遗留或现实中的难题及预测未来的重大数学问题，不断地开拓新的数学分支和探究方向，使数学学科不断地得到发展。并且伴随着每一次的重大数学发现和创造，都使数学思维方式不断得到深刻的变革。

当然，这并不是说只有数学家才有或者他们才是真正的数学思维。像欧几里得几何等传统数学课程都曾对许多伟大的科学家，诸如爱因斯坦、伽罗华、维纳、杨振宁、小平邦彦等的早年思维方式形式产生重大影响。从各个学科来看，不仅物理、化学、生物、地质学、气象学等一些自然科学早把数学概念、公式、方法、方程、模型等作为思维活动依托的工具，而且当代的社会科学、经济管理、历史、考古、文化艺术等等，也运用数学思维方法作为工具，并且取得了重大的科学成果和社会效益，因此研究数学思维方法在各种不同的学科应用，有利于提高人们的数学思维和数学思维能力的运用。

以上这些说明数学思维方法既有自然科学思维的观察、实验、类比、归纳等特点，又有类似社会科学猜想、反驳、想象、直觉、美感等特点，也具有思维活动的心理特征和思维科学的特征，更与数学史、数学哲学、数学文化等相联系。

所谓数学思维方法,是人们按照数学特定的规则和要求,主要运用数学思维,在认识和解决数学问题的过程中所形成的定式。

所以说,数学思维方法以数学知识为载体,是数学知识发生过程中的提炼、抽象、概括和升华,是对数学规律更普遍的认识。数学思维方法同思维方法一样,表现的形式也是多种多样的。

最基本的数学思维方式有:数学符号表示、命题与判断、形式推理、逻辑推理、证明与反驳、分段式命题、视觉审美等等。数学思维方法能培养人们的抽象思维、逻辑思维、形象思维、直觉思维、创造性思维等思维能力。

数学思维方法,除了具有前面思维的一些方法外,数学本身还有一些重要思维方法,例如公理化方法、数学模型方法、构造法、反例法、对偶法、逐次逼近法等等,这些方法在不同学科领域里得到运用。

如果进一步深入数学思维活动升华的更高层次,也就是说数学思维方法已迁移到文化艺术、道德修养、智育美育的素质范畴。尤其在学校的数学教学中,也可以促进课程内容和数学方法的改革,则对培养学生的数学素质与知识创新无疑地起到良好的作用。特别是在现代社会中,数学教育又是人们终身教育的重要方面,它是公民进一步深造的基础,是终身发展的需要。人们在学习数学和运用数学解决问题时,不断地经历直观感知、观察发现、归纳类比、空间想象、抽象概括、符号表示、运算求解、数据处理、演绎证明、反思与建构等思维过程。这些过程是数学思维的能力和方法的具体体现,有助于人们对客观事物中蕴涵的数学模式进行思考和推理证明以及做出判断。数学思维能力和数学思维方法在形成理性思维中发挥着独特的作用。[①]

[①] 赵华. 数学思想与方法在高中教学中的渗透研究[D]. 苏州大学,2011.

由于数学思维的广泛性和数学思维是过程和结果的统一,数学思维方法也具有多学科、多角度的交叉综合性,因而它的研究是多方面的。当今的数学兼有科学和技术的两种品质,数学知识与思维方式、方法结合起来的数学思维方法给人们带来较高层次的数学意识和数学观念。也就是说形成一个数学头脑,掌握某些新的数学思维方式与方法,形成更高的科学思维能力,对现有的数学思维观念、思维模式和思维方法进行超越和创新,开创出新的数学领域。

总之,研究数学思维及数学思维方法对人们工作、学习、生活和思想能产生很大的影响和作用。

1.2　数学与数学思维在科学中的地位

现代科学的飞跃发展,形成了许多具有纵深层次、横断、交叉、边缘的综合科学体系。在这些科学当中,数学处在什么地位?

有人认为:物质的运动,按其矛盾的特殊性,可分为自然、社会和思维三大基本领域。与这三大领域相对应的是研究自然界运动规律的自然科学、研究社会运动规律的社会科学和研究思维运动规律的思维科学。此外,还有研究三大领域最一般规律的哲学和研究三大领域共同具有的、"量"的关系的学科——数学。哲学和数学之所以被划分出来,是由于它们研究对象以及它们在现代科学发展中的地位和作用决定的。

由于数学的发展与自然科学的联系十分密切,人们习惯上把它作为一门基础自然科学划分在自然科学部类中;也有人认为,数学是自然科学与哲学之间的过渡学科;而逻辑主义者主张,全部数学可以归结为逻辑。这些看法都没有正确反映数学在整个科学当中的特殊地位,这是因为,客观世界的任何一种物质形态和它的运动形式都具有空间形式和数量关系,数学是研究现实世界的空间形式和数量关系的,这就决定数学和它的思维方法可以普遍地运用于任何一门科学。也可以说数学是研究物质运动一切"量的关系"的科学,物质世界的三大基本领域都有着量的规定性。因此,数学不但是自然科学,而且是社会科学、思维科学的"辩证的辅助工具和表现方式"。近现代科学发展已经表明数学已经成为各个部门科学发展的重要工具,随着人类对客观世界认识的不断深入,它的作用将愈来愈大,地位愈来愈重要。

作为整个科学技术基础的数学,正在突破传统的范围向人类社会所有知识领域渗透和进军,促进着科学和经济的快速发展。数学科学已成为推动人类文明进步、知识创新的重要因素,将更深刻地改变客观现实的面貌和人们对世界的认识。创造或保持在高新技术方面的优势,依赖于高水平的数学教育和数学研究,支持和大力发展数学教育,提升数学科学研究水平,已成为一个国家提高科技水平、增强综合国力和持续发展能力的重要战略。现代高科技的竞争,越来越呈现出一种数学的突破和数学应用的竞争趋势,谁掌握了先进的数学,谁就能更快地发展自己的科学技术。

但数学也绝不是可以"躲进小楼成一统,管他冬夏与春秋"的学问。许多新数学学科的创立又都依赖科学思想的突破。数学的本质是一种思维方法,数学家创造的就是数学思维模式。每一个科学上的进步似乎都需要一个新的理论框架,新的理论框架需要新的思维模式,如果现代高科技没有数学为之提供合适的思维模式,那么它所需要的一种新的思维模式必须再从自然界中抽象出来,其结果必须就会大大地影响这门科学的发展。

1.3　思维能力培养的意义和效果

1.3.1　思维是学习的工具

《辞海》中说：工具泛指从事劳动、生产所使用的器具，或比喻用以到达某种目的的事物，如语言是人们交流思想的工具。我们说思维是学习的工具，是指用思维来达到获取知识和运用知识的目的。思维的工具性，有以下两个特点。

1.3.1.1　通用性

思维基本法则和思维一般方法，有广泛的通用性。对于所有的人，无论是大人、小孩还是中国人、外国人，都是适用的。如果说知识会老化，但思维方法是常青的，小时候学会的思维方法，到老了也同样能用，不同专业的知识各不相同，但是它们用的思维方法是共同的。如语文课上分析句子，归纳段意，概括全文中心，是用分析综合的思维方法；数学课上解应用题，分析条件与条件、条件与问题，然后综合取舍，同样是用分析综合的方法。科学与艺术是人类的两大文明，过去人们认为彼此是不相通的；现在用两种思维的理念，人们开始发现，科学家和艺术家在思考时，他们的联想、想象的方法是相通的。毛泽东写诗时，浮想联翩，夜不能寐，他的思维"坐地日行八万里，巡天遥看一千河"。爱因斯坦进行科学研究时，善于进行"理想实验"，当他在中学读书时，想象自己骑在一条光上，去追赶另一条光。这里，诗人和科学家的思维就是相通的。

思维的通用性，也就是共同性，给学习带来很大的方便。全世界的语言中有很多的基本语法（主谓结构的句式）是共同的，这就给学习不同语言带来很大的方便。数学研究客观事物的数量关系,已达到非常深入、复杂的程度,但它的基本的思维方法(加、减、乘、除、乘方、开方)是共同的。从小学学数学、中学学代数到大学学微积分是共同的,就是说,我们用有限的十几种一般思维方法,去掌握、驾驭无限的知识。这就是思维方法作为学习的工具的价值之所在。

1.3.1.2 可操作性

思维基本法则表明,思维活动要用小步子,也就是可操作的。思维可操作性的机制就是工作记忆。

思维可操作性告诉我们,要使学习可持续,学习方法必须是可操作的,学习新知识要采取小步子,从旧知到新知要一步一个脚印地前进。学习难点产生的原因,既有新旧知识脱节、不衔接的问题,又有思维过程步骤不具体、思维方法的缺失的问题。所以,化解学习难点,既要让新旧知识在衔接上可操作,又要使思维方法和知识相互协调。

可见,思维的可操作性看似简单,其实是学习可持续的基本要求。

客观世界是非常复杂的,数学的魅力就在于面对所研究的问题,用数学的特殊方法(思维方法)提炼出一个合适的"数学模型",这个模型既能反映问题的本质,又能使问题得到简化,以便用数学思维方法,有步骤、可操作地进行推导。我们学习数学思维方法,就是要从小学会利用数学这个思维的武器(工具),为将来探索、解开自然界的种种奥秘打下坚实的基础。

思维是学习的工具,需要自觉地使用它,越是经常使用,它就会变得越来越犀利、越来越灵活。我们之所以重视思维训练,就是想让学生掌握思维的基本方法,学会独立思考,做一个自觉思维的学生。

1.3.2 思维训练是技能上升为能力的途径

在学习、工作、科学研究时,常常谈到能力,如学习能力、工作能力、管理能力、实验能力等,可见能力的重要性。什么是能力？"能力是一种顺利地或高质量地完成获取知识和运用知识的个性心理特征,是技能的高水平的综合。"[①]新的能力的定义,使我们对能力有了新的认识,理清了能力与技能、能力与思维、能力与知识的关系。

1.3.2.1 能力与技能

技能是能力的基础,能力是技能高水平的综合,二者都属于同一类认识活动。在这一点上,技能与能力是相同的,但是它们又有区别。例如,在教学活动中,教师讲了概念,有的学生理解得浅,有的学生理解得深；教师讲了例题,有的学生只会照老师的方法做,只会一种解法,有的学生就有多种解法；解应用题时,有的学生在脑子里各种条件是孤立的,有的学生则理解条件之间的关系；同样学习一个问题,有的学生要付出很大努力才能学会,而有的学生不费力就学会了。可见,学生在学习知识、技能时,在质量上、效率上是有所差别的。这就是技能与能力的差别。

概括地说,技能与能力的相同点是同为人的认识活动中同一类的活动方式、方法；不同点是,技能是按部就班的、程序性的活动,能力是技能高水平的综合,具有概括性、综合性和灵活性。

小学数学中数的运算,步骤具体,步子小,是一种技能。到中学后即使一些较复杂的计算,如 $\dfrac{36\times 8+6\times(54-32)}{69-53} + \dfrac{2}{5}(85+10)$,由于步骤具体、有顺序、步子小,也属于技能。不过,一些既步骤复杂又灵活的数量运算,应属于能力。如有名的题目"$1+2+3+\cdots+99+100=$",德国数学家高斯6岁时就能迅速得出 $101\times 50 = 5050$,这就是超人的才能。

又如解数学应用题,初学时,学生只会按照老师的方法按部

---

① 温寒江,陈爱苾.让青少年智力得到最佳发展:两种思维的智力基本理论[M]. 北京:北京科学技术出版社,2006.

就班地去做,这是学生只有解题的技能。但是,经过老师对解题的综合、灵活的思维训练以后,学生对这道题能有多种解法,解一道题后就能解一类题,思路开阔,达到了举一反三、触类旁通的水平,这时学生就有了解题的能力。

1.3.2.2 能力与思维

两种思维的技能定义表明,内化技能是指外界信息在头脑中转化为思维,外化技能是指把头脑中的思维及其结果表达出来。例如,老师向学生提出一个问题,学生听了之后要想一想(在头脑中思考),然后把他思考的结果说出来。即:

内化技能 ⟶ 思维 ⟶ 外化技能

所以技能是同思维联系着的。又由于技能是能力的基础,能力也是同思维联系着的。

现有心理学关于能力的定义一般认为,"能力是一种心理特征,是顺利实现某种活动的心理条件"[1]。这个定义虽然有指导意义,但是在实践中可操作性差,两种思维的能力理念阐明了能力与思维的关系,表明能力是同思维联系着的,而思维是可操作的,从而在理论上解决了能力的可操作问题。

1.3.2.3 能力与知识

研究能力与知识的关系,先要从技能与知识说起:在学习过程中,人们对外界事物的认识怎样转化为头脑中的知识呢?这个工作完全要靠技能来帮助。就是说,外界事物的信息通过人体感官到达大脑,在大脑中进行思维的加工,获得对事物的认识——这就是知识(经验);这些大脑中的知识在进行人际间的交流时,又要通过感官活动被表达出来,这就是外化技能的活动。学生学习语文有听、说、读、写等项技能,听、读是获取知识,说、写就是表

---

[1] 彭聃龄.普通心理学[M].北京:北京师范大学出版社,2001.

达(运用)知识。

所以,从一个学习过程来说,技能、能力是获取知识、运用知识的过程;知识是技能、能力的产物,是结果。能力与知识是过程与结果的关系,二者是有区别的。

但是,能力是同思维联系着的。学习新知识时,要把新知识与有关旧知识联系起来,进行思维加工。这时,旧知是作为思维材料参与思维活动的,也就是说,从学习的连续过程来说,知识(思维材料)是能力的一个部分,是成为能力的一个基础。可见,能力与知识既有区别又有联系,是互为基础、协调发展的。

从上面的分析中,我们得到重要的结论:能力训练不能孤立地进行,不能为训练而训练,而是要同有关知识、基本概念联系起来。例如,解数学应用题,要理解题目中的问题情境,研究条件与问题的关系,就会涉及许多知识,这些基本概念和知识就是解题能力的基础。过去把简单应用题分为十一类,教学时一类一例题地讲解,是偏于技能的训练。马芯兰老师把十一类简单应用题用"和""差""倍""份"等基本概念进行归类,概括为四大类,这些基本概念成为解题能力思维训练的基础。这就是对技能的概括,每一类题有相同或相似的解法,通过训练可以达到触类旁通的目的。

1.3.3 应用题教学与能力培养

1.3.3.1 解题过程与技能

技能是能力的基础,能力是技能高水平的综合。能力的形成是从技能的训练发展而来的。培养解应用题的能力,首先要明确解题技能的一般构成,然后研究如何从技能提升为能力的思维训练。

应用题的解题过程一般分为:

(1)审题(读题),了解问题情境及题中的条件与问题,即了解问题的含义、结构。

(2)画线段图(图形分析)。

(3)分析(逻辑分析),包括:①分析条件与条件、条件与问题;②分析中间条件;③归纳。

(4)列数学式。

(5)解题。

(6)检验,答题。

解题过程由解题的各项技能构成,是能力的基础。

1.3.3.2 解题难点的分析

上述解题过程,主要包括三个部分:

(1)审题,从题目中了解问题情境是什么,条件是哪些,提出了什么问题。学习的难点在于,学生过去没有学习过"问题式"的表达方式,没有训练过数学语言的严密性和逻辑性。这部分知识需要重新学习,要进行数学语言的训练和应用题结构的训练。

(2)分析,包括图形分析和逻辑分析。

①画线段图,进行图形分析,用图形来表现数量关系。图形的直观性可以启发学生的思维,训练学生解题的直觉思维能力。

②逻辑分析。学习这部分内容的困难之处主要在于,传统教学中是由教师对题目进行分析和讲解,学生只是听讲而没有进行练习,这样即使课上听懂了,课下还是不会分析问题。

分析过程涉及条件与条件、条件与问题、中间条件的转换,有分析,有综合,思维过程少则几步多则十几步。根据思维基本法则,思维每一步所含的思维元素为 5—9 个,所以必须有步骤、小步子地进行训练。

(3)列数学式、解题、检验与答题。

由于有了审题、分析和计算的训练,解应用题这部分内容对学生而言一般困难不大。

1.3.3.3 应用题的思维训练

应用题教学是小学数学教学的一大难点。化解应用题教学难点,培养解题能力,是马芯兰教学法的重大创新。朝阳区实验小学十多年来都在学习和实践马芯兰教学法。下面扼要地谈谈应用题教学的思维训练。

(1)审题的思维训练。

审题的思维训练包括数学语言的训练和应用题问题结构的训练。

①数学语言训练。数学语言不同于生活语言,在数学教学过程中要训练学生的数学语言,如进行读题训练,题意不变而改变叙述方法的训练,改变重点词、句的训练等。

②自编应用题的训练,如根据问题说出需要的条件,根据条件编问题,补充问题与条件后进行编题,以及扩题、编题、拆题等。

(2)画线段图训练。

通过根据不同问题画线段图或根据线段图编题等方式进行训练。

(3)逻辑思维训练。

在解题过程中,把"分析"作为教学过程的重要组成部分。分析过程步骤要具体,思维步子要小。

①在审题基础上,采用做批注的办法,分析条件之间及条件与问题之间的关系,用"说理"的方式,让学生用清楚、准确的语言,说出自己分析的思维过程。

②用一题多解、一题多变等方式进行灵活训练。

③进行间接条件的发散思维训练。

1.3.3.4　应用题教学的重要意义

应用题是小学数学的重点内容,应用题对于学生的数学学习有十分重要的意义。

(1)理论应用于实际。

数学教学从它的整个教学过程来说,体现着从感性认识到理性认识,再从理性认识到实践的过程。在小学数学教学中,数的认识、概念的形成都从生活中来,然后很大一部分都是理性活动,包括概念之间的联系与推导、数的计算与推理、图形的变换与推导等,最后把所学基本概念、运算方法应用于实践。应用题教学的意义,就是培养学生认识世界的唯物论的认识方法,就是让学生懂得学习的目的是把知识、能力应用到实际中去,为建设中国特色的社会主义服务。

(2)培养学生的数学能力。

数学应用题具有综合性、多层次性、灵活性的特点。所谓综合性,是说从审题、分析题到解题过程,包括了多项技能、多种方法的综合运用;多层次性是指从一步应用题、两步应用题到多步应用题,其中又有分数、百分数应用题,形成了思维发展的梯度;灵活性是指问题的综合性必然导致解题方法的多样性、简约性。能力是技能的综合提升,因此,解应用题就成为培养能力的主阵地。

(3)培养初步的数学建模的思路。

当代数学方法被普遍运用于科学研究。在科学研究中成功地运用数学方法的关键,就在于针对所研究的问题提炼出一个合适的数学模型,这个模型既能反映问题的本质,又能使问题得到简化,以便于展开数学推导。

1.3.4 发展思维与思维训练的效果

思维是学习过程的核心,发展思维又是学习数学的基本要求。根据小学数学的特点,通过发展思维,促进学习的迁移,加深知识、技能的内在联系,从而提高学习效率,减轻学习负担,使学习在新旧知识(技能)联系的帮助下变得容易理解。

在发展思维和进行思维训练中,根据形象思维与抽象思维两种思维的理论,重点抓学习的迁移和能力的培养。实践的成果表明,迁移与能力是锐利的思维武器,它们像两个飞轮,使学生的学习走上了又好又快的"高速公路"。

第1章　认识数学思维

下面的研究是在陈立华校长、魏淑娟校长的带领和指导下进行的,选择了一至六年级了水平相当的实验班和对照班进行了思维训练和一般教学的对比实验,实验班和对照班授课教师的教学经验、能力和水平大致相同。① 实验班根据知识间的内在联系对教材进行了适度整理,经常进行思维训练。对照班则按照一般的教学方法,按照课本的编排和进度进行教学。学校定期对实验班和对照班进行检测,收集数据,进行分析。

1.3.4.1 思维训练减少了授课时间

在计算教学中,抓住基本概念的迁移,可以节省大量教学时间。表1-1是计算教学内容及授课时数对比表。

表1-1　计算教学内容及授课时数对比表

教学内容		实际课时	教材要求
整数加、减法的竖式计算	整数的竖式计算（不进位、不退位）	1课时	29课时
	进位加法	1课时	
	退位减法	1课时	
乘数是一位数乘法		1课时	21课时
乘数是两位数乘法		1课时	17课时
除数是两位数除法	基本概念	1课时	15课时
	灵活试商	3课时	

"整数加、减法的竖式计算"这部分,原本共有29课时,而我们在实际讲的过程中,只用了3课时,我们是通过抓基本概念的迁移做到的。同样的道理,"乘数是一位数乘法"原本共21课时,但抓住知识之间的联系进行迁移后,我们只用了1课时;解决之后,后面的"乘数是两位数乘法"用1课时就能够解决,"小数乘法"

---

① 陈立华,魏淑娟,王晓松.小学数学思维训练与能力培养[M].北京:教育科学出版社,2016.

讲 1 课时,问题就都解决了;"除数是两位数除法"原本有 15 课时,而我们只用了 4 课时——基本概念 1 课时、灵活试商 3 课时;十二册教材的小数、整数、分数加减法计算共占用了 109 课时,而我们只用了 3 课时。小学阶段全册小数、整数、分数计算部分共能节省 165 课时,可见利用迁移能够缩短学时、减轻负担。

在应用题教学中,把小学阶段应用题的教学内容进行整合。其中一步应用题注重以基本概念为核心,两步应用题注重以问题结构的训练为核心,多步应用题注重以分析问题的思路和方法为核心。具体课时见表 1-2。

表 1-2 应用题实验班与教材要求授课时数统计表

内容 \ 项目 课时	实验班授课时数		对照班授课时数	
	新授课时数	练习课时数	新授课时数	练习课时数
整体与部分关系应用题	5	10	5	5
大、小数关系应用题	5	8	5	5
份总关系应用题	6	8	6	5
倍数关系应用题	8	10	10	8
两步应用题	10	10	25	15
多步应用题	15	8	28	25
分数、百分数应用题	10	10	20	23
合计	59	64	99	86
	123		185	

从表 1-2 可以发现:在总课时上,实验班为 123 课时,教材建议 185 课时,缩短了 62 课时;在新授课总时数上,实验班为 59 课时,教材建议 99 课时,缩短了 40 课时;在练习课总时数上,实验班为 64 课时,教材建议 86 课时,缩短了 22 课时。

关于两步应用题,实验班新授课时数比教材建议少 15 课时。这是因为在教学一步应用题时用了更多的课时进行以基本概念为核心的思维训练,注重基本数量关系的训练,为两步应用题的教学打好了坚实的基础。同时,在教学两步应用题时,以应用题的问题结构为核心进行思维训练,解决了两步应用题的本质问题。而对照班则要针对不同类型的两步应用题分别进行教学和练习,所用的授课时数必然会大大增加。与此同时,实验班一步应用题教学共用60课时,教材建议用49课时,实验班比教材建议多用11课时,这里的少许增加换来的是两步应用题和多步应用题以及分数应用题授课时数更多的减少。

1.3.4.2 思维训练提高了学习成绩

通过灵活的思维训练,计算题的错误率显著下降,从而提高了计算题的教学质量。表 1-3 和表 1-4 是两组计算题错题率的统计。

表 1-3　一年级学生 20 以内口算情况统计

日期	13 日	15 日	16 日	17 日	24 日	29 日	31 日
错题率(%)	7.0	5.2	6.0	3.4	2.5	1.9	1.1

表 1-4　五年级学生四则混合试题情况统计

日期	11 日	12 日	13 日	14 日	17 日	18 日	19 日	20 日	25 日	26 日
错题率(%)	10.2	15.3	14.7	13.7	11.3	9.4	5.1	3.6	2.5	1.8

可以看出,学生的错题率基本上在训练的第三周开始下降,并且逐渐趋于稳定。这就说明了学生在形成技能的过程中需要科学地、有效地进行训练。

为了及时、准确地了解学生在应用题学习的每个阶段中的情况,以及每个阶段学生解题技能和能力的发展情况,每个学期我们都会对应用题进行全校的专项测查,学校的教学负责人针对各个年级的具体情况命制试卷,进行统一测试。测试后会对测查的结果进行分析,并且把实验班和对照班的数据进行比对。

具体情况如下。

(1) 一步应用题测查成绩比较(表 1-5)。

表 1-5　一步应用题测查成绩比较

项目 班级	N	$\sum X$	X	S	Z	P
实验班	65	6266	96.4	3.57	6.79	<0.01
对照班	66	5821	88.2	9.12		

可以看出,实验班和对照班的平均分分别为 96.4 和 88.2,相差 8.2 分;经过 Z 检验,实验班和对照班的成绩呈现非常显著的差异($P<0.01$)。由此我们认为,以基本概念为核心的一步应用题教学,可以提高学生的数学能力。

(2) 两步应用题测查成绩比较(表 1-6)。

表 1-6　两步应用题测查成绩比较

项目 班级	N	$\sum X$	X	S	Z	P
实验班	60	5830	97.17	3.796	4.698	<0.01
对照班	58	5334	91.96	7.576		

可以看出,实验班和对照班的平均分分别为 97.17 和 91.96,相差 5.21 分;经过 Z 检验,实验班和对照班的成绩呈现非常显著的差异($P<0.01$)。由此我们认为,以问题结构为核心的两步应用题教学,可以提高学生的数学能力。

(3) 多步应用题测查成绩比较(表 1-7)。

表 1-7　多步应用题测查成绩比较

项目 班级	N	$\sum X$	X	S	Z	P
实验班	65	6371	98.02	2.246	5.241	<0.01
对照班	84	7825	93.15	8.123		

可以看出,实验班和对照班的平均分分别为 98.02 和 93.15,相差 4.87 分;经过 Z 检验,实验班和对照班的成绩呈现非常显著的差异($P<0.01$)。由此我们认为,以解题思路为核心的多步应用题教学,可以提高学生的数学能力。

1.3.4.3　思维训练提高了学生解应用题的能力

在应用题的教学过程中,同时进行问题结构训练、系统思维训练、概括性思维训练等多种形式的思维训练。为了了解这些思维训练的效果,针对学生解决问题的能力进行了测查。

在应用题教学的各个阶段,注重对学生解决问题的能力进行培养。在两步应用题思维训练后,对学生的一题多解能力进行了测查,以便了解学生思维的灵活性和创造性程度。具体情况如下。

(1) 两步应用题一题多解能力测试成绩比较(表 1-8)。

表 1-8　两步应用题一题多解能力测试成绩比较

班级\项目\人数	一种解法 正确	一种解法 错误	两种解法 正确	两种解法 错误	三种及以上解法 正确	三种及以上解法 错误
实验班	131	8	127	12	119	20
对照班	103	27	91	39	78	52
x^2	13.38		19.96		22.48	
P	<0.001		<0.001		<0.001	

可以看出:实验班一种解法、两种解法、三种及以上解法的学生人数均明显高于对照班,说明实验班和对照班在两步应用题一题多解能力测试成绩上有较大差异,并且差异非常显著。

（2）多步应用题一题多解能力测试成绩比较（表1-9）。

表1-9 多步应用题一题多解能力测试成绩比较

班级 \ 项目 人数	一种解法 正确	一种解法 错误	两种解法 正确	两种解法 错误	三种及以上解法 正确	三种及以上解法 错误
实验班	72	3	70	5	65	10
对照班	68	11	59	20	48	31
x^2	4.58		9.84		13.22	
P	<0.05		<0.01		<0.001	

可以看出：实验班一种解法、两种解法、三种及以上解法的学生人数均明显高于对照班，而且三种解法的学生人数差异最大，说明实验班和对照班在多步应用题一题多解能力测试成绩上有较大差异，并且差异非常显著。这说明实验班学生在思维的灵活性和创造性方面有着明显的优势。

把小学阶段应用题的教学内容进行整合，一步应用题注重以基本概念为核心、两步应用题注重以问题结构的训练为核心、多步应用题注重以分析问题的思路和方法为核心的应用题教学，既节省了教学时间，又提高了教学效率。通过多种形式的思维训练，学生的解题能力有了明显的提升，思维的综合性、灵活性和概括性都有了较大的发展。

1.4 培养小学生数学思维能力的策略

在小学阶段，低年级学生的数学成绩往往都很优异，百分之九十九的学生都能取得优秀的成绩。然而年级越高，学生学习数学的差异明显地凸现出来，一部分学生学习数学感到很吃力，特别是遇到综合型的题目,比如应用题,题读通了,就是不知从哪儿入手解决,式子更不知怎么列。根据此现象说明小学生的数学思维存在这几个问题:小学生的数学思维不够灵活;小学生数学思维不够敏捷;小学生数学思维不够深刻;小学生数学思维综合性较弱。针对这么几个问题,为了培养小学生的数学思维能力,可从以下四个方面进行研究:创设情境,激发学生的思维;通过练习,提升学生的思维;设置留白,拓展学生的思维;把握关键点,训练学生的思维。通过此研究,学生数学思维的灵活性、敏捷性、深刻性、批判性等方面都会有所改观。

1.4.1 创设情境,激发学生的思维

荷兰的数学教育家弗赖登塔尔曾提出过关于情境的理论,他认为情境可以是以下几种:场所(即一个有意义的情境的堆积);故事(即可以是一个真实的故事,也可以是一个经典的或虚构的特别例子);设计(即被创造的现实),等等。

1.4.1.1 设计操作情景

人的大脑有一些比较特殊的、富有创造性的区域。当一双手从事十分精细灵巧的动作时,脑的这些区域的活力就会被激发出来,不然的话,它就处于睡眠状态,从一定的角度讲,手是脑的老师。

数学学习与学生的动手操作、动脑思考紧密相连。在教学中,教师应为学生创设良好的操作情境和操作氛围,为学生提供实践运用的空间和时间,让他们在操作中运用多种感官,有兴趣地去探索数学,认识现实世界,丰富学生的认知结构。

在教学中,教师有意识地寓新知识的形成过程于学生操作之中,通过拼一拼、剪一剪,再拼一拼,引导学生去观察、分析,去思考梯形面积与拼成的新图形面积之间的内在联系,从而顺利地推导并验证出梯形面积计算公式,这样教学有利于培养学生观察、

比较、分析、概括等能力。把操作纳入课堂,在教学中既符合学生的年龄特点,激发了学生的学习兴趣,又遵循了教学规律,把原本抽象的知识转化为直观、可操作的内容,学生在操作的过程中,思维的火花喷发出来,学生学得有趣,教师教得也轻松。

1.4.1.2 设计生活情境

数学以人的生活世界为基础,是客观世界的事物、事例和现象的抽象概括的反映,充分地提示了数学从生活中来的基本观点。同时,数学只有回到人的生活中去,把生活世界中的自然现象、社会现象和一个一个的实际问题,用数学的思想,建立模型,并用数学的方法加以解释、解决问题,在为社会创造价值的同时,才能显示出数学自身的价值,显示出学习数学的意义。生活数学意味着数学教学向学生的生活回归,因为生活不仅仅是数学知识的本源,而且是学习数学的归宿,是学生学习数学的意义所在。因此,在教学中,要合理地创设生活情境,从生活实际中引入课题、抽象出数学问题,让学生体验数学就在我们身边,我们的身边处处有数学。

1.4.2 通过练习,提升学生的思维

练习是学生选择学习方法、优化学习流程、反省学习策略、学会学习的载体;练习是学生经受磨炼、自我激励、获得成功、产生情趣的载体;练习是产生不同想法、提出不同观点、引发创新思维、培养创新意识的载体。[1] 如果教师为练习而练习,是不可能实现练习的载体价值的。只有我们本着一切为孩子发展的宗旨,充分挖掘练习中的丰富内涵,才能在教学中有所创新,才能实现育人目标的多元化,才能让课堂焕发出生命的活力。

---

[1] 徐素珍. 培养小学生数学思维能力的有效途径[J]. 新课程研究,2012(10):150-152.

1.4.2.1 设计层次性强的练习题

要在课堂教学和课后作业指导环节采取保底措施,通过个别沟通与及时评价把差距缩小;要在分析学生的个体特点和薄弱环节的基础上,帮助制订改进方案,施以必要的个别辅导。学习困难学生的指导重点在于激发学习兴趣,纠正不良学习习惯,弥补基础知识与基本技能的缺陷。对学有余力的学生的指导不在于教学内容的增加与教学难度的提高,而是要通过知识整理消化后的转述的锻炼,促使知识形成体系并融会贯通。在每堂课后,对不同的学生可以设计不同层次的练习题:

(1)低档题。比基本型题目有变化其目的是让学生运用新知解题形成技能,加深对新知的理解和记忆。

(2)中档题。以新知为主体的综合型题目。题目的编排既要突出适度的综合性,又要带有一定思考性色彩,用以培养和训练学生解题的综合能力和灵活性。

(3)高档题。思考性较强,略有难度的题目。这类题目是满足"吃不饱"学生的竞争意识,推进学生的求知欲和好奇心。

1.4.2.2 设计开放性强的练习题

放是一种全新的理念,放是一条必要的途径,放是一种必需的手段。放就是相信学生,放就是让学生敢于表达、敢于争论、敢于质疑、敢于标新,放就是让学生学会合作、学会交流、学会借鉴、学会欣赏。开放性习题的设计能让不同起点的学生思考同一个问题,虽然思考的角度、使用的方法和所得的结果会有所不同,但学生都能在自己原有的基础上有所得、有所获,能根据自己的知识和经验建构"新知识",成功地进行创造性学习活动。

1.4.3 设置留白,拓展学生的思维

留白是一种运用广泛的艺术表现手法,它是创作者在创作中为了更充分地表现主旨而精心留出的"空白"。这种"空白",并非

空而无物,而是相对于物象的实所呈现出的艺术的虚,一种虚与实的和谐统一。教学是艺术,也需留白。倾盆大雨式的"满堂灌"、机关枪扫射式的"满堂问",不符合教学规律,看似热闹,实际学生所得也是有限的。教师要注意教学动静搭配、密疏调节,真正为学生的所历和所得而所想和所为。

1.4.3.1 留白是一种濡染,引发学生思维张力

在数学探究过程中出现突然由活泼、热烈的气氛转为沉寂,这并不意味着高潮已经过去,恰恰说明学生的学习活动由外动转为内动,思维活动向更高的境界发展了。此时无声胜有声,学生在沉寂(课堂空白)之后,会提出更高明的见解,学生的思维张力范围逐渐扩大。

有效的学习活动不能单纯依赖模仿与记忆,动手实践、自主探索与合作交流是学习数学的重要方式。因此,教师要把课堂还给学生,让学生有充足的动脑思考、动眼观察、动口表达、动耳倾听的时间和空间,独立获取知识。做到学生能独立思考的,教师不提示;学生能解决的,教师不示范,使数学课堂成为学生的思维场,从而引发学生的思维张力。[①]

1.4.3.2 留白是一种意境,引导学生思维升华

绘画通过"留白",给观赏者留下视觉延伸的空间,丰富画面的意境,提升画面的美感。音乐的最高境界是"此时无声胜有声",借"无声"给听者留下听觉上的延伸空间。提升了音乐的效果。数学课堂教学中,在思考上留白,为学生提供广阔的思维空间,思维是一种能力,更是一个循序渐进、逐步发展的过程。美国教育专家指出:"对学生的提问,在每个问题提出之后,至少等待3秒钟。"试想,若不给学生静思的时间,提问不就失去价值了吗?课堂中给予留白,学生的思维会向更高的层次迈进。

---

① 徐素珍. 培养小学生数学思维能力的有效途径[J]. 新课程研究,2012(10):150-152.

1.4.4　把握关键点,训练学生的思维

根据儿童身心发展的特点,天性纯良、好奇、天真、烂漫,思维活跃奔放,正是一个人心智启迪、身心发展的关键时期,是小学数学教学中培养学生思维能力绝好时机。但是少年儿童缺少社会知识经验,逻辑思维较弱,注意力容易分散,这就需要教师在教学中把握关键点,循循善诱,启发引导,着力培养学生的思维能力,促进学生的全面发展。

思维的连续性是人的思维最基本的特征。有的学生在思维过程中,稍有断裂就会出现障碍;有的学生在思维活动过程中,即使遇到一定的裂口,他也会跳跃障碍,形成跳跃思维,但跳跃思维是以连续思维为基础的,连续思维是跳跃思维的踏跳板。如果学生的连续思维出现断裂处,学生的思维跳跃不过去时,就要采取连接的方式,这样能使进行着的课堂教学连续地生成着新的发现、新的感觉、新的收获和新的经验,从而激活了学生的想象思维。

第 2 章　数学符号思维

《义务教育数学课程标准(2011年版)》对培育学生符号素养做出明确规定:"能从情境中抽象出数量关系、变化规律,并用符号来表示;理解符号所代表的数量关系、变化规律;能选择适当方法、程序解决符号所表达的问题。"教学中,教师要积极发掘教材中蕴含的符号因子,揣摩学生的符号学习心理。

"数学的本质是概念和符号,并通过概念和符号进行运算和推理",符号性是数学学科的特质。这种具有数学学科特质的符号,即数学符号,是表达数学对象和进行数学思考的工具。

总的来说,符号意识是人对符号的意义、作用的理解,以及主动使用符号的意识和习惯。它包括三层意思:第一,理解各种数学符号的意义,表示什么意思,在什么时候使用以及怎样使用;第二,理解数学符号的作用与价值,为什么使用符号,有哪些好处;第三,在学习数学和应用数学时,在独立思考和与人交流时能经常地、主动地、甚至是创造性地使用符号。[①] 符号意识反映的是"数学化"及数学表达的能力。符号意识是衡量数学素养的重要标志。因此,在小学阶段我们尤其应该注重学生符号意识的培养。

在小学数学教学中,教师要结合教材,创设具体的生活情境,尊重学生主体地位,激发其学习兴趣,让学生感受数学符号的优越功能,充分调动学生自主学习的创造潜能,引导和帮助学生亲身感受使用数学符号带来的便捷,培养学生的数学文化情怀,形

[①] 王成营.数学符号意义及其获得能力培养的研究[D].武汉:华中师范大学,2012.

成学生严谨科学的数学思想,进而培养学生自主理解和运用数学符号解决数学问题的意识和能力。

2.1 数学符号价值意蕴及培养

数学的本质是概念和符号。在小学数学教学中,必须让学生产生数学"符号意识",培育学生数学"符号感",这是数学教师义不容辞的责任和使命。

2.1.1 数学符号的价值意蕴

一般而言,数学符号包括数字、字母、图形、关系式等。在感知、理解、运用数学符号的过程中,学生会形成"符号感",也就是学生主动运用符号的意识、能力和习惯。符号感、符号意识表征着学生"准代数式"思维,为学生的"代数学习"奠定坚实的基础。

2.1.1.1 符号有助于学生的数学表征

数学符号追求用简洁的数学语言表达驾驭丰富的数学思想。学生在数学学习中运用数学符号,有助于帮助学生描述数学信息并进行有效的数学表征。有时,学生所用的符号不一定规范、准确,但却能代表学生的意思,是一种符号雏形。教学《乘法的初步认识》,对于相同加数相加,如"3+3+3+3",有学生用3(4个),有学生用3^4,还有学生用3_4等来表示。这种表示方法虽然稚嫩,但却是学生符号意识的萌芽。作为教师,要精心呵护、发掘学生的符号语言,增强学生的符号意识和直观知觉。

2.1.1.2 符号有助于学生的思维发展

学生的数学思维发展是从直观动作思维向具体形象思维,再向抽象逻辑思维发展的。在这个过程中,符号发挥了重要的作用。通常情况下,学生总是习惯于具体的数量关系表征,从具体符号表示到准代数式数学表征,再到符号、代数表征,确证着学生的数学思维发展。这是一个数学化、符号化、形式化的过程。比如教学《正反比例的意义》,学生从众多数量关系式中梳理出"一种量扩大,另一种量也随之扩大,一种量缩小,另一种量也随之缩小"的成正比例的量后,形成正比例解析式"$k=\dfrac{y}{x}$(一定)"。不仅说明学生理解了自变量和因变量之间相互依存的关系,而且说明学生对这种相互依存关系的关系属性(即两种量相对应的两个数比值一定)有了深刻理解。

2.1.1.3 符号有助于学生的创新实践

学生的数学学习不是被动接受的过程,而是积极主动地创新实践。在运用数学符号的过程中,学生能展开积极的数学思维,萌发创新灵感、点子,萌生创意、创想。教学《圆柱的体积》,在学生通过数学实验将圆柱转化成长方体后,教师引导学生用符号"$V=\pi r^2 h$"表征圆柱体积。通过符号表征,学生敏锐地发现,"πr^2"不就是圆的面积吗?至此,学生认为,"$V=\pi r^2 h$"也就是"$V=Sh$"。因此,圆柱体积也就是用圆柱的底面积乘圆柱的高。正是借助简约化、抽象化的数学符号,学生产生了创新性联想,对圆柱体积公式有了新的发现。

2.1.2 数学符号意识的培养

培养小学生的符号意识具有促进学生数学思考、提升数学素养的价值。在教学中要遵循从简单到复杂、从具体到抽象的规律,让学生经历"形象——抽象——符号化"的教学过程。通过在教学过程中引导学生认识符号、理解符号、运用符号,培养小学生符号意识。

2.1.2.1 初识符号

学生们平时接触到的符号主要有两种：一种是生活符号，如 KFC、NBA 等，还有一种是数学符号，如用字母表示数、数量关系、运算律公式等。上课时，可以先出示 KFC、NBA、M 等字母，让学生们说出字母表示的商标名字。我们可以用数字代表词语。然后在课件上出示有气球 1 只、2 只、3 只，让学生说出数量，接着出示无数只气球，学生一定数不清楚，这时老师引导说："这么多的气球我们数不清楚，可不可以也用字母来表示呢？"之后可以多举几个例子，让学生感受符号的简洁性。这样设计是为了让学生感受到字母表示数存在的现实意义与实用价值，消除小学生对符号的陌生感、排斥感，增加对符号的认同感、亲切感，自然地让学生的关注点"生活符号过渡到数学符号，从形象思维过渡到抽象思维，促进学生符号化意识的初步发展"。

2.1.2.2 理解符号

每个数学符号都有它特定的含义，理解符号的意义是培养符号意识的基本要求。初步认识了解符号只是建立符号意识的第一步，就《用字母表示数》这节课来说，教学重点在于用含有字母的式子表示新的数量及数量关系、理解字母在具体情境中的含义。

(1) 学会用字母表示数量。

用字母表示数量有初识符号的阶段的铺垫，对学生来说较为简单，只要老师利用例题按照顺序依次引导即可。

(2) 理解用含有字母的式子表示数量关系。

我们的教学不能只满足于找出类推规律来完成题目上，而要引导学生通过用含有字母的式子来表示数量关系，让学生明白数量关系和含有字母的式子间的联系。只有当学生理解含有字母的式子既可以表示数量、又可以表示数量关系，并且与其他的表示方法相比，更加简便、易于理解时，学生才能主动地根据数量关系去运用符号表示数量、数量关系和变化规律,从而培养学生的主动运用符号的意识。

(3)理解字母在具体情境中的含义。

由于符号具有抽象性,相同的符号出现在不同的情境中所代表的含义不一样,这与小学生年龄段的具体形象思维相矛盾。这时需要老师将相同的符号放入两种不同的具体情境中对比,让学生直观地观察体验,打破学生固有形象思维的束缚,正确理解符号在具体情境中的含义。

2.1.2.3　运用符号

对于数学符号,学生不仅要理解,更要学会灵活运用。只有在运用中,学生才能真正形成"符号素养"。学生符号素养的形成不是依靠机械地传授,而是在"理解""领悟"和"运用"中才能形成的。在这个过程中,教师还要引导学生进行积极反思,助推学生从对生活的感性认知上升到对符号的理性认知。

如对于这样的习题:一个班级40个人,放假以后同学之间都会通电话、寄贺卡问候,一共要通话多少次?一共要寄贺卡多少张?教师可通过"以小见大找规律"的方法启发学生思考,用画图、模拟通电话、寄贺卡等方式让学生直观感知。学生展开关系性思维,首先通过找规律,让学生的生活经验与代数移植嫁接:2个人通电话1次,3个人通电话1+2次,4个人通电话1+2+3次……两个人互寄贺卡2×1张,3个人互寄贺卡3×2张,4个人互寄贺卡4×3张再次,引导学生类推,建构n个人两两不重复相互通电话的次数的代数模型"$1+2+3+\cdots+n-1=n(n-1)\div 2$",$n$个人两两互寄贺卡的张数的代数模型"$n(n-1)$"。在此基础上,引导学生区分"寄贺卡"和"通电话":"通电话"你我之间只需通一次,而"寄贺卡"你我之间需要相互寄。这是学生自主建构数学符号模型的过程,它丰富了学生的符号模型体系,推进了学生数学符号化思维的发展。

2.2 数的抽象与概念教学的意义

2.2.1 数的抽象与概念教学的意义

人的认识过程是从感性认识上升到理性认识,再从理性认识回到实践,这是一个完整的认识过程,是认识过程的两次飞跃。它都是通过思维活动实现的。

学生学习数学的过程,同样符合人的认识过程。第一,从现实世界的实际入手,学生通过充分、反复地实际操作,才形成概念,上升到理性认识;第二,在理性认识阶段,数的认识由整数到分数、小数、百分数等,通过系列的思维训练,学生对数的认识更加深刻;第三,学生把所学的知识、技能付诸实践,解决实际问题。

可见,学习数学的过程是人的认识从具体到抽象,再从抽象回到具体的过程,也是从事物的个性到共性,再从共性又回到个性的辩证过程。

客观世界形形色色,种类繁多,如果一事一物地去研究,则是无穷无尽的。科学研究是从众多的事物中,分门别类地抓住事物的特征进行深入的研究。数学是研究客观事物的数量关系和空间形式的学科,它通过抽象的方法,舍弃事物的其他具体属性,而抓住事物最普遍的东西——数与形,所以数与形是抽象的结果,是共性的东西。

比如,3朵花、3只鸟是不同的事物,"3"是它们共同的东西;把1块月饼平均分成4份,每份是这块月饼的1/4,把1个西瓜平均分成4份,每份是这个西瓜的1/4,月饼和西瓜是不同的事物,而"1"是它们共同的数量。就这样,撇开事物其他具体的属性,抽取其中共同的东西,我们就得到1、2、3、a、b、c 或 x、y、z 和没有长、宽、高的点,没有宽度、厚度的线,以及各种基本概念。

抓住共性,为我们学习数学开辟出一条宽广的道路:第一,有了数的概念、符号和"数位""计数单位""进率"等基本概念,我们就能顺利地认识各种数:整数、分数、小数、百1分数、常数和变数。

第二,有了概念、定律、公式,我们就可以研究各种数量关系和空间形式,如三角形的面积 $s=1/2ah$,梯形面积 $s=1/2(a+b)h$。

不论是什么三角形或什么梯形,都能运用这些公式。

第三,由于抓住基本概念、定律的教学,我们可以进行数量关系与空间形式的推理、等量变换、论证等,使数学不断延展。这就是我们在数学的起步教学中,重视数的抽象和基本概念教学,进行思维训练和发展两种思维的意义之所在。

现在小学数学教学有一种现象是,过于强调联系实际,忽视概念教学,忽视思维训练。这样是脱离数学学科特点的,是不可取的。实际上,我们在学习数的抽象和概念教学中,也联系一些实际,但如果处处强调联系实际,不重视概念,不重视思维,也就没有 a、b、c 和 x、y、z。丢掉数学的本质,是难以学好数学的。

2.2.2 数的抽象

学习数学要从计数开始,人们通常是对具体事物进行计数,如3朵花、4条鱼、5辆车等,其中3、4、5这些数字是同具体事物相联系的,属于对数量的感性认识。这种方法到数目很大时就很难数下去。而要真正学会计数,就要撇开事物的其他属性,只顾及"数",即3、4、5这样,我们才能深入地研究数量之间的关系,进行数的分析、推理等思维活动,达到对数量关系的理性认识。换句话说,计数时,数目要从具体事物抽象出来,数的抽象是数的认识从感性到理性的一次跨越。

纵观人类发展史,我们的祖先计数时都离不开具体事物,有的掰手指计算,有的用木头刻画,有的结绳计数这个阶段,人类虽然能够进行简单的计数和计算,但是都无法与具体事物相分离,他们世世代代都在重复着这种计数与计算。经历200多万年,直到有文字、有数的符号之后,数和具体事物才分离开来,完成从具体到抽象这一步。可见,从具体到抽象是多么艰难的一步。

今天,小学生学习数的认识,同样要经过从具体到抽象、从感性认识到理性认识这道门槛。这是抽象思维的起步,是数学教学的新观念。

现有教材对"10以内数的认识"通常采用分段教学:"1～5的认识和加减法""6～10的认识和加减法"。在认识1～5各数时,教材将5个数融进一幅主题图,让学生通过观察具体事物的数量,认识1、2、3、4、5,殊不知从具体事物逐步抽象出"数"是一个非常艰难的过程。刚刚入学的儿童很多还处于"手指数数阶段",他们经常会借用手指参与"数数"和"计算"。如何帮助学生从具体事物里抽象出"数",理解数的意义,从而迈进数的抽象这个门槛,将是我们最需关注的教学难点。

2.2.3 数的认识的知识体系

关于数的抽象结果,我们得到数的符号——数量,数量是现实世界事物的一个重要特征。以概念、符号作为思维材料的思维活动,就是抽象思维。所以,数的抽象是抽象思维的起步,也是学习数学非常关键的一步。

数的抽象、数的基本概念——"数位""计数单位""进率",贯穿数的认识的整个过程。

(1)整数的演进。"10以内数的认识——11至20各数的认识——一百以内数的认识——一万以内数的认识——多位数的认识"这个进程,和人类认识数的历史是相似的。

(2)数的延展:从认识整数到认识分数、小数、百分数,从认识常数到变数等。

在数的认识不断延展的过程中,逐步形成"数位""计数单位"

"进率"等基本概念,这也是抽象思维的结果。

(3)数的关系有关概念。数的关系主要有相等、大于、小于,以及约数、倍数等。

(4)数的性质有关概念,包括奇数、偶数,质数、合数,小数性质、分数性质等。

数的演进、数的概念、数的关系与数的性质是"数的认识"知识体系的重要组成部分,它们相互蕴含、自然推演。而学生的抽象思维,就是在数的抽象、数的概念形成的思维训练中逐步形成和深化的。思维训练就是其中的一条主线。

2.2.4 "数位筒教学法"

数的抽象的起步教学初学认数的小学生,从具体事物里逐步抽象出 1,2,3,……8,9,当需要用数字符号表达一个大数时,"数位"就是一个重要的概念,不同数位所表示的意义则不同。如 358 中,"3"在百位,表示 3 个百;"5"在十位,表示 5 个十;"8"在个位,表示 8 个一。因此,对"数位""计数单位"等概念的理解又将成为教学的难点。

马芯兰老师在她的数学改革实验中认识到这些问题的重要性,创造了"数位筒教学法"。即借助数位筒和小棒等教具,帮助学生从感知到理解,实现从具体到抽象的过渡。这是数学教学法的一项重要创新,是数的抽象起步教学的创新。"数位筒教学法"将抽象的概念赋予感性的色彩,使学生真正理解了"数位""计数单位""进率"等概念,而学生对这些基本概念的形成和理解又会加深他们对数的认识。

具体教学方法如:认识每个数都配有一幅主题图,这对简单的"1"也不例外。首先引导学生观察主题图:1 所学校、1 面国旗、1 位老师,然后提供丰富的图片:1 朵红花、1 只小鸭、1 辆汽车……再提问:它们的数量都是几?你还能举出数量是"1"的具体事物吗?这样逐步引导学生从具体事物里抽象出数"1"。这

第 2 章　数学符号思维

时,老师再出示 1 根小棒,问学生:"我们把这 1 根小棒放在什么地方?"老师再出示数位筒:"这里有个数位筒,我们把它叫作个位筒,个位筒里放的都是一根一根的小棒。我们把这根小棒放进个位筒里,表示 1 个一,是 1。"

教学 2~9 各数时,同样需要借助"数位筒"。个位筒里有 2 根小棒,表示 2 个一,是 2;个位筒里有 5 根小棒,表示 5 个一,是 5;个位筒里有 9 根小棒,表示 9 个一,是 9。这样,学生逐步感悟到个位是以"一"作为计数单位的,个位筒里有几根小棒就表示几个一,就是几。

"10 的认识"是初步建立"数位""计数单位"等基本概念的关键,数"10"是第一个明显体现"数位"概念的数,也是让学生理解位值制计数法的重点。为此,我们要充分借助数位筒,通过反复操作让学生来理解较为抽象的概念。

例 2-1　"10 的认识"。

师:个位筒里有 9 根小棒,表示 9 个一,是 9。如果再添 1 根小棒就是 10 根小棒。按理说,这根小棒应该放在个位筒里,可是,个位筒里最多只能放 9 根小棒,怎么办?

生:把个位筒里的 9 根小棒拿出来,和手里的 1 根小棒合并起来,是 10 根小棒。

师:我们把这 10 根小棒捆成 1 捆,表示 1 个十。这 1 捆小棒放在什么地方?我们给它也准备一个数位筒,摆在个位筒的左面。

师:我们把这捆小棒放进这个数位筒里,表示 1 个十。你能给这个数位筒起个名字吗?(十位筒)

师:好,下面请同学动手操作"个位筒里有 9 根小棒,再添 1 根小棒",怎么办?

(学生独立操作、同伴交流、个体展示)

生:按理说这 1 根小棒应该放进个位筒里,可是,个位筒里已经有 9 根小棒了,就不能再放了。怎么办呢?我们就要把个位筒里的 9 根小棒拿出来,和手里的 1 个小棒合并起来,成为 10 根小棒。

把这10根小棒捆成1捆放进十位筒里,表示1个十,是10
师:十位筒里有1捆小棒,表示1个十。把这1个十从十位筒里拿出来,打开就是——10根小棒,也就是10个一;把这10个一捆成1捆就是——1捆小棒,也就是1个十。

(学生动手操作拆、捆的过程,感悟"10个一"与"1个十"之间的关系)师:"10"怎样写?(把数位筒固定在黑板相应位置,在数位筒下方对照数位写)十位筒里有1捆小棒,表示1个十,在十位上写"1";个位筒里没有小棒,我们用"0"来占位,写作"10"。

例2-2 "100以内数的认识"。

师:数位筒里有99根小棒,再添1根小棒怎么办?(学生动手操作、个体展示)

生:把个位筒里的9根小棒拿出来,和手里的1根小棒合并起来捆成1捆,按理说这1捆小棒应该放进十位筒里,可是十位筒里已经有9捆小棒,就不能再放了。

师:为什么十位筒里有9捆小棒就不能再放了?

生:因为个位筒里最多只能放9根小棒,我猜想十位筒里最多也只能放9捆小棒。

师:你的猜想完全正确,请继续。

生:我们把十位筒里的9捆小棒拿出来,和手里的1捆小棒合并起来是10捆小棒,把这10捆小棒捆成1大捆。这1大捆小棒表示1个百,要放进百位筒里。

师:在十位筒左边再加一个数位筒——百位筒,我们把这1大捆小棒放进百位筒里,表示1个百。1个百打开就是10个十,10个十捆起来就是1个百。(学生再次直观地感悟计算单位之间的十进关系)

师:"100"怎么写?(放手让学生尝试写)百位筒里有1大捆小棒,表示1个百,在百位上写"1";十位筒里没有小棒,我们用"0"来占位;个位筒里没有小棒,我们同样用"0"来占位,写作"100",后续学习"万以内数的认识""多位数的认识",虽然不再借助数位筒,但数位筒已在学生的脑海里形成鲜明的表象,从而有效地帮助学生加深对数的认识及对基本概念的理解。

总之,借助数位筒进行教学,具有如下特点。

(1)形象性。目前教材往往使用"算珠计数器"认数,一个算珠在个位表示"1个一",在十位表示"1个十",这对于学生来说比较抽象。而"数位筒"能非常形象地揭示出相邻数位之间的十进关系。

(2)操作性。每个学生都可以动手操作,边操作边叙述,多种感官参与思维活动;同时,把操作活动与对"数位""计数单位"和"进率"概念的理解结合起来,帮助学生从对数量的感性认识上升到理性认识。

(3)广泛性。"数位筒"不仅可以帮助学生清晰地理解"数位""计数单位"等概念,同时还可以帮助学生理解相关计算的算理。如20以内的加减法、百以内的加减法,都是依托数位筒这个直观教具达到使学生理解算理、掌握算法的目的的。

2.3 分数与小数教学

分数的产生同样经历了一个漫长的过程。古埃及在3700多年前的《莱因德纸草书》中就有关于分数的记载,记法非常独特。我国使用分数的时间也很早,2500多年前春秋战国时期的著作中,就有许多关于分数及其应用的记载。

分数是一个内涵非常丰富的数学概念,它与小数、百分数、除法、比等数学概念有着紧密的联系,可以说它也是一个核心概念。这个核心概念如何建立呢?我们知道,分数的意义是把单位"1"平均分成若干份,表示这样一份或几份的数。可见,"份"概念在这里有着举足轻重的作用。

2.3.1 建立"份"的概念

第一层:以"同样多"概念为基础理解"份"。

观察:第一盘有 5 个苹果,第二盘有 5 个苹果,第三盘也有 5 个苹果。

教师提问学生:"你们发现什么?(每盘苹果的个数同样多)如果我们把第一盘苹果的 5 个看作 1 份,那 1 份有几个苹果?有几个苹果就是这样的 1 份?

"第二盘的苹果可以看作这样的 1 份吗?(可以,因为第二盘苹果与第一盘同样多,也有 5 个,也可以看作这样的 1 份)

"第三盘苹果呢?(同样可以看作这样的 1 份)

"这幅图告诉我们每份有几个苹果?有这样的几份?"

第二层:通过转换标准深化理解"份"。

如果把小鸡的 2 只看作 1 份,小猪的 6 只里面有 3 个 2 只,也就是这样的 3 份;小兔的 12 只里面有 6 个 2 只,也就是这样的 6 份。

如果把小猪的 6 只看作 1 份,小兔的 12 只里面有 2 个 6 只,也就是这样的 2 份。

提问学生:"刚才我们说小兔有这样的 6 份,现在又说小兔有这样的 2 份,这是怎么回事?"(确定的标准不同,所对应的份数也就不同)

2.3.2 理解分数的意义

有关分数的教学,教材一般安排了两个阶段。第一阶段是在三年级上册,把一个物体平均分成若干份,初步认识分数;第二阶段是在五年级下册,把一群物体看作一个整体,或者看作单位"1",深化理解分数。无论是一个物体,还是一群物体,都可以看作一个整体(一个单位),分数研究的就是部分与整体之间的份数关系。

2.3.2.1 初步感悟分数

从整数过渡到分数,对于学生来说是认识的一个飞跃,我们可以首先借助学生原有的生活经验引出分数。"把 4 块月饼平均分给 2 个人,每人得到几块?(2 块)把 2 块月饼平均分给 2 个人,每人得到几块?(1 块)把 1 块月饼平均分给 2 个人,每人得到几块?(半块)半块怎样表示?"引导学生理解:如果把 1 块月饼平均分成 2 份,每份都是这 2 份中的 1 份,每份就是这块月饼的 1/2;如果把这块月饼平均分成 4 份,每份都是这 4 份中的 1 份,每份就是这块月饼的 1/4,进而理解一块月饼的 2/4、3/4,一分米长彩带的 3/10、7/10,知道把一个物体平均分成若干份,表示这样一份或几份的数都 10 是分数。

2.3.2.2 理解分数意义

教材首先设问"你能举例说明分数的含义吗?",由平均分一个物体过渡到一群物体。

一堆糖被平均分成 4 份,3 份就是这堆糖的 3/4;平均分成 6 份,5 份就是这堆糖的 5/6。这样理解分数总感觉浮于表面,我们认为,要深入理解分数的意义就要把分数与具体数量结合起来,通过研究部分与整体之间的关系,真正揭示分数的意义。

例 2-3 分数的意义。

把 12 块糖看作一个整体(画集合圈)。

第一层:把一堆糖(12 块)平均分成 2 份。

师:我们要把这堆糖平均分成 2 份,每份得到 6 块糖。这 6 块糖是几份?(1 份)更确切地说,是这个整体几份中的 1 份?我们可以用分数来表示。

师:那 6 块糖呢?(6 块糖也是 1 份,更确切地说是这个整体 2 份中的 1 份,也可以用分数,来表示)

师：刚才我们说6块糖是1份，现在又说是1/2，1份和1/2意思一样吗？（知道6块糖是这堆糖的，我们不仅能知道6块糖是1份，还能确切地知道它是这堆糖2份中的1份，从而推导出这个整体有这样的2份。

第二层：把一堆糖（12块）平均分成3份。

师：如果把这堆糖平均分成3份，每份用分数怎样表示？（每份都是这个整体3份中的1份，每份都可以用1/3来表示）12块糖的1/3是4块，你怎样理解？

师：这是2份，用分数怎样表示？12块糖的1/2是几块？

说说理由。

生1：2/3表示把这个整体平均分成3份，取其中的2份。我们把12块糖平均分成3份，每份得到4块糖，2份就是2个4块，是8块。

生2：12块糖的1/3是4块，2/3里面有2个1/3，也就是有2个4块，是8块。

师：这12块糖可以用分数表示吗？（3/3）也就是这个整体，3/3=1。

第三层：把一堆糖（12块）平均分成6份。

师：老师要把这堆糖的1/6分给亮亮，你知道应该怎么分吗？

师：根据"12块糖的1/6是2块"，你能想到什么？

第四层：拓展延伸。

师：根据这堆糖，你还能想到哪些分数？

生1：我把这堆糖平均分成12份，每份可以用分数1/12来表示，12块糖的1/12是1块。

生2：我把这堆糖平均分成24份，每份可以用分数1/24来表示，12块糖的1/24是半块糖，也就是1/2块。

生3：我不分，我把这堆糖就看作1份，用分数1/1来表示，12块糖的1/1是12块。

师：通过前面的研究，你有什么发现吗？

生4：同是这堆糖，1/2、1/3、1/6同表示1份，因为把这个整体平均分的份数不同,每份糖的块数也就不同。

生 5:6 块糖,既是 1/2 块糖的,也是 12 块糖的 3/6,还是 12 块糖的 6/12,所以是否可以写成 1/2＝3/6＝6/12？

第五层:尝试解决分数问题。

①水果店有 20 箱香蕉,卖出这些香蕉的 3/5,卖出多少箱？

②五(1)班有 16 名同学参加学校管乐社团,占全班同学的 4/9,五(1)班共有多少名同学？

这是六年级的分数应用题,由于学生对分数意义理解透彻,解答起来思路特别清晰。①卖出的箱数是 20 箱香蕉的 3/5,把 20 箱平均分成 5 份,卖出的箱数占 5 份中的 3 份,20÷5×3＝12(箱)。②参加管乐社团的 16 名同学占全班同学的 4/9,即把全班人数平均分成 9 份,参加管乐社团的同学占 9 份中的 4 份,16÷4×9＝36(人)。

由此可见,把理解分数与具体数量结合起来,才能真正理解分数的意义,同时为解决分数问题奠定扎实的概念基础,积累丰富的思维材料。另外,这段教学还蕴含着通分约分、分数加减、量率对应等许多知识,是对新知的渗透。

2.3.3 小数的概念教学

我国古代用算筹表示数。为表示小数,就把小数点后面的数放低一格,这是世界上最早的小数表示方法。直到 16 世纪,德国数学家克拉维斯才使用小圆点".”作为整数部分和小数部分的分界记号。

小数是整数知识的拓展,同时也是特殊的十进分数,为此,认识小数就要以整数和分数为基础。小数的概念教学分为两个阶段。第一阶段是结合学生的日常生活经验及长度单位和人民币单位初步感知小数。第二阶段是理解小数的意义。

小数与整数之间有着紧密的联系,以小数点为分界记号,按照"十进制计数法",分别向左右两方不断拓展延伸。而"一"和

"十分之一"是整数部分和小数部分的衔接点。如何建立起整数与小数之间的内在联系,做好由整数到小数的过渡,需要我们精心设计。

"小数的意义"教学片段

第一层:出示"整数数位顺序表",理解相邻两个计数单位之间的"十进"关系。

(1)请同学们按照从右往左的顺序说说整数部分各个数位的名称及相应的计数单位。

数位	…	万位	千位	百位	十位	个位
计数单位	…	万	千	百	十	一

(2)相邻两个计数单位之间有什么关系?(相邻两个计数单位之间的进率都是十,即"十进制")

(3)你怎样理解"十进制"?(概括地说,10个较低的计数单位是1个和它相邻的较高的计数单位,1个较高的计数单位是10个和它相邻的较低的计数单位)

第二层:运用迁移原理,认识小数的计数单位及相应的数位。

(1)认识"十分之一"和相应的数位。

①我们看"千"和"百"。"千"是较高的计数单位,"百"是较低的计数单位。如果把1个千平均分成10份,10份中的1份是多少?这1个"百"正好是和"千"相邻的较低的计数单位。

②我们再看"百"和"十",你能说说它们之间的关系吗?(如果把1个百平均分成10份,10份中的1份是1个十,这1个"十"正好是和"百"相邻的较低的计数单位)

③同理,如果把1个十平均分成10份,10份中的1份是1个一,这1个"一"正好是和"十"相邻的较低的计数单位。

④能不能继续把1个一平均分成10份?10份中的1份是多少?那和"一"相邻的较低的计数单位是什么?"一"和"十分之

一"之间有什么关系？"十分之一"所在的数位应该是什么位？
（十分位）

⑤现在我们研究的数非常特殊，比"1"还小，我们就在个位的右下方写个分界记号"．"。圆点的左边是我们已经认识的整数部分，圆点的右边是我们将要研究的小数部分，这个圆点就叫小数点。

⑥1/10 表示十分位有 1 个计数单位，在十分位写"1"是否可以表示 1/10？（有数位顺序表可以，若脱离数位顺序表就不知是 1 个十分之一，还是 1 个一）

⑦1/10 怎样写更科学？（整数部分没有，就在个位写"0"；在整数与小数之间点小数点作为分界；在十分位写"1"，表示十分位有 1 个计数单位，写作"0.1"）

⑧6/10 怎样写？说说你的理由。0.9 表示什么？0.9 加 0.1 等于多少？为什么？

(2)揭示小数计数单位之间的关系

①课件演示：把一个正方形看作"1"，把"1"平均分成 10 份，10 份中的 1 份是 1/10。我们继续把 1/10 平均分成 10 份，10 份中的 1 份是多少？

②"百分之一"就是和"十分之一"相邻的一个较低的计数单位，"百分之一"所在的数位就叫"百分位"。"百分之一"怎样写？

③18 表示什么？35 个百分之一怎样写？

④百分位后面还有数位吗？说说你的想法。

学生运用前面研究的方法继续推导，把 1 平均分成 10 份，10100 份中的 1 份是 1010，"千分之一"就是和"百分之一"相邻的较低的计数单位，它所在的数位应该叫"千分位"……这样的推导虽然略显抽象，但是，学生沿着知识的发展脉络进行理性探究，有根有据、自然推演，知识间的内在联系更加清晰，逻辑推理能力得到有效提升。

2.4　选择合理的数据收集方法

2.4.1　通过网络搜索的方法收集数据

网络搜索是指利用相关工具对互联网上的信息进行搜索,用户输入关键词就能进行信息的检索。借助网络,学生几乎可以找到所有需要的信息与资源。在海量的网络资源中要想获得自己想要的资源,必须借助便捷有效的网络工具,这其中包括搜索引擎(如百度、谷歌等)和网络平台(如生活类平台、购物类平台等)。

不同的统计问题所需要的搜索工具不同。如果有些儿童想了解四年级儿童的标准身高,你可以引导他尝试在搜索引擎中输入"四年级""标准身高"等关键词,即可找到中国儿童标准身高体重对照表,从中找到自己想要的信息。如果他们想了解有哪些适合儿童阅读的畅销图书,你可以引导他们直接登录图书购买类的网络平台(如亚马逊等),即可找到儿童畅销书排行榜,同时他们也能根据需要选择不同年龄、不同类别的书进行浏览。

在搜索初期,你可以先让儿童自己尝试进行网络搜索,具体哪一种搜索工具更好用,他们会在实践与交流中逐渐体会。

2.4.2　通过问卷调查的方法收集数据

问卷调查法是通过由一系列问题构成的调查问卷来获得信息的一种方法。它的操作难度适中,样本量可根据实际情况进行调整。被调查者有充分的考虑时间,不受别人干扰,并可自由地发表意见,其结果更为可靠。问卷调查法节省时间,调查结果容易量化,因而它是小学阶段的儿童经常会用到的一种收集数据的方法。

第 2 章　数学符号思维

在编制问卷时,你可以引导儿童思考以下几个方面的问题:调查对象(样本量)、调查内容(问卷的具体设计)、调查时间以及小组人员分工。

在上述案例的后续活动中,学生首先考虑到了要调查每个年级的同学,但人数太多,因此大家想到每班抽查几名同学,有的小组考虑到了男生女生可能存在差异,所以每班调查 2 名男生和 2 名女生。在问卷的设计方面学生主要有两种想法,但都考虑到要先上网收集信息:有的小组想直接设计包含具体实践地点的问卷;有的小组想先对实践地点进行分类,再从大家喜欢的类别里列举实践地点,进行二次问卷调查,看看大家到底喜欢哪个地点。调查时间和人员分工由各组学生根据实际情况来安排,教师不做统一要求。

2.4.3　通过实验的方法收集数据

实验法也称实验调查法,是实验者利用特定的器具和材料,通过有目的、有步骤的实验操作、观察、记录、分析,发现或验证科学结论的一种相对直接的调查方法。[1] 你可以引导儿童按照如下步骤进行实验:确定实验目的、选取实验对象、选择实验方式和方法、制订实验方案(其中包含实验的时间、地点、人员分工和测量工具等)、收集数据。

如在学生研究"到底派哪只蚂蚁参赛"这个问题时,蚂蚁每分钟爬行的距离就成为他们需要收集的数据。为了收集这一数据,学生决定用实验的方法"测一测"蚂蚁每分钟爬行的距离,进而决定派哪只蚂蚁参赛,这也是他们做实验的目的。于是,学生从网络上购买了实验对象黑蚂蚁。在选择实验方式和方法时,学生考虑到了具体应该怎么测、测几次,提出了"不同的道路情况会不会影响蚂蚁的速度"和"测量几次能看出蚂蚁的真实水

---

[1]　陆国良,胡明明. 直观演示化解"矛盾"[J]. 思想政治课教学,2017(12):40-43.

平"这两个问题。经过讨论,大家决定先设计不同的轨道,在这些轨道上测量 7 次,用 7 次测量结果的平均值代表蚂蚁的真实水平。学生们进行了小组分工,每组 4 人,包括组长、记录员、测量员和计时员。测量的工具有皮尺、手机或相机、记录表、跑道等。

  随着实验的进行,学生们发现蚂蚁并不按照大家设计的轨道爬行,经常出现"走回头路"的情况,有的蚂蚁甚至不适应轨道的材料,根本就不动。于是,大家开始想办法来解决这个问题。有个小组想到了"把蚂蚁放到地上,在蚂蚁的后面用粉笔描画出它的爬行轨迹。

  再用绳子进行测量"的方法,大家一致认同。在实验的过程中,学生们都很有兴趣,参与的积极性很高。经过一系列实验,学生们得出了蚂蚁每分钟爬行距离的数据,选择平均速度较快的蚂蚁参加比赛。

2.5 引导儿童对数据进行深入解读

2.5.1 从不同维度分析,对数据进行广度解读

  2011 年版课标指出,同样的数据可有多种分析方法。从上面的案例我们可以看出,"到底哪只蚂蚁跑得快"这一问题的目的是围绕两组数据,鼓励学生借助已有的经验,从不同角度再次观察数据、提取信息,拓宽学生提取信息的广度。这一活动还有一个目的是对学生的不同方法进行比较,引导学生体会确定标准以及按标准做事的价值。

  同一组数据,学生从最大数、最小数、平均数、总数、中位数、统计图等多个角度刻画数据的整体分布。

  在教学过程中,你可以鼓励儿童从多个角度观察数据,尽可能多地提取有效信息。同时,组织讨论的时候也可以鼓励儿童交

第 2 章　数学符号思维

流各自获取信息的方法和角度,增强他们相互的理解和认同,而不要统一到某个角度。当然,这里并不是为了追求多而多,而是为了不断打开儿童的思路,在儿童想出不同观察角度的基础上,也可以鼓励他们交流各自的想法,并借助画图说明自己的想法。

2.5.2　分层读取信息,对数据进行深度解读

在读取数据信息的时候,有些数据是很容易找到相关信息的,而有些数据则需要对其进行深度解读。从上面的案例我们可以看出,学生对数据是分层进行解读的。第一次对数据只是浅层解读,学生很容易找到最大数、最小数,或者求一求平均数,看看整体水平。第二次,老师给了充分的时间,学生就对数据进行了深层解读。其实在整组数据中,中位数是不凸显的,但是学生通过排序,很快就能找到中位数或者其他信息。所以,你可以指导儿童分成几层对数据进行深度解读,帮助儿童积累读取数据信息的经验。

2.5.3　通过整理对数据进行深入解读

其实在读取数据信息的时候,常常要先对数据进行整理,比较常用的整理方法有排序、分组、画图等。如何把这些好的方法教给儿童呢?其实,有的方法他们已经学过了,只不过在平时的教学中你可能没有意识到这是一个很重要的整理数据的方法。以画统计图的方法为例,在平时课堂教学实践中我们经常会发现儿童不愿意用画图的方式来解决问题,因为画图太麻烦了,而老师也将画图等同于一种技能,过分强调画图的规范性,而忽视统计图所具有的工具性。其实,儿童画的统计图在他们进行数据处理时起着不可替代的作用。

除了图形以外,非常重要的一个整理数据的方法就是排序。整理数据是为了给儿童带来新的视角,让他们从新的角度再

次提取信息。其实,每个儿童整理数据的方式可能有所不同,你要对儿童数据整理的深度、广度及独创性及时进行评价,在学习过程中培养儿童主动整理数据的意识。

2.5.4 根据数据分析引导儿童合理决策

从多个角度对数据进行分析之后,儿童要根据数据做出合理的决策。

做决策时,儿童可能要整体去看用各种分析方法得到的数据,进行全面分析。有的时候根据需要,儿童也会提取几个重要的数据帮助自己做出判断。

例如,在上面的案例中,通过数据分析做决策时,学生观察数据、进行判断的角度也有所不同。

闪电快:比较总数、比较平均数、折线统计图(突破性)、分组200以上。

无敌快:比次数、比中位数、折线统计图(平稳)。

综合前面各种分析方法得到的数据,有的学生发现,每一种方法都很有道理,但是不同方法的结论是不同的,综合考虑各种方法,结论是闪电赢的次数比较多,所以他们选择闪电。

也有学生表达了自己的观点:闪电200以上的次数虽然多,但是200以上的平均数没有无敌大,所以选择无敌。这个学生挑选了几个数据分析的维度帮助自己做出判断。对200以上的数据不仅仅考虑到了哪只蚂蚁跑得更快些,而且还把200以上的数据求了平均数,也就是不仅要考虑到快的因素,还要考虑到谁发挥得会更稳定些。其实,在现实比赛中,我们常常会根据比赛现场的需求,选择不同的选手上场比赛。所以,这节课学生也体会了根据实际背景选取几个重要数据帮助自己进行决策。

从上面的案例可以看出,学生不同的推断方法既说明了他们有关注数据的意识,又说明了他们观察数据的角度和对于数据背景的关注。推断可以说是统计中的重要环节,而推断意识的形成和推断能力的发展需要更多活动经验的积累。因此,你要重视儿童的推断活动,发挥其价值。其实,在教学中,你可以在处理完一组数据后,鼓励儿童思考数据中蕴含了哪些信息,这些信息能够帮助他们解决什么问题,可以由信息推断出什么,逐渐地儿童就会形成这样的思考方式。①

2.6 在问题解决中培养符号意识

例 2-4 该怎样表示它们的头和腿呢?

课堂上,激起学生探究"鸡兔同笼"问题的兴趣后,老师抛出这样的问题:如何理解"鸡和兔关在同一个笼子里,它们的头共有 5 个,它们的腿共有 14 条"这句话?

学生们凭借自己的经验,兴致勃勃地描述着:"鸡和兔关在同一个笼子里,我们要注意每只鸡 2 条腿,每只兔 4 条腿。""头有 5 个,肯定不全是鸡,也不全是兔。"待学生理解题意并大胆猜测后,老师进一步引导学生利用画图来帮助自己解决"笼子里到底有几只鸡几只兔"的问题,并让学生思考"该怎样表示它们的头和腿"。

学生们用自己喜欢的方式表示着,老师边巡视边与学生交流,相继选取了一些学生的作品(图 2-1)。虽然这些作品呈现的结果是相同的,创作这些作品的学生却各有各的理由。

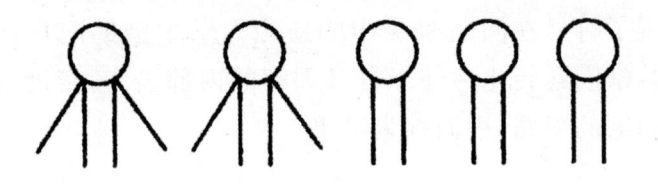

图 2-1

第一位学生这样解释自己的作品:"我是先画 1 只鸡 1 只兔,

---

① 张丹. 小学生数据分析观念发展过程的研究[D]. 沈阳:东北师范大学,2015.

再画1只鸡1只兔,再画1只鸡,一数正好是14条腿。笼子里有3只鸡2只兔。

第二位学生先进行了预估,画了2只鸡和2只兔,发现是12条腿,还差2条,又继续画了1只鸡,正好14条腿。

第三位学生将鸡和兔作为一组,先画了两组,继续画完兔子后,发现多了2条腿,于是进一步修改了自己的作品,将兔子改为鸡,得出了结论。

第四位和第五位学生都采取了假设法,假设都是鸡或都是兔,多去少补,在修改中得出结论。

第六位学生的方法与第三位相同,但是这位学生先进行了计算,一组是6条腿,两组就是12条,还差2条,自然而然再添1只鸡。

2.6.1 用符号表达题意

理解题意是解决问题的前提和基础。在解决问题前,让儿童用符号表达题意,是让他们理解题意的一种有效途径。那些表面看似充满童趣的圈圈、画画、写写,却形象地展现了儿童审题的过程。

比如"等量代换"这一课,讲到古代的以物换物,你可以先让儿童用自己喜欢的方式表达题意,再让儿童对自己的表达方式进行具体的解释说明。

虽然呈现方式不同——有的用图形语言,有的用符号语言,但均体现了符号在问题解决中的应用。学生借助图形或符号将复杂的数学问题转化为便于自身理解的内部语言,帮助自己厘清了解决问题的思路,进而探索结果。

2.6.2 用符号理解数量关系

2011年版课标指出:符号意识主要是指能够理解并运用符号表示数、数量关系和变化规律。前面已经就"在认数时埋下符号意识的种子"做了说明,儿童对数字符号早已有了认识。像前面案例中提到的,学生根据自己的理解用1个圆代表1个头,用1条竖线代表1条腿,这就是在用符号表示数。而当数变得无限大或者数未知时,学生会想到用 n 或 x 等字母符号来表示。关于用符号进行运算,后面有详细的说明。关于如何用符号理解数量关系,你可以在下面找答案。如:某一个数加上360等于这个数乘4。问:这个数是多少?

这个问题呈现出来时,你一定要给学生提供充分的时间和空间,让学生用自己的方法去理解题目中的数量关系。

克鲁切茨基针对上面的问题,在一所学校进行了测试,其中两个学生给出的答案分别如下。

生1迅速地画了一个图并得出答案:

□+360=□□□ □=120。

生2迅速地列出了方程并解了题:

$360+x=4x$ $360=3x$ $x=120$。

从两个学生的解答可以看出,生1是通过直观的图形符号来理解数量关系的,生2是通过数量之间的逻辑关系来思考问题的。当我们的课堂也出现类似情况时,你可以让两个学生分别说明□、x 表示什么,符号分别代表怎样的数量关系,并让学生讨论为什么生1在列出算式后,直接得出□=120,而生2在列出方程后还需要进一步计算。

当你把分析数量关系的时间和空间交给儿童时,通过儿童不同的表达方式,你会看到他们对题目中数量关系不同的理解程度。

2.6.3 用符号进行运算

符号多种多样,形式千差万别。儿童对数学符号不仅要懂,还要会用。王永春教授在《小学数学与数学思想方法》一书中指出:一个数学符号一旦产生并被广泛应用,它就具有明确的含义,就能够进行精确的数学运算和推理证明,因而它具有准确性。对儿童而言,运用符号进行运算是问题解决中的一项重要能力,培养这种能力需要借助具体的问题情境,让儿童经历问题解决的全过程。

例如,在解决"学校买来 30 本故事书,60 本连环画,把它们平均放在两层书架上,每层书架放多少本书"这个问题时,学生列出了不同的算式:

(1) $30+60÷2$。

(2) $(30+60)÷2$。

(3) $30÷2+60÷2$。

此时,你先不要着急,虽然学生之前没有系统地认识小括号这个新的符号,但是学生可以以情境为依托,解释每一个运算符号的含义,每一步运算表达的意义,在说、辩中明晰运算的意义。比如:算式(1)和算式(2),都是同样的 3 个数,也都是加号和除号,它们的运算过程一样吗?算式(2)中的小括号代表什么?如果像算式(1)一样不加小括号行不行?算式(3)的运算符号又分别代表什么意思?

在这样用符号进行运算的教学过程中,不要着急告诉学生运算顺序,一定要让学生结合具体的问题情境理解每一个运算符号的含义,再进行精确计算,要让他们知其然更知其所以然。

2.7 在表达关系中深化符号意识

2.7.1 在表达数量关系中深化符号意识

小学生经过几年的学习,已经具有符号意识和用符号表示常用的数、数量关系、公式的能力。在表达数量关系时,符号也往往因其简洁的特点而被他们采用。数学符号的学习应遵循从感性

第 2 章　数学符号思维

到理性再到运用的过程。那么,在表达数量关系中,如何深化符号意识?

首先,儿童符号意识的深化,必须有目的、有计划、有意识地贯穿于数学教学的始终。你可以借助常见的数量关系,如中年级的运算定律,速度与时间模型,长方形、正方形的周长、面积以及高年级的体积公式等,逐步深化儿童的符号意识。

例如,在学习"长方形周长"一课时,可引导学生推导出周长公式,并及时写出字母表达式 $c=(a+b)\times 2$,便于学生记忆与使用。又如,在应用公式解决问题时,可以让学生尝试求长方形的长或宽,这时,学生就会发现原有公式已不能直接使用,需要变形,这就能让学生在推理中逐步明晰其中的数量关系。再如,速度与时间模型的建立需要丰富的生活实例进行支撑,逐步提炼出 $s=vt$ 这个数量关系。你可以让学生给这些数学符号表达式赋予意义,从而深化学生对于符号意义的理解,如让学生思考还有哪些情境也可以用这个关系式来表达,从而促进学生主动地用数学符号表达更多的数量关系。因此,在常见的数量关系中,符号的引入可以让思维更加简洁明了。

其次,你还可以借助一般的数量关系来深化儿童的符号意识。你可以先让儿童在连续的问题情境中归纳一般规律,再呈现复杂的、变化的情境,使他们无法利用前面的方法解决问题,促使他们去寻找隐藏在深处的数量关系,并利用数学符号对规律进行抽象和概括,以此深化儿童的符号意识。

如在"用字母表示数"一课中,吴老师利用学生熟知的数青蛙儿歌,将学生带入一个连续的问题情境中,学生很容易发现其中的规律。接下来吴老师话锋一转,让学生自己想办法表示更多只青蛙的情况,引发学生对内在规律进行深入分析,促使其在变化的数字中发现不变的规律,并用数学符号来表达青蛙只数和青蛙的嘴、眼睛、腿的数量几者之间的数量关系,教学过程水到渠成,学生的符号意识也在问题解决中得到深化。

其实,像这样借助数学符号理解数量关系的过程,也可以说是儿童借助符号建立解决问题的模型的过程。在解决问题的过程中,儿童会主动用符号表示问题中的数量关系,并能感受到用符号表示数量关系的优越性。

2.7.2 在表达变化规律中深化符号意识

小学数学中有很多可以用符号表示的数、数量关系、法则、性质、规律等内容,由于其中有些知识是在低、中年级学习的,儿童限于当时的知识水平和思维水平,还不能用符号表示这些知识。到高年级,儿童的思维已经以抽象逻辑思维为主,具备了用符号表示更多的数、数量关系、法则、性质、规律等的条件,教师应注重在表达规律等的过程中深化儿童的符号意识。用数学符号表达变化规律,避免了用冗长的文字来表达,既简洁又便于记忆。

例如,在讲"正比例的意义"一课时,你可以通过对比来深化学生的符号意识。出示两个不同的问题情境(见表 2-1 和表 2-2),先让学生用符号来表示两种情境下的数量关系,并引导学生进行对比,发现二者之间的共同点,即一个量随着另一个量变化,且两个量所对应的比值一定,进而揭示正比列的概念。再引导学生用更为抽象概括的符号来表达正比例这一类问题,即 $\frac{y}{x}=k(k$ 为定值)。

表 2-1 购买钢笔的数量和所付钱数

数量/支	0	1	2	3	4	5	…
钱数/元	0	5	10	15	20	25	…

表 2-2 造纸厂生产情况

时间/天	1	2	3	4	5	6	…
产量/吨	70	140	210	280	350	420	…

这其实是学生认识上的又一个飞跃,学生经历了把生活语言

转化为数学语言,再转化为较概括的符号语言,最后转化为更抽象、高度概括的符号语言的过程。"你能用一个关系式来表示它们之间的关系吗?"这个问题引导学生从研究特定的数发展到研究一般的数,促使学生通过探索、分析,寻找其中的规律,并用符号将其表示出来。

这样可以逐步引导学生了解数量之间的内在联系,发现相关数量的变化规律,在表达变化规律的过程中深化符号意识,并渗透了函数思想。

第 3 章 运算思维

运算是小学数学的重要组成部分。对数量的运算就是用数学的特殊思维方法(加、减、乘、除、乘方、开方等)对数量进行深入的分析、综合、比较、联想的推理运算。数学的运算要根据原理、法则和基本概念有顺序地、严密地、合乎逻辑地进行。因此,运算教学不是机械的训练,而是要让学生既懂得运算的步骤,又明白运算的道理(根据)。运算的思维训练,就是在运算练习中,让学生讲算法、算理(运算的方法、步骤和根据),这样既可提高运算质量,又能培养运算的灵活性。因此,进行运算的思维训练有重要的意义。

3.1 运算思维训练

数的运算在小学数学课程中占有重要的地位,培养学生基本的运算能力是广大教师非常关注的问题。目前运算教学存在计算错题率高、口算能力下降等问题。我们认为,问题存在的原因关键在于学生对数的运算有关规律和基本概念理解不到位,这也是进行运算的思维训练的缘由所在。

3.1.1 运算能力的含义

所谓运算,是指对数(或量)进行代换或变换求出表达式结果的过程。数的最基本的运算是四则运算,即加、减、乘、除四种运算(又叫算术运算)。一个数自乘若干次称为乘方运算,乘方运算的逆运算称为开方运算。四则运算连同乘方、开方运算,称为代数运算。在高等数学中,除了代数运算以外,还有极限运算和求导数、求积分等运算,它们统称为分析运算。

而我们通常所说的计算,是指根据已知数、运算符号、运算法则通过数学方法求出结果的数学过程。因此,计算是运算的一个部分。计算实施的对象是数,如果涉及字母以及符号的恒等变形,就属于运算了。

小学数学有关数的运算知识包括三个方面:

(1)运算的基本方法:加法、减法、乘法、除法。

(2)运算的基本法则:进行各种运算时,必须遵循的运算规律、原理和法则。小学主要有四则运算法则。

(3)运算的基本概念:和、差、份、平均分等。这些概念是运算方法的概括和综合。

运算能力是指不仅会根据法则、公式等正确地进行运算,而且理解运算的算理,能够根据题目条件寻找正确的运算途径。即运算能力是在数学学习活动中,以个体已掌握的运算法则和运算技能为基础,通过积极的思维活动和适当的练习而形成的,同时在运算中表现出来的一种有关计算的稳定的个性心理特征。

对小学生来说,运算能力是在对整数、小数、分数(百分数)等数的概念理解和运算法则、运算顺序掌握的基础上,通过适当的练习逐步形成的,并且在具体的运算活动中表现出来的个性心理特征。

运算的准确性、合理性、灵活性、时效性是反映运算能力水平的主要指标。准确性是指运算过程及结果的正确;合理性是指运算方法使用正确;灵活性是指面对具体任务能选用适当的方法进行计算;时效性是指运算技能的熟练程度。

3.1.2 运算的思维训练的内涵和意义

学习过程是指对知识的理解和运用的过程,其核心是思维的过程,即将新知识同有关旧知识联系起来,进行一定的思维加工,获得对新知识的理解和运用的过程。其中,新旧知识是思维材料,思维加工是思维方法,二者是相互联系、不可分割的。没有必要而且足够的思维材料或者有思维材料而无正确的思维加工的方法,都不能达到理解和运用知识的目的。因此,思维出现障碍的原因无非两个方面:一是思维材料积累的问题,二是思维加工方法的问题。

运算过程是思维的过程,它在大脑中进行。在这个过程中,数与运算的关系就是思维材料与思维方法的关系,两者缺一不可。因此,思维过程既涉及有关运算概念、法则的理解,又涉及运算的操作步骤和方法。

有些教师由于学生计算的错题率高,就加大练习量,学生错什么就练什么,头痛医头、脚痛医脚,而根本没有意识到学生计算经常出现问题的根源是在思维,运算技能是同思维紧密联系的。这个根源就在于学生对有关的概念、定律理解不到位,学生只有对数的基本概念(数位、计数单位、进率)和运算的基本概念(加、减、乘、除)理解透彻,运算的步骤和方法才能有理有据。

运算教学的思维训练就是引导学生把头脑中的运算过程原原本本地表述出来,通过学生的表述,透视学生对相关运算概念的理解以及运算方法的根据。这个思维过程我们称为"说算理"。

3.2 以"和""份"概念为核心揭示运算意义

3.2.1 以"和"概念为核心揭示运算意义

"和"的概念实质体现的是部分与整体的关系,把两部分合并起来就是整体,从整体里去掉其中的一部分就是另一部分。这样,以"和"的概念为核心,通过部分与整体的关系,揭示出加法与减法运算意义的内涵以及它们之间的内在联系。如果这个整体是由若干部分合并起来的,而每部分都同样多,此时部分与整体的关系,就转化为"份"的关系。于是,"份"就成为部分与整体关系的一种特殊形式,再运用"份"的概念揭示出乘法与除法运算意义的内涵以及它们之间的内在联系。教学过程中,不断阐明这样的内在联系,可以加深学生对运算的理解。

3.2.1.1 初步建立"和"的概念

"和"是小学数学知识体系的核心概念,从认数开始就要通过研究部分与整体的关系逐步建立。

如认数"2"时,左边有 1 个苹果,右边也有 1 个苹果,把这两部分合并起来一共是 2 个苹果。提问:总共的 2 个苹果是由哪两部分合并起来的?(是由左边的 1 个苹果和右边的 1 个苹果这两部分合并起来的)——体会"合"。认数"3"时,一共有 3 朵花,要把这 3 朵花分给两个小朋友,可以怎样分?学生动手操作,明明分到 2 朵,亮亮分到 1 朵。教师提问:我们把一共的 3 朵花分成几部分?哪两部分?(一部分是明明分到的 2 朵,另一部分是亮亮分到的 1 朵)把明明的 2 朵和亮亮的 1 朵这两部分合并起来就是原来一共的 3 朵花;从一共的 3 朵花里去掉明明的 2 朵就是亮亮的 1 朵,去掉亮亮的 1 朵就是明明的 2 朵——体会"分"。

这样,在后续计数时,不断让学生体会这种"合"与"分",从而理解部分与整体的关系,初步建立起"和"的概念。

3.2.1.2 理解加法的运算意义

加法的运算意义是"把两个数合成一个数的运算"。我们可以运用"和"的概念(整体与部分的关系)来理解。

首先创设动态情境:例如,有 2 只小猫在玩球,又跑来 1 只小猫。你能提出一个问题吗?(一共有几只小猫?)

其次,理解数量关系:一共的只数包括哪两部分?要想知道一共有几只小猫,你怎样想?(就要把玩球的 2 只小猫和又跑来的 1 只小猫这两部分合并起来——用手势表示合并)。

再次揭示加法意义:把两部分合并起来用加法计算,"+"是加号,要把玩球的 2 只小猫和又跑来的 1 只小猫这两部分合并起来,列式是 2+1。"2"表示玩球的 2 只小猫,"1"表示又跑来的 1 只小猫,把这两部分合并起来是 3 只小猫,再在算式后面写"=3","3"表示小猫一共的只数。

接着提供静态画面:左边有 4 个气球,右边有 1 个气球。(手势把左右两边的气球合并起来)你能提出一个问题吗?(一共有几个气球)

最后提示:总共的气球个数包括左边的 4 个气球和右边的 1 个气球这两部分,要想知道一共有几个气球,就要把这两部分合并起来,列式是 4+1=5,或者 1+4=5。

借助部分与整体的关系,学生逐步建立起加法的数学模型——把两部分合并为一个整体用加法计算。如果掌握这种模型,原来所谓的需要逆向思维的难题就不再成为难题。例如:"小白兔抱走 3 根胡萝卜,竹篮里还剩 5 根,原来竹篮里有多少个胡萝卜?"学生分析,小白兔抱走 3 根胡萝卜,这样就把原来竹篮里的胡萝卜分成两部分——部分是小白兔抱走的 3 根,另一部分是竹篮里还剩的 5 根,要想知道原来竹篮里有几根,就要把小白兔抱走的 3 根和竹篮里还剩的 5 根这两部分合并起来,所以用加法计算:3+5=8(根)。这才是对加法运算意义真正的理解。

3.2.1.3 理解减法的运算意义

加法的运算意义是"合"的过程,减法的运算意义则是"分"的过程——其实仍然是以"和"的概念为核心,借助部分与整体的关系来理解。

首先出示问题情境:例如,花园里有 5 只蝴蝶,飞走 2 只,还剩几只蝴蝶?

其次理解数量关系:"飞走 2 只"是从几只蝴蝶里飞走 2 只?这样就把 5 只蝴蝶分成几部分?哪两部分?(一部分是飞走的

2只,另一部分是还剩的只数)要想知道还剩几只蝴蝶,你怎样想? (从原来的5只蝴蝶里去掉飞走的2只这部分,就是还剩的只数那部分)

再次揭示减法意义:要从整体里去掉一部分用减法计算,"一"是减号,是从原来的5只蝴蝶里去掉飞走的2只,列式是5-2。"5"表示花园里原来的5只蝴蝶,"2"表示飞走的2只蝴蝶。从原来的5只蝴蝶里去掉飞走的2只,还剩3只,在算式的后面写"=3"。"3"表示还剩的只数,"5-2=3"表示从原来的5只蝴蝶里去掉飞走的2只这部分,就是还剩的3只那部分。

接着变换情境:花园里有5只蝴蝶,飞走一些,还剩3只,飞走几只蝴蝶?

再理解数量关系:"飞走一些",这样就把5只蝴蝶分成几部分?哪两部分?(一部分是飞走的只数,另一部分是还剩的3只)要想知道飞走几只蝴蝶,你怎样想?(从原来的5只蝴蝶里去掉还剩的3只这部分,就是飞走的只数那部分)列式是5-3=2。

最后总结:5只蝴蝶包括飞走的2只和还剩的3只这两部分。从5只蝴蝶里去掉飞走的2只这部分,就是还剩的3只那部分;去掉还剩的3只这部分,就是飞走的2只那部分。要从整体里去掉其中的一部分,用减法计算。

3.2.1.4 加减法运算教学的说理训练

整数加减法从"10以内数加减法"到"20以内数加减法",再到"百以内数加减法""万以内数加减法",形成系统的知识结构。对于知识脉络非常系统的教学内容,必须把着力点放在建立概念伊始,否则,教学将无法顺利进行。

以整数加法为例:首先要讲清20以内进位加法的算理。例如,8+5,5根小棒表示5个一,按理说应该放在个位筒里,可是个位筒里已经有8根小棒,不能再放了。我们就把这5根小棒分成2和3两部分,把个位筒里的8根小棒拿出来,和这2根小棒合并起来捆成1捆,放进十位筒里,表示1个十;外面的3根小棒表示

3个一，把它放进个位筒里，所以 8＋5＝13（见图 3-1）。

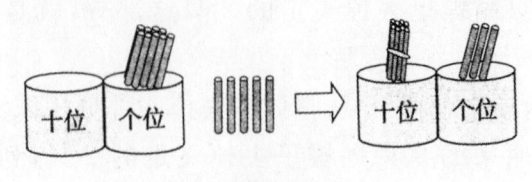

图 3-1

这时，教师还要留给学生充分的动手操作时间，让他们边操作边感悟"凑十法"的算理，然后将操作的思维过程在算式里展示出来（见图 3-2）。

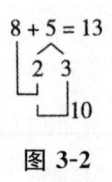

$$8 + 5 = 13$$

图 3-2

如果对 20 以内进位加法的算理理解清晰，对百以内、万以内以及多位数进位加法的算理就很容易理解了。由 8＋5 过渡为 38＋5，只需解决个位进来的 1 捆小棒与十位原来的 3 捆小棒合并起来揭示"个位满十向十位进一"的问题。由 38＋5 过渡到 38＋25，这时只需强调十位 3 个十加 2 个十，再加个位进来的 1 个十是 6 个十。再由 38＋25 拓展到 38＋65，学生发现十位 3 个十加 6 个十再加进来的 1 个十是 10 个十。怎么办？有"个位满十向十位进一"的知识基础和思维条件，学生自然推断出十位满十向百位进一。如果百位满十呢？哪位满十就向它的前一位进一。这样算理清晰，同时又掌握算法，即使是多位数的计算（连续进位、间隔进位），低年级的学生也不会感到棘手。

由整数加减法过渡到小数加减法，难在对位，因为学生在学习整数加减法的时候，相同数位对齐，更直观的是末位对齐。学生容易把这种认知迁移到小数加减法。教学时，要紧紧抓住"数位""计数单位"和"进率"的概念，强调相同计数单位的个数才能相加减。如 35.6＋7.98，学生知道 35.6 是由 3 个十、5 个一和

第 3 章　运算思维

6个十分之一组成的,7.98 是由 7 个一、9 个十分之一和 8 个百分之一组成的(见图 3-3)。①

计数单位清晰,数位对位就清晰,进而算理就清晰。

$$
\begin{array}{r}
3\,5.6 \\
+\ \ 7.98 \\
\hline
4\,3.58
\end{array}
$$

百分位:只有8个百分之一。十分位:6个十分之一加9个十分之一是15个十分之一,10个十分之一是1个一,十分位满十向个位进一,十分位还剩5个十分之一。个位5个一加7个一,再加进来的1个一是13个一,个位满十向十位进一。十位3个十加1个十是4个十,十位写4。

图 3-3

3.2.1.5　相关的思维训练

(1)基础训练。

例如,根据这幅图(见图 3-4)列出两道加法和两道减法算式。

图 3-4

看到这幅图,学生会立刻用支架图揭示出部分与整体的关系,如图 3-5 所示。

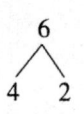

把4和2这两部分合并起来是整体6;从整体6里去掉4这部分,就是2那部分;去掉2这部分,就是4那部分,从而列出相关的四道算式:4+2=6,2+4=6,6-4=2,6-2=4。

图 3-5

---

① 莫翠英.探析化解小数数学计算教学难点的有效策略[J].读写算:教育教学研究,2013(2):130-131.

71

这样通过三个数量之间的关系解决的是一组算式,学生不必再一道一道地记忆计算结果,从而使10以内的加减法计算便于学生掌握。

(2)拓展训练。

在学生掌握两部分与整体之间的关系后,还可以将两部分拓展为三部分,为连加、连减、混合加减计算做好铺垫。

例如:"黑金鱼有6条,红金鱼有7条,黄金鱼有4条,一共有多少条金鱼?"要求一共有多少条金鱼,可以先把黑金鱼的6条和红金鱼的7条这两部分合并起来,再把它们和黄金鱼的4条合并起来,列式是6+7+4=17(条)。还可以先把黑金鱼的6条和黄金鱼的4条这两部分合并起来,再把它们和红金鱼的7条合并起来,列式为6+4+7=17(条)。两种方法对比,后面的方法计算更为简便。

又如:"有12条金鱼,先游走7条,又游走3条,还剩多少条金鱼?"先游走的7条、又游走的3条和还剩的条数,都是12条金鱼里的一部分。要求还剩多少条金鱼,就要从12条金鱼里去掉先游走的7条,再去掉又游走的3条,列式是12-7-3=2。还可以把先游走的7条和又游走的3条这两部分合并起来,再从12条金鱼里去掉一共游走的10条,就是还剩的条数,列式是12-(7+3)=2。

这样学生在计算7+8+2、15-6-4、16-9+3等题时,就会采用灵活的计算方法,同时也为后面研究加法和减法的运算法则奠定思维基础。

3.2.2 以"份"概念为核心揭示乘除法意义

乘法和加法有着紧密的联系,乘法是求几个相同加数和的简便运算。当整体里的每部分都同样多的时候,我们也可以用乘法来计算,乘法的核心概念是"份"。

3.2.2.1 初步建立"份"的概念

关于如何初步建立"份"的概念,本书第 2.3.1 节中已有案例阐释,这里不再赘述。

3.2.2.2 理解乘法的运算意义

(1)抓住"几个几",理解乘法运算意义。

例如,教师出示图片(略):每捆有 5 根胡萝卜,有这样的 3 捆。通过观察,我们发现每捆都有 5 根,可以说每份有 5 根,有这样的 3 份。有 1 份就有 1 个 5 根,有这样的 3 份就有 3 个 5 根。要求一共有多少根胡萝卜,就是在求 3 个 5,列式是 5+5+5=15。我们也可以用乘法计算,"×"是乘号,列式是 5×3=15,这道乘法算式表示 3 个 5 根是 15 根。

教师继续出示图片(略):每条小船坐 4 名同学,有这样的 9 条小船,一共可以坐多少名同学?每份有 4 名同学,有这样的 9 份,要求一共可以坐多少名同学,就是在求 9 个 4。加法算式为 4+4+4+4+4+4+4+4+4=36,乘法算式为 4×9=36。如果有这样的 50 条船呢?

像这样,教师让学生感受乘法与加法之间的密切联系,同时发现乘法是加法的一种简便运算。

(2)乘法运算意义的相关思维训练。

再如,教师出示图 3-6,提问:现在你最希望出现什么?(第 5 堆也有 3 个蘑菇,这样每堆蘑菇的个数就同样多)那就先假设第 5 堆也有 3 个蘑菇,再减去 1 个,列式 3×5-1=14(个)。

图 3-6

教师可引导学生:我们也可以让每堆都有 2 个蘑菇,这样从前 4 堆里,每堆各拿出 1 个蘑菇再组成 2 堆,列式 2×7=14(个)。

经过这样的思维训练,学生在解决像 5+5+5+3 的题时,就会联想到 5×3+3,5×4-2,6×3 等多种方法,思维非常灵活。

3.2.2.3 理解除法的运算意义

(1)理解"平均分"的概念。

教师出示题目:学校明天要去春游,准备把面包、水果等发给同学们,应该怎样分?(每份同样多)教师再引导学生:把 10 个面包分给 5 名同学,每名同学分到 2 个;把 15 根香蕉分给 5 名同学,每名同学分到 3 根。像这样,每份分得的同样多,就叫平均分。平均分有两种分法:

①把 12 瓶矿泉水平均分给 3 名同学,怎样分?题目要求"平均分",即每份分得的同样多。为保证每份分得的同样多,最好每次分得的都同样多。第一次拿 3 瓶,12-3,每名同学分 1 瓶;第二次再拿 3 瓶,12-3-3,每名同学分 1 瓶;第三次再拿 3 瓶,12-3-3-3,每名同学分 1 瓶;最后再拿 3 瓶,12-3-3-3-3,每名同学分 1 瓶。全部分完,每名同学分到 4 瓶,说明 12 里面有 4 个 3。

②有 12 瓶矿泉水,每名同学分 4 瓶,可以分给几名同学?题目要求"每名同学分 4 瓶",即平均分。第一次拿 4 瓶给一名同学,12-4;第二次拿 4 瓶给一名同学,12-4-4;没有分完,第三次再拿 4 瓶给一名同学,12-4-4-4=0。这样全部分完,说明 12 里面有 3 个 4。

(2)抓住"平均分",理解除法运算意义。

教师出示题目:把 20 个竹笋平均分给 4 只熊猫,每只熊猫分到几个?学生动手操作,每次拿 4 个竹笋,每只熊猫分 1 个。学生回答:20 里面有 5 个 4,所以,每只熊猫分到 5 个竹笋。

教师引导学生:"平均分"可以用除法计算,"÷"是除号,要分 20 个竹笋,把"20"写在除号的前面;要把 20 个竹笋平均分给 4 只熊猫,把"4"写在除号的后面;平均分的结果是每只熊猫分到 5 个,把"5"写在等号的后面。"20÷4=5"表示把 20 个竹笋平均分给 4 只熊猫,每只熊猫分到 5 个。

教师再出示题目:还是这 20 个竹笋,如果知道每只熊猫分 5 个,可以分给几只熊猫呢?学生动手操作,每次都拿 5 个竹笋分给一只熊猫,发现 20 里面有 4 个 5,所以,可以分给 4 只熊猫,列式是 20÷5=4。

(3)除法运算意义的相关思维训练。

观察图 3-7,可以知道:每束有 3 朵花,有这样的 4 束,一共有 12 朵花。根据乘法和除法的运算意义,可以列出三道算式:3×4=12,12÷4=3,12÷3=4。这样通过三个数量之间的内在联系,架起乘法与除法之间的桥梁。

图 3-7

3.2.2.4 乘法运算教学的说理训练

乘法计算教学分为表内乘法、多位数乘一位数、两位数乘两位数、三位数乘两位数、小数乘法、分数乘法等单元,说理训练的侧重点应是理解多位数乘一位数和两位数乘两位数的算理。

(1)多位数乘一位数。

首先理解多位数乘一位数的口算算理。

4×2 想:"4"表示 4 个一,二四得八,得到的是 8 个一,所以 4×2=8;

40×2 想:"4"表示 4 个十,二四得八,得到的是 8 个十,所以 40×2=80;

400×2 想:"4"表示 4 个百,二四得八,得到的是 8 个百,所以 400×2=800。

接着研究多位数乘一位数的笔算算理。

例题:每个皮球 24 元,买这样的 3 个皮球需要多少元?列式是 24×3(见图 3-8)。

```
用加法计算：  2 4        用乘法计算：  2 4
              2 4                      ↙
            + 2₁4                    × ₁3
            ─────                    ─────
              7 2                      7 2
```

图 3-8

这样借助加法算理来揭示乘法算理：先用 3 去乘个位上的 4，"4"表示 4 个一，三四十二，向十位进一，个位写"2"；再用 3 去乘十位上的 2，"2"表示 2 个十，二三得六，"6"表示 6 个十，再加个位进来的 1 个十是 7 个十，十位写"7"。

（2）两位数乘两位数。

首先突破口算，由 $30×2$ 过渡到 $30×20$（见图 3-9）。

```
   ③ 个 ⑩
 × ② 个 ⑩
 ─────────
   6 个百
```

"30"表示 3 个十，"20"表示 2 个十。10 个十是 1 个百，二三得六，"6"表示 6 个百。所以，$30×20=600$。

图 3-9

笔算算理重点是理解用十位上的数去乘积的末位的位置（见图 3-10）。

```
      4 3
      ↙
    × 2₁5
   ──────
      2 1 5
      8 6
   ──────
    1 0 7 5
```

先算 5 个 43，再算 20 个 43，最后把两个积相加。"25"十位上的"2"表示 2 个十，用"2"去乘"43"个位上的"3"，二三得六，"6"表示 6 个十，应该写在十位；用"2"去乘"43"十位上的"4"，二四得八，"8"表示 8 个百，应该写在百位。

图 3-10

(3)小数乘法(见图 3-11)。

$$\begin{array}{r}0.72\\\times315\\\hline 3.60\end{array}$$

"0.72"表示 72 个百分之一,我们把 0.72×5 看作 72×5,乘得的结果是 360 个百分之一,所以,要把小数点点在"3"的后面。

图 3-11

而 1.2×0.36,学生自然会利用整数乘法的方法进行推理,"1.2"表示 12 个十分之一,"0.36"表示 36 个百分之一。我们把 1.2~0.36 看作 12×36 计算,得到的结果是 432,而十分之一的百分之一是千分之一,所以 1.2×0.36=0.432。

3.2.2.5 除法运算教学的说理训练

除法计算教学分为表内除法、除数是一位数的除法、除数是两位数的除法、小数除法、分数除法等单元,说理训练的侧重点应是理解除数是一位数的除法的算理。

(1)除数是一位数的除法。

首先理解除数是一位数除法的口算算理。

6÷3 想:"6"表示 6 个一,把 6 个一平均分成 3 份,每份得到 2 个一,所以 6÷3=2;

60÷3 想:"6"表示 6 个十,把 6 个十平均分成 3 份,每份得到 2 个十,所以 60÷3=20;

600÷3 想:"6"表示 6 个百,把 6 个百平均分成 3 份,每份得到 2 个百,所以 600÷3=200。

接着研究除数是一位数除法的笔算算理。

例如:52÷2。出示小棒,要把 52 根小棒平均分成 2 份,学生动手操作(见图 3-12)。

把 5 个十平均分成 2 份,每份得到 2 个十,所以在十位商 2。二二得四,分走 4 个十,还剩 1 个十。把这 1 个十打开和个位的 2 个一合并起来是 12 个一。再把这 12 个一平均分成 2 份,每份得到 6 个一,所以在个位商 6。

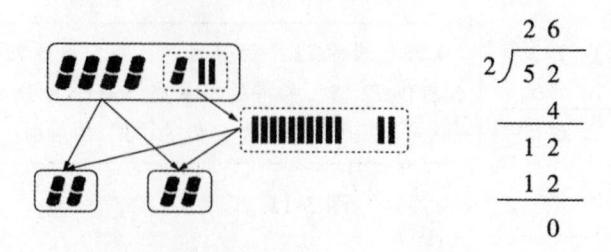

```
    2 6
2 ) 5 2
    4
    1 2
    1 2
      0
```

图 3-12

如果被除数的最高位不够除,这种情况学生确定商的位置时很容易出现问题。解决问题的最有效方法就是依据算理。例如,237÷6,我们先看被除数的最高位,把 2 个百平均分成 6 份,每份得不到几个百,这就需要把 2 个百打开,与十位的 3 个十合并起来是 23 个十。把 23 个十平均分成 6 份,每份能够得到 3 个十,所以在十位商 3。接着再把 57 个一平均分成 6 份,每份得到 9 个一,所以在个位商 9,还余 2 个一。

(2)除数是两位数的除法。

首先突破口算。80 个气球,每班分 20 个,可以分给 4 个班。列式是 80÷20=4。可以想:80 表示 8 个十,20 表示 2 个十,8 个十里面有几个 2 个十?(4 个)所以 80÷20=4。同理,270 表示 27 个十,90 表示 9 个十,27 个十里面有 3 个 9 个十,所以 270÷90=3。

另外,利用商不变的性质进行简便运算的题目同样要依据算理来解决,如 3800÷500(见图 3-13)。

```
         7
5 0̸0̸ ) 3 8 0̸0̸
       3 5
         3
```

"3800" 表示 38 个百, "500" 表示 5 个百。"38 个百"里面有 7 个"5 个百",商 7。五七三十五,分走 35 个百,还剩 3 个百。所以 3800÷500=7……300,而不是余 3。

图 3-13

(3) 小数除法。

对于小数除法,算理完全相同。如 7.83÷9,把 7 个一平均分成 9 份,每份得不到几个一,需要在个位商 0,点好小数点;把 78 个十分之一平均分成 9 份,每份得到 8 个十分之一,所以在十分位商 8;继续再把 63 个百分之一平均分成 9 份,每份得到 7 个百分之一,所以在百分位商 7。

显而易见,培养学生讲算理就是让学生掌握计算的理论依据,有根有据的推理才能知道计算的结果是对是错,不断提高计算的正确率。懂得算理后通过训练才能达到举一反三、触类旁通的目的,才能为后续的学习打下坚实的基础。

3.3 整数运算及其对小数、分数的迁移

3.3.1 整数运算技能的训练与迁移

"整数运算"在小学数学运算知识体系具有举足轻重的作用,是小数运算及分数运算的基础。

3.3.1.1 整数加减法的迁移

"整数加减法"包括:10 以内数的加减法—20 以内数的加减法—百以内数的加减法—万以内数的加减法,它们构成一个相对独立又联系紧密的知识体系。我们可以根据知识间的内在联系,巧妙地运用迁移原理把知识串联起来。

(1) 10 以内数的加减法。

教材将"10 以内数的加减法"与"和"的概念紧密结合起来,借助整体与部分的关系,通过题组的形式进行学习。

例如,如图 3-14,一共有 6 个蘑菇,我们把它分成两部分。

图 3-14

6 个蘑菇是由左边的 5 个蘑菇和右边的 1 个蘑菇这两部分合并起来的。从整体 6 个蘑菇里去掉左边的 5 个蘑菇就是右边的 1 个蘑菇；去掉右边的 1 个蘑菇就是左边的 5 个蘑菇。根据"整体与部分的关系"得到：5＋1＝6,1＋5＝6,6－5＝1,6－1＝5。同理得到：4＋2＝6,2＋4＝6,6－4＝2,6－2＝4。

利用"整体与部分的关系"学习"10 以内数的加减法"，学生运算时就可以由算式联想到数字支架图。一个数字支架图可以解决四道加减法算式，可以有效地减轻学生的记忆负担。

(2)20 以内数的加减法。

我们知道，"10 的认识"是初步建立"数位""计数单位"和"进率"概念的关键，以此为基础，借助数位筒和小棒，认识 11—20 各数。认数时，可以利用整体与部分的关系掌握 20 以内不进位、不退位的加减法。例：认数 13，十位筒里有 1 捆小棒，表示 1 个十；个位筒里有 3 根小棒，表示 3 个一。13 是由 1 个十和 3 个一合并起来的，由此得到 10＋3＝13,3＋10＝13,13－10＝3,13－3＝10。

对于"20 以内的进位加法"，则由"10 的认识"迁移过来。例：9＋5，让学生借助数位筒和小棒理解算理。按理说这 5 根小棒应该放进个位筒里，可是，个位筒已经有 9 根小棒了，就不能再放。怎么办？我们可以把手里的 5 根小棒分成 1 和 4 两部分，再把个位筒里的 9 根小棒拿出来和手里的 1 根小棒合并起来变成 10 根小棒，捆成 1 捆放进十位筒里，表示 1 个十，最后把剩下的 4 根小棒放进个位筒里，表示 4 个一。所以，9＋5＝14。[①] 通过这样的动

---

① 莫翠英. 探析化解小数数学计算教学难点的有效策略[J]. 读写算：教育教学研究,2013(2):130-131.

手操作,学生对20以内进位加法的算理理解得会越发清晰,9需要1凑成10,就把5分成1和4,9和1凑成10,10加4等于14。随着算理越来越清晰,思维也会越来越简洁,见9想1,5－1＝4,结果是14。这样,就把一道20以内的进位加法转化为一道10以内的减法。同样道理,12－9中,2不够减9,破10来减,见9想1,1＋2＝3。20以内的退位减法,思维简约后实际就是一道10以内的加法。

(3)百以内数的加减法。

"百以内数的加减法"分为"两位数加减一位数和整十数""两位数加减两位数"两个教学单元,逐层递进、拓展。教学时,从已有知识切入,不仅能让学生体验到知识的延展过程,同时自然而然地将新知与旧知联系起来。以百以内数的加法为例:

两位数加一位数:

无须进位的加法:25＋3。学生可以将5＋3(10以内)或15＋3(20以内)的算理迁移过来,3表示3个一,和5个一合并起来是8个一,十位筒的2捆小棒没有变,所以25＋3＝28。

需要进位的加法:25＋9。同样,学生可以将20以内进位加法的算法迁移过来,5＋9＝14,把这1捆小棒和十位筒里原来的2捆小棒合并起来变成3捆小棒,所以25＋9＝34。

两位数加整十数:

"两位数加整十数"则采取与"两位数加一位数"对比的方法。由25＋3引入,3表示3个一,要与个位的5个一合并起来,所以25＋3＝28;25＋30,30表示3个十,要与十位的2个十合并起来,所以25＋30＝55。这里,还可以将25＋3和25＋30写成竖式计算的形式:

$$\begin{array}{r} 25 \\ +3 \\ \hline 28 \end{array} \qquad \begin{array}{r} 25 \\ +30 \\ \hline 55 \end{array}$$

这样,运用迁移非常有助于学生理解算理,同时为"两位数加两位数"的"相同数位对齐"做好思维铺垫。

两位数加两位数:

把"两位数加一位数"和"两位数加整十数"融合起来就是"两位数加两位数",可以让学生尝试解决,通过讨论交流,逐步理解笔算加法的计算方法。教师逐题出示:①56+12=；②45+39=；③72+28=。

```
①   5 6        ②   4 5        ③   7 2
   +1 2           +3₁9           +₁2₁8
   ────           ────           ─────
    6 8            8 4           1 0 0
```

第①题,先把相同数位对齐。相同数位对齐就是相同的计数单位对齐,这样便于直接相加。相加时既可以从个位加起,也可以从十位加起。

第②题,知道"个位满十向十位进1",通过尝试交流,发现对于进位加法而言,如果从十位加起还需调整,还是从个位加起比较方便。

第③题,知道"个位满十向十位进1""十位满十向百位进1",从而感悟到"哪一位满十就向它的前一位进1"。

知道"哪一位满十,就向它的前一位进1""哪一位不够减,就向它的前一位借1"的算理,万以内数的加减法就会无师自通。

3.3.1.2　整数乘除法的迁移

(1)多位数乘一位数到多位数乘两位数的迁移。

学习笔算乘法之前,需要先研究口算乘法:20×4,200×4,$2\,000 \times 4$,都可以用"二四得八"的乘法口诀,但计数单位却不同。"20"表示2个十,乘4得到的是8个十,所以$20 \times 4 = 80$;"200"表示2个百,乘4得到的是8个百,所以$200 \times 4 = 800$;"2 000"表示2个千,乘4得到的是8个千,所以$2\,000 \times 4 = 8\,000$。

口算乘法的算理清晰,那笔算乘法就是分解与组合的问题。例:12×3,12 可以分解为 1 个十和 2 个一,用 3 分别去乘 1 个十和 2 个一。10×3=30,2×3=6,30+6=36。当然,也可以依托乘法意义回归到整数加法。

$$
\begin{array}{r}
\text{加法竖式:} \quad 1\ 2 \\
1\ 2 \\
+\ 1\ 2 \\
\hline
3\ 6
\end{array}
\qquad
\begin{array}{r}
\text{转化为乘法竖式:} \quad 1\ 2 \\
\times\quad 3 \\
\hline
3\ 6
\end{array}
$$

知道用 3 去乘个位的 2,得到的是 6 个一,所以 6 要对齐个位;用 3 去乘十位的 1,得到的是 3 个十,所以 3 要对齐十位。

"多位数乘两位数乘法"完全可以由"多位数乘一位数乘法"迁移过来,教师只需重点引导学生理解"用十位上的数去乘,积的对位问题"。例如:24×13。

$$
\begin{array}{r}
2\ 4 \\
\times\ 1\ 3 \\
\hline
7\ 2 \\
2\ 4\ \\
\hline
3\ 1\ 2
\end{array}
$$

用个位的"3"去乘"24"是学生已有的知识,关键是用十位的"1"去乘"24",得到的是 24 个十,所以要把"4"对齐十位,最后把两次的乘积加起来。

(2)除数是一位数除法到除数是两位数除法的迁移。

学习笔算除法之前,同样先要研究口算除法:6÷3,60÷3,600÷3。把 6 个一平均分成 3 份,每份得到 2 个一,所以 6÷3=2;把 6 个十平均分成 3 份,每份得到 2 个十,所以 60÷3=20;把 6 个百平均分成 3 份,每份得到 2 个百,所以 600÷3=200。这是笔算除法的知识基础与思维条件。

也就是要依托口算除法的算理。例:42÷2,42 可以分解为

4个十和2个一。把4个十平均分成2份,每份得到2个十,所以2要商在十位;把2个一平均分成2份,每份得到1个一,所以1要商在个位,则42÷2=21。

如果是52÷2呢?把5个十平均分成2份,每份得到2个十,所以把2商在十位,二二得四,分走4个十,还剩1个十。把这1个十和个位的2个一合并起来是12。把12个一平均分成2份,每份得到6个一,所以把6商在个位,则52÷2=26。

如果被除数的最高位不够除呢?例:234÷6。把2个百平均分成6份,每份得不到1个百,怎么办?那就把2个百和3个十合并起来变成23个十。把23个十平均分成6份,每份得到3个十,把3商在十位,三六十八,分走18个十,还剩5个十;再把5个十和4个一合并起来是54个一;把54个一平均分成6份,每份得到"9个一",把"9"商在个位,则234÷6=39。

通过这样逐层深入的系列研究,学生能够逐渐理解"除数是一位数笔算除法"的计算方法。除数是一位数,先看被除数的最高位,如果最高位不够除,就看被除数的前三位;除到被除数的哪一位,就把商写在哪一位的上面。

"除数是两位数的除法"与"除数是一位数的除法"算理相同,仍然是除到被除数的哪一位,就把商写在哪一位的上面。引申之处就是:除数是两位数,就要先看被除数的前两位;如果前两位不够除,就看被除数的前三位。"除数是两位数除法"的重点是解决如何"试商"的问题。

3.3.2 整数运算对小数、分数的迁移

看似整数、小数与分数自成知识体系,但它们之间却有着紧密的联系,小数和分数的运算同样可以从整数运算迁移过来。

3.3.2.1 整数运算对小数的迁移

整数加减法运算首先要"相同数位对齐",而"相同数位对齐"

最明显的特征就是"末位对齐"。末位对齐的观念已在学生的头脑里根深蒂固,这对于学习小数加减法无疑会产生"负迁移"。

如何解决这个问题?仍然是要先关注基本概念的建立——对小数意义的理解。例:2.98,"2"在个位,表示2个一;"9"在十分位,表示9个十分之一;"8"在百分位,表示8个百分之一。而0.4,"4"在十分位,表示4个十分之一。若需要计算2.98+0.4,学生就会知道将4个十分之一与9个十分之一合并起来,列成竖式应该是:$\begin{array}{r}2.98\\+0.4\\\hline\end{array}$(小数点对齐,而不是末位对齐)。

通过观察,学生会发现:小数加减法实际也是需要"相同数位对齐",而"相同数位对齐"最明显的特征就是"小数点对齐"。解决好对位问题,再将整数加减法的运算方法迁移过来即可。而小数乘除法与整数乘除法之间同样有着紧密的联系,把小数乘除法转化为整数乘除法,再确定好小数点的位置即可。

3.3.2.2 整数运算对分数的迁移

整数运算与分数运算蕴含着共同的思维要素,就是计数单位相同才能相加减,计算时都是把计数单位的个数相加减。如整数运算的3+2,"3"和"2"都是以"一"作为计数单位,3个一加2个一是5个一,所以3+2=5。而分数运算如$\frac{3}{7}+\frac{2}{7}$,$\frac{3}{7}$和$\frac{2}{7}$都是以$\frac{1}{7}$作为分数单位,$\frac{3}{7}$表示3个$\frac{1}{7}$,$\frac{2}{7}$表示2个$\frac{1}{7}$,3个$\frac{1}{7}$加2个$\frac{1}{7}$是5个$\frac{1}{7}$,5个$\frac{1}{7}$是$\frac{5}{7}$,所以$\frac{3}{7}+\frac{2}{7}=\frac{5}{7}$。计算过程是$\frac{3}{7}+\frac{2}{7}=\frac{3+2}{7}=\frac{5}{7}$。分数减法是同样的道理,如$\frac{7}{9}-\frac{5}{9}=\frac{7-5}{9}=\frac{2}{9}$。

依托对分数意义的理解以及整数运算的基础,学生能清晰地理解为何"分母相同,只把分子相加减"的算理。而异分母分数加减法,只需统一分数单位,将异分母分数转化为同分母分数即可。这就是整数运算对分数的迁移。

由此可见，分数加减法运算与整数加减法运算有着紧密的联系，它们的共同要素就是"计数单位相同才能相加减"。

3.4 运算思维训练案例

例 3-1 怎样称体重。

小洋、小白和小洋的弟弟，他们 3 人将家里的一些废品，用编织袋装着抬到废品站里去卖。卖完后，见废品站里有一磅秤，3 人都想称一称自己的体重。可废品站的叔叔说，这台磅秤最少要称 50 公斤，可是他们 3 人都只有 25 到 30 公斤，所以不能称他们的体重。

真的不能称吗？他们三人很失望，正准备离开时，一位阿姨说，他们可以用磅秤称出各自的体重。真的可以哦！一直在想办法的小洋忽然也想到了，只需要称 3 次就可得出各自的体重。称完后，废品站的叔叔阿姨都夸小洋聪明。小洋他们 3 人别提有多高兴了。

你知道小洋是怎样称的吗？

例 3-2 到底是多少岁。

小李带着一家人坐火车回家乡。车上遇到一个很唠叨的人，不停地问这问那，最后问起了小李一家的年龄。小李有点不耐烦，说："我儿子的年龄是我女儿年龄的 5 倍，我老婆的年龄是我儿子年龄 5 倍，我的年龄是我老婆年龄的 2 倍，把我们一家人的年龄加在一起，正好是祖母的年龄，今天她正要庆祝 81 岁的生日。"

唠叨的人想了一会儿还不明白。你知道小李的儿子、女儿、老婆以及他自己到底是多少岁吗？

例 3-3 书的价钱。

有一本书，小张和小李都想买。如果用小张的钱单买就缺 5 元钱，如果用小李的钱买则缺 1 角钱，如果两个人把钱加起来只买一本书，钱仍然不够。那么这本书的价钱是多少呢？

例 3-4 如何推算。

一位酒商有 6 桶白酒和黄酒,容量分别为 30 升、32 升、36 升、38 升、40 升、62 升。其中 5 桶装着白酒,1 桶装着黄酒。第一位顾客买走了 2 桶白酒,第二位顾客所买的白酒则是第一位顾客的 2 倍。

请问,哪一个桶里装着黄酒?

例 3-5 出错的情况有多少种。

3 个装书的箱子都贴了标签,其中恰好有 2 个贴错了,错的情况总共有 3 种可能。如果有 4 个箱子,恰有 3 个贴错了,那么错的情况共有多少种?

例 3-6 得分是多少。

小马、小王、小黄、小张、小胡在一次满分为 100 分的考试中,得分都是大于 91 的整数,如果小马、小王、小黄的平均分为 95 分,小王、小黄、小张的平均分数为 94 分,小马是第一名,小胡是第三名,得 96 分,那么小张的得分是多少?

例 3-7 过桥的时间。

一天夜晚,有 4 个人走到一座狭窄而且没有护栏的桥边。如果没有手电筒照路的话,大家是无论如何也不敢过桥的。但很不巧,4 个人一共只带了一只手电筒,而桥窄得只够让两个人同时通过。如果各自单独过桥的话,4 人所需要的时间分别是 3、4、6、9 分钟;而如果两人同时过桥,所需要的时间就是走得比较慢的那个人单独行走时所需要的时间。你能设计一个方案,让这 4 人用最短的时间过桥吗?

例 3-8 多少头牲畜。

一群来自城市的客人参观农场,客人问主人的农场养了些什么家畜。主人说他一共养了 224 只家畜,其中绵羊比奶牛多 38 只,奶牛又比猪多 6 头。这时,刚好遇到附近另一个农场的人来用奶牛换绵羊,他把主人 75% 的奶牛按照一头奶牛换 5 只绵羊的比例换走了。现在你知道这个农场主分别养了多少头奶牛、多少只绵羊、多少头猪吗?

例 3-9 巧合。

小阳陪小强去一家商店买东西,小强挑选了四件小饰品,小阳心里算了一下,总共 6.75 元,其中有一件只有 1 元钱。小强准备付钱时,小阳发现店主用计算器算价钱时按的不是加法键,而是乘法键!他正准备提醒店主时,奇怪地发现,计算器算出的数字也是 6.75 元。原来,店主并没按错数字。那么你知道这四件小饰品的单价各是多少?

例 3-10 只改一个符号。

现在有一道错误的数学式子:1+2+3+4+5+6+7+8+9=35 你能只改一个符号,就使它变成正确的等式吗?

例 3-11 有趣的算式。

如果 12 345 679×(9)=111 111 111,那么,你能不能不用计算就在下面的括号里填入合适的两位数使等式成立?

$$12\ 345\ 679 \times (\quad) = 222\ 222\ 222$$
$$12\ 345\ 679 \times (\quad) = 333\ 333\ 333$$
$$12\ 345\ 679 \times (\quad) = 444\ 444\ 444$$
$$12\ 345\ 679 \times (\quad) = 555\ 555\ 555$$
$$12\ 345\ 679 \times (\quad) = 666\ 666\ 666$$
$$12\ 345\ 679 \times (\quad) = 777\ 777\ 777$$
$$12\ 345\ 679 \times (\quad) = 888\ 888\ 888$$
$$12\ 345\ 679 \times (\quad) = 999\ 999\ 999$$

例 3-12 找找规律。

根据 22×55=1 210 和 222×555=123 210,你能否看出其中的规律,然后不用计算就能写出下列算式的答案?

$$2\ 222 \times 5\ 555 =$$
$$22\ 222 \times 55\ 555 =$$
$$222\ 222 \times 555\ 555 =$$
$$2\ 222\ 222 \times 5\ 555\ 555 =$$

例 3-13 怎么填。

在 1□2□3□4□5□6□7□8□9=100 这条数式中,填入+、

一、×、÷或空白,使它成为一条完整的算式。

若不容许使用乘法和除法,怎么填呢?若逆置左边(9□8□7□6□5□4□3□2□1=100),又该怎么填呢?

例 3-14 补充算式。

通过算式 $12\times8+2=93$,你能在下面的括号中填入适合的数字,使等式成立吗?

( )×8+( )=987

( )×8+( )=9 876

( )×8+( )=98 765

( )×8+( )=987 654

( )×8+( )=9 876 543

( )×8+( )=98 765 432

( )×8+( )=987 654 321

例 3-15 总共飞了多远。

两个人各骑一辆自行车,从相距 20 英里(1 英里合 1.609 3 千米)的两个地方,开始沿直线相向骑行。在他们起步的那一瞬间,一辆自行车车把上的一只飞蛾,开始向另一辆自行车径直飞去。它一到达另一辆自行车车把,就立即转向往回飞行。这只飞蛾如此往返在两辆自行车的车把之间,直到两辆自行车相遇为止。如果每辆自行车都以每小时 10 英里的速度前进,飞蛾以每小时 15 英里的等速飞行,那么,飞蛾总共飞行了多少英里?

例 3-16 停了多少站。

游戏开始了,请你快速计算:

一辆载着 16 名乘客的公共汽车驶进车站,这时有 4 人下车,又上来 4 人;在下一站上来 10 人,下去 4 人;在下一站下去 11 人,上来 6 人;在下一站,下去 4 人,上来 4 人;在下一站又下去 8 人,上来 15 人。

接着,公共汽车继续往前开,到了下一站下去 6 人,上来 7 人;在下一站下去 5 人,没有上来人;在下一站只下去 1 人,又上来 8 人。

你能在不重新计算的情况下,说出这辆公共汽车究竟停了多少站吗?

例 3-17 时间缩短百分之几。

小华训练 800 米赛跑,如果速度提高 5%,那么时间可以缩短百分之几?

例 3-18 工程问题。

一件工程,甲、乙两队合做,36 天完成;乙、丙两队合做,45 天完成;甲、丙两队合做,60 天完成。问甲队独做,需要多少天完成?

例 3-19 相距多远。

甲汽车由 A 地到 B 地需要 8 小时,乙汽车由 B 地到 A 地需要 6 小时。两车同时从两地相对开出,相遇时甲汽车距离 B 地还有 160 公里,A、B 两地相距多少公里?

例 3-20 制作零件。

制作一批零件,甲车间要 10 天完成。如果甲车间与乙车间一起做,只要 6 天就能完成;乙车间与丙车间一起做,需要 8 天才能完成。现在三个车间一起做,完成任务后发现甲车间比乙车间多制作零件 2 400 个,问丙车间制作了多少个零件?

例 3-21 植树。

学校买来一批树苗,按 2∶3∶4 分配给四、五、六年级种植。已知四年级比六年级少分配 16 棵,问三个年级各种树苗多少棵?

例 3-22 两个数的差。

两个数的最大公约数是 88,最小公倍数是 3 080,两个数的和是 1 056,那么两个数的差是多少?

例 3-23 速度与时间。

有甲、乙两辆汽车,在 A、B 两城之间往返行驶。甲车去时速度为 60 千米/小时,回来时速度为 40 千米/小时;乙车往返的速度都是 50 千米/小时。求甲、乙两车往返一次所需时间的比。

例 3-24 人数的变化。

某所小学男、女生人数之比是 16∶13,后来有几名女生转入学校,这时全校有学生 880 人;男、女生人数之比变为 6∶5。那么

第3章 运算思维

转入的女生有多少人？

例 3-25 有几个红色的球。

小兰有许多球，平均每 10 个球中有一个是红的；小洋也有许多球，平均每 10 个中有一个是红的，如果将小兰和小洋的球放在一起，那么平均每 10 个球中有几个红色的球？

例 3-26 两种纸片。

有形状大小相同的红、白两种纸片各 10 张，放在一起随便混合，然后再分成各 10 张的甲、乙两堆。如果这样分 14 次，有多少次甲堆中的红纸片数和乙堆中的白纸片数相等。

例 3-27 钟表问题集锦。

(1) 甲以为自己的表快 5 分钟，实际上是慢了 10 分钟；乙的表慢了 5 分钟，乙却以为它慢了 10 分钟。甲乙都想赶 4 点钟的火车，谁先到火车站？

(2) 小阳家有两个旧钟，一个每天快 20 分，另一个每天慢 30 分。现在将这两个旧钟同时调到标准时间，它们至少要经过多少天才能再次同时显示标准时间？

(3) 手表比闹钟每时快 60 秒，闹钟比标准时间每时慢 60 秒。8 点整将手表对准，12 点整手表显示的时间是几点几分几秒？

(4) 爷爷的老式时钟的时针与分针每隔 66 分重合一次。如果早晨 8 点将钟对准，到第二天早晨，时钟再次指示 8 点时，实际是几点几分？

(5) 在一座高山气象站上，白天和夜间的气温相差很大，挂钟受气温的影响走得不正常，每个白天快 $\frac{1}{2}$ 分，每个夜晚慢 $\frac{1}{3}$ 分。如果在 10 月 1 日清晨将挂钟对准，那么挂钟最早在什么时间恰好快 3 分？

(6) 爷爷的老式时钟一点也不准，它的时针与分针每隔 61 分重合一次。问：这只时钟每天快或慢多少分？

(7) 有一个钟表，在 7 月 29 日零点比标准时间慢 4 分半，它一直走到 8 月 5 日上午 7 时，比标准时间快 3 分，那么这只表所指时间是正确的时刻在几月几日几时?

(8)小兰家有一个闹钟,每时比标准时间慢2分。有一天晚上9点整,小兰对准了闹钟,她想第二天早晨6:40起床,于是她就将闹钟的铃定在了6:40。请问这个闹钟响铃的时间是标准时间的几点几分?

(9)小阳上午8点要到学校上课,可是家里的闹钟早晨6点10分就停了,他上足发条但忘了对表就急急忙忙上学去了,到学校一看还提前了10分。中午12点放学,小阳回到家一看钟才11点整。如果小阳上学、下学在路上用的时间相同,那么,他家的闹钟停了多少分钟?

(10)8点28分,时钟的分针与时针的夹角是多少度?

(11)小阳在看一个钟时,将钟面上的时针和分针搞错了,结果时间比准确的时间慢了57分。那么正确的时间是几点几分?

(12)一个快钟每时比标准时间快1分,一个慢钟每时比标准时间慢3分。将两个钟同时调到标准时间,结果在24时内,快钟显示9点整时,慢钟恰好显示8点整。那么此时的标准时间是多少?

(13)一只时钟,在某时刻,时针、分针不重合,但把它们位置互换后,仍然能得到一个合理的时间,请求出所有这样的时刻,并统计它们的个数。

例3-28 如何定价。

现在,有一家由80间套房组成的旅馆,经调查得知,若我们把每日租金定价为160元,则可客满;而租金每涨20元,就会失去3位客人。每间住了人的客房每日所需服务、维修等项支出共计40元。请问:我们该如何定价才能赚最多的钱?

例3-29 数学家的年龄。

这里有一道关于数学家维纳年龄的问题,全题如下:"我"今年岁数的立方是个四位数,岁数的四次方是个六位数,这两个数,刚好把10个数字0、1、2、3、4、5、6、7、8、9全都用上了。请问维纳的年龄是多少?

例 3-30 关于 4 的游戏。

$$4 \quad 4 \quad 4 \quad 4 = 1$$
$$4 \quad 4 \quad 4 \quad 4 = 2$$
$$4 \quad 4 \quad 4 \quad 4 = 3$$
$$4 \quad 4 \quad 4 \quad 4 = 4$$
$$4 \quad 4 \quad 4 \quad 4 = 5$$
$$4 \quad 4 \quad 4 \quad 4 = 6$$
$$4 \quad 4 \quad 4 \quad 4 = 7$$
$$4 \quad 4 \quad 4 \quad 4 = 8$$
$$4 \quad 4 \quad 4 \quad 4 = 9$$

请在4个4之间填上＋、－、×、÷、( )等运算符号,使上面的等式成立。

第 4 章　逻辑推理思维

逻辑是人的一种抽象思维,是人通过概念、判断、推理、论证来理解和区分客观世界的思维过程。逻辑推理思维的基本规律是同一律、矛盾律、排中律和充足理由律。在数学运用过程中,必须遵守这些思维的基本规律,掌握并运用这些规律进行正确思考,做到概念明确,判断恰当,推理有逻辑性,论述有说服力,这是培养与发展数学能力的基本前提与有效途径。

数学思维的特点如下:

(1)思维的确定性表现为概念、判断和自身等同,这是同一律的要求;

(2)思维的无矛盾性表现为分析思考过程中的前后一致,不自相矛盾,这是矛盾律的要求;

(3)思维的明确性表现为在两个互相矛盾的判断中排除中间的可能性,不能模棱两可,这是排中律的要求。

如果在进行逻辑推理思维时不遵守这些规律,思考过程中就必然会出现游离不定、自相矛盾和含混不清。

4.1　小学数学中的逻辑推理思维

思维的存在总是表现为一定的形式。如果说把感觉、知觉、表象等看作是感性认识阶段上的反映形式的话,那么概念、判断、推理就是理性认识阶段上的形式,而理性认识就是思维,因此可以把概念、判断和推理叫作思维形式。下面我们着重来谈谈逻辑推理这一重要的数学思维形式。

4.1.1 推理的类型

做数学题目时,我们经常需要使用不同类型的推理。数学推理主要包括哪些类型呢?

4.1.1.1 合情推理

所谓合情推理是借助直觉、想象从已知的信息出发进行合乎情理的推断,由它所得出的结论有可能是正确的,但也有可能是错误的,要判断其真假还需要用逻辑推理加以证明或到实践中去检验。合情推理主要有归纳推理、类比推理,其中,归纳推理中的不完全归纳推理、类比推理属于或然性的推理,其结论不一定成立。[1] 合情推理常用于获得猜想,在人类的发明创造中起着重要作用。

(1)归纳推理。

归纳推理是以个别(或特殊)的知识为前提,推出一般性知识作为结论的推理方法。它是从特殊到一般的方法。按照考查对象是否完全,归纳推理又分为完全归纳推理和不完全归纳推理。

完全归纳推理是根据某类事物中每一个个体都具有(或都不具有)某种性质,推出该类事物具有(或不具有)某种性质的归纳推理。

不完全归纳推理是根据某类事物的部分对象具有某一属性,做出该类事物都具有这一属性的一般结论的推理方法。小学数学中的许多概念、法则、公式是运用不完全归纳推理,从部分特殊事实得到一般原理,即对一些学生熟知的个别生活实例或数学问题进行观察、比较、分析、综合,归纳出一般结论。

归纳推理必须以概括为基础,也就是首先要把个别事物或现象归于一类事物或现象,然后在此基础上进行归纳推理。不完全

---

[1] 黄翔. 理解把握数学课程中的核心概念(二)——《义务教育数学课程标准(2011年版)》解析之四[J]. 小学数学教育,2012(7):12-15.

归纳推理可以促使人们通过观察分析,去发现结论,提出猜想,然后加以证明。在数学中,发现结论往往比证明结论更重要。数学家高斯曾说过:"数学中许多方法与定理是靠归纳发现的。"

例 4-1 阿明想研究圆上的点数与每两点连线后最多划分的区域的数目之间的关系。他画了如下几个图形(图 4-1),你能使用归纳推理帮助他完成下表吗?

圆上的点数	最多划分成的区域数目
2	2
3	4
4	8
5	?
6	?

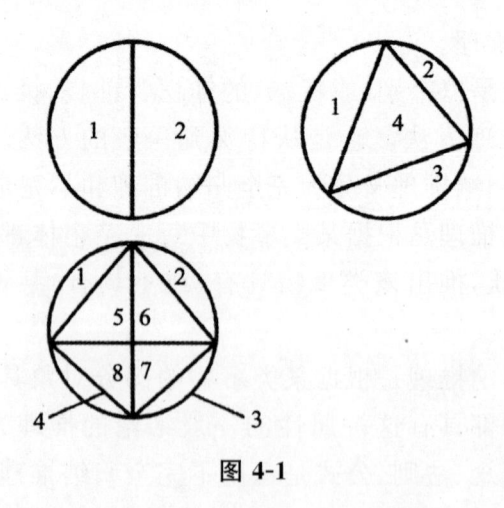

图 4-1

通过观察我们很容易从这些个别数据中发现其中可能存在的某个规律,即最多划分成的区域数目随着圆上的点数的增加而成倍增加,用代数式可表示为 $2n-1$(n 为圆上的点数)。

(2)类比推理。

所谓类比推理是指通过比较我们已知的一些事物的性质和特点,利用事物间的相似来理解新事物的思维形式,类比推理的

第 4 章 逻辑推理思维

思维进程是从特殊到特殊。

其逻辑形式如下：∵A 对象具有属性 a、b、c、d，

B 对象具有属性 a、b、c，

∴B 对象也具有属性 d。

类比推理这种根据两个(类)对象的某些属性相同或相似，推出它们的其他属性也可能相同或相似的从特殊到特殊的推理，是一种横向思维。在小学数学教学中，常常利用新旧知识间的某些相似处进行类比推理，以学习新的知识。

例 4-2 先根据题意列出下列应用题的方程或方程组(不需解答)，再根据你所列方程或方程组。编制一道行程问题的应用题，使你所列的方程或方程组恰好也是你所编制的行程应用题的方程或方程组(不需解答)。

王刚和李明各自加工 15 个零件，王刚每小时比李明多加工 1 个，结果比李明少用半小时完成任务，问两人每小时各加工多少个零件？

该例试图引导学生寻找工程问题与行程问题之间内在的联系，学生必须认识到原问题中涉及的数量有加工总量、加工速度和加工时间，这些数量之间的关系相似于行程问题中的行程路程、行程速度和行程时间三者之间的数量关系。明确了这一点，根据原问题的列式，就不难提出具有相同方程或方程组的新问题。

根据原问题的题意，

设李明每小时加工 x 个，则

$$15/x - 0.5 = 15/(x+1)$$

或者设王刚每小时加工 x 个，李明每小时加工 y 个，则

$$\begin{cases} x - y = 1 \\ 15/x + 0.5 = 15/y \end{cases}$$

与原问题具有相同的方程或方程组的新问题可以是追击问题：

A、B 两地相距 15 千米，王刚和李明同时从 A 地出发，王刚每

小时比李明多走1千米,结果比李明少用半小时达到B地,问两人每小时各走多少千米?

也可以是相遇问题:

A、B两地相距30千米,王刚和李明一个从A地出发,一个从B地出发,王刚每小时比李明多走1千米,但李明比王刚早出发半小时,结果两人正好在两地的中点相遇,问两人每小时各走多少千米?

从这个例子中我们也可以看到,类比推理要求学生要善于抓住事物间在关系、解法或结构上的相似而不是表面特征上的相似。同时也为学生编制数学问题提供了一种思考方向。事实上,让学生根据一个已知的原问题编制出一个与之结构相似的新问题,不仅有助于培养学生运用类比进行推理的能力,而且也有助于学生解决问题的能力,包括更好地理解问题中各数量之间的关系,以及知道什么是好的数学问题并学会自己提出问题。当然,同归纳推理一样,由类比推理得出的结论也不一定成立,比如,根据"不等式两边同时加或减一个数,不等式不变号",从而类比推出"不等式两边同时乘以或者除以一个不等于0的数,不等式不变号"的结论就不正确了,后一个结论是不成立的。

运用类比推理应注意以下几点:(1)类比推理结论的可靠程度取决于两个(类)对象的相似属性及相关程度;(2)要善于观察事物的特点,善于从不同事物身上发现其共同特征;(3)要善于联想,善于由此及彼,不受范围限制,思维要发散;(4)注意把类比与归纳、演绎等方法结合起来运用,提高类比推理的成功率;(5)避免形式上的类比。

类比思维是一种或然性极大的逻辑思维方式,它的创造性表现在,在发明创造活动中人们能够通过类比已有事物创造未知事物,其中隐含有触类旁通的含义。

4.1.1.2 演绎推理

演绎推理是指使用逻辑规则从一些条件和判断语句推出一

个新的结论的思维形式。演绎推理的思维进程是从一般到特殊，用于推出逻辑结论，给出令人信服的论据或证明的过程。

归纳和演绎既相互区别，又相互联系，互相促进。归纳是由个别事实概括出一般结论的基础，演绎是由一般原理引申出个别结论的推理。没有归纳，演绎的前提就无从产生；没有演绎，归纳的成果就不能扩大和加深。人对客观事物的认识，总是在由个别到一般，再由一般到个别的循环往复中实现的，因而总是交替运用归纳和演绎两种方法，我们不能重视一个忽视另一个，而是要将它们熟练掌握。演绎推理除了包括三段论之外，还包括关系推理、联言推理、选言推理、假言推理和模态推理等，它们属于数理逻辑，这里我们就不一一介绍了。

从对思维形式和数学推理的分类讨论中我们可以看到，数学的推理并不是一个形而上学的东西，它必须借助一定的载体才能进行学习和教学。没有思维的具体内容和实际的数学实体，就无所谓数学思维的形式；反之，没有数学思维的形式，数学思维的内容也就无法存在和表现。在实际的数学思维中，思维的形式和思维的具体内容是紧密结合在一起的。

通过以上阐述，我们可以看到：一方面，推理能力和逻辑思维能力对孩子的发展来说是非常重要的；另一方面，我们也要考虑，在数学教育教学中要如何去培养和加强对孩子的推理能力和逻辑思维能力的培养和锻炼。因此，在教学中，作为教师，不仅要加强这方面的理论研究，另外，在教学实践中还要积极引导学生在学习的过程中进行推理和分析，从而有效地提高学生的逻辑思维能力和推理能力。

4.1.2　培养逻辑推理能力的建议

4.1.2.1　创设数学问题情境，激发学生的推理兴趣

兴趣是指人积极探究某种事物，力求参与某项活动并且带有

积极情绪色彩的心理倾向。一个人如果对某种事物产生了兴趣，就会表现出注意的倾向，激发丰富的想象和积极的思维，产生愉悦的情感体验，并能在活动中坚持用意志去克服困难而不感到疲倦。教师要切实了解学生的知识背景、经验和技能，根据现有水平，创设有探索性、挑战性的问题情境，激发学生运用推理解决问题的欲望，让学生体验成功的乐趣，从而产生兴趣。

比如，"圆面积计算公式的推导"的教学，学生在此之前已有三角形、平行四边形、梯形等面积公式的知识和推导经验，因此，教师可以引导学生从回顾这些图形的面积公式和推导过程出发，思考圆的面积是否可以转化成已知图形的面积公式来计算。问题一提出，学生就会在头脑中思考怎样转化，并在教师的引导下通过观察、实验、归纳、类比的方法得出结论。

情境的创设还可以根据合情推理的特点，把公式法则等数学规律的特殊情形展示给学生，让学生从特殊情形中猜想出一般结论。

4.1.2.2 让学生体验简单的逻辑推理过程，养成推理有据的良好习惯

教师可以利用数学知识的内在逻辑关系让学生体验简单的逻辑推理过程并能表达。"数学作为一种演绎系统，它的重要特点是，除了它的基本概念以外，其余一切概念都是通过定义引入的。"数学中的基本概念、性质、法则、公式等都是遵循科学的逻辑性构成的。这种演绎系统一方面使得数学内容以逻辑意义相互联系，另一方面从知识结构所蕴含的逻辑思维形式中得到研究方法（如逻辑推理等），进而再去获取更多的知识。在教学中，学生可在教师的范例引领下，体验简单的逻辑推理过程，学会推理并正确表达。例如，在教授正方形面积计算公式时，我们已知长方形面积＝长×宽，正方形的长和宽相等，因此通过推理得出正方形面积＝边长×边长。又如，只有1和它本身两个因数的数是质数；因为17只有1和17两个因数，所以推理得出17是质数。再如，在学习两个奇数相加和是偶数时，先让学生列举一些两个奇

数相加的例子,然后推理得出两个奇数相加和是偶数的结论。在互质的教学中,学生已知1和2互质,1和3互质,1和4互质,推理得出1和任意一个自然数互质;已知2和3互质,3和4互质,4和5互质,推理得出相邻的两个自然数互质;已知3和5互质,5和7互质,7和9互质,推理得出相邻的两个奇数互质。这样的例子在小学数学概念、性质、法则、公式中都能找到。

语言是思维的外壳,学生是否能够通过体验、思考、理解、掌握数学中的这种推理形式,并口头表达或书面表达出来,是其推理能力发展的重要体现。学生组织语言表达的过程就是学习如何判断推理的过程。因此在教学中,教师必须通过追问为什么,让学生会想、会说推理的依据,养成推理有据的良好习惯。学生只要能正确地表达推理过程,就会运用已有知识做出新的判断和推理。

4.2　命题及命题条件

用来表达判断的语句叫作命题。由于判断有真假之分,故命题也就有真命题和假命题。数学中的公理、定理、推论、定律、法则等都是真命题,命题的分类对应着判断的分类。

4.2.1　四种命题及其相互关系

命题由两部分,即条件(题设)和结论组成。

两个命题中,如果一个命题的条件和结论分别是另外一个命题的结论和条件,那么这两个命题叫作互逆命题,其中一个命题叫作原命题,另外一个命题叫作原命题的逆命题。

两个命题中,如果一个命题的条件和结论分别是另外一个命题条件的否定和结论的否定,那么这两个命题叫作互否命题,其中一个命题叫作原命题,另外一个命题叫作原命题的否命题。

两个命题中,如果一个命题的条件和结论分别是另外一个命题结论的否定和条件的否定,那么这两个命题叫作互为逆否命题,其中一个命题叫作原命题,另外一个命题叫作原命题的逆否命题。

原命题、逆命题、否命题和逆否命题是命题的四种形式。用 A 和 B 分别表示原命题的条件和结论,用 $\overline{A}$ 和 $\overline{B}$ 分别表示 A 和 B 的否定,则命题的四种形式如下。

(1)原命题:一个命题的本身称为原命题,即如果 A,那么 B,记作 $A \Rightarrow B$。

(2)逆命题:将原命题的条件和结论颠倒的新命题,即如果 B,那么 A,记作 $B \Rightarrow A$。

(3)否命题:将原命题的条件和结论全否定的新命题,但不改变条件和结论的顺序,即如果 $\overline{A}$,那么 $\overline{B}$,记作 $\overline{A} \Rightarrow \overline{B}$。

(4)逆否命题:将原命题的条件和结论颠倒,然后再将条件和结论全否定的新命题,即如果 $\overline{B}$,那么 $\overline{A}$,记作 $\overline{B} \Rightarrow \overline{A}$。

四种命题的真假关系如下。

(1)原命题与它的逆否命题同真或同假;逆命题与否命题同真或同假。

(2)互为逆否关系的两个命题的真假性是相同的。

四种命题及命题的否定的真假关系如表 4-1 所示。

表 4-1

原命题	逆命题	否命题	逆否命题
真	真	真	真
真	假	假	真
假	真	真	假
假	假	假	假

举例说明如表 4-2 所示。

表 4-2

原命题	逆命题	否命题	逆否命题
如果一个角是直角,那么它为90°(真)	如果一个角为90°,那么它是直角(真)	如果一个角不是直角,那么它不为90°(真)	如果一个角不为90°,那么它不是直角(真)
若两个角是对顶角,则这两个角相等(真)	若两个角相等,则这两个角是对顶角(假)	若两个角不是对顶角,则这两个角不相等(假)	若两个角不相等,则这两个角不是对顶角(真)
能被2整除的数,就能被4整除(假)	能被4整除的数,就能被2整除(真)	不能被2整除的数,就不能被4整除(真)	不能被4整除的数,就不能被2整除(假)
1是最小的质数(假)	最小的质数是1(假)	不是1,就不是最小的质数(假)	不是最小的质数,就不是1(假)

4.2.2 命题条件

根据一个命题的条件和结论之间的不同关系,可把命题成立的条件分为充分条件、必要条件、充分必要条件等三类。

4.2.2.1 充分条件

一般来说,如果 A 成立,那么 B 成立,即 $A \Rightarrow B$,则 A 是 B 的充分条件。例如:如果一个数是 6 的倍数,那么这个数就能被 2 整除;如果一个数的末位数是偶数,那么这个数就能被 2 整除;如果一个数是 4 的倍数,那么这个数就能被 2 整除。这里,一个数是 6 的倍数、一个数的末位数是偶数、一个数是 4 的倍数,都是这个数能被 2 整除的充分条件。因此,如果一组条件中的任何一个条件单独存在都可以得出同一结论,那么这组条件中的每一个条件,都是这一结论的充分条件。

4.2.2.2 必要条件

一般来说,如果 B 成立,那么 A 成立,即 $B \Rightarrow A$,则 A 是 B 的必要条件。例如:一个数能被 2 整除,又是 3 的倍数,又有因数 5,那么这个数就是 30 的倍数。这里,能被 2 整除,又是 3 的倍数,又有因数 5,都是形成 30 的倍数的必要条件。因此,如果一组条件中的任何一个条件都不能单独得出结论,同时缺少其中任何一个条件,也不能得出结论,那么这组条件中的每一个条件,都是这一结论的必要条件。

4.2.2.3 充分必要条件

一般来说,如果 A 成立,那么 B 成立,又如果 B 成立,那么 A 成立,即 $A \Rightarrow B$ 且 $B \Rightarrow A$ 或 $A \Leftrightarrow B$,则 A 是 B 的充分必要条件,B 也是 A 的充分必要条件。充分必要条件简称充要条件。例如:$x=0$,且 $y=0$,是 $x^2+y^2=0$ 的充分必要条件;$x^2+y^2=0$,是 $x=0$,且 $y=0$ 的充分必要条件。因此,原命题与逆命题都成立时,条件是结论的充分必要条件,结论是条件的充分必要条件。

在学习数学的过程中,我们必须会区分三种类型的条件。

(1)充分不必要条件。

这时,原命题为真,而逆(或否)命题为假。例如:若两个三角形全等,则两个三角形的面积相等(真);若两个三角形的面积相等,则两个三角形全等(假)。因此,两个三角形全等是两个三角形的面积相等的充分条件,但不是必要条件(反过来说,两个三角形的面积相等是两个三角形全等的必要条件,但不是充分条件)。

(2)必要不充分条件。

这时,原命题为假,而逆(或否)命题为真。例如:若 a 是 5 的倍数,则 a 是 10 的倍数(假);若 a 是 10 的倍数,则 a 是 5 的倍数(真)。因此,a 是 5 的倍数为 a 是 10 的倍数的必要条件,但不是充分条件。又如,若 $AB=A'B'$,则 $\triangle ABC$ 与 $\triangle A'B'C'$ 全等(假);若 $\triangle ABC$ 与 $\triangle A'B'C'$ 全等,则 $AB=A'B'$(真)。所以一组

对应边相等是两个三角形全等的必要条件,但不是充分条件(反过来说,两个三角形全等是一组对应边相等的充分条件但不是必要条件)。

(3)充分必要条件。

这时,原命题和逆(或否)命题皆为真。例如,若三角形的两腰相等,则其两底角相等(真);若三角形的两底角相等,则其两腰相等(真)。因此,三角形的两腰相等,是三角形的两底角相等的充分必要条件,反之,三角形的两底角相等是三角形的两腰相等的充分必要条件。在这种情况下,两个判断是等价的。

我们常用数学术语"当且仅当"来表示充分必要条件。例如,一个自然数能被 9 整除,当且仅当它的数字之和能被 9 整除。又如,一个最简分数,当且仅当它的分母不含有 2 和 5 以外的质因数时,可以化成有限小数。

学习和讨论命题的各种形式以及它们之间的真假关系的目的是从一个已知命题,正确地推出新的命题(如已知命题的逆命题、否命题、逆否命题),从而有效地训练我们的思维。

4.3 判断的意义和种类

4.3.1 什么是判断

人们建立某种概念以后,就可以应用这种概念去判定客观事物的情况,即判定事物具有某种属性或者不具有某种属性。对客观事物有所判定的思维形式叫作判断。判定事物具有某种属性是肯定,判定事物不具有某种属性是否定。

例如:
(1)正方形是四边形;
(2)一切负数都小于 0;

(3)梯形不是平行四边形；

(4)$6 \neq 7$,奇数$\neq$偶数。

例(1)和例(2)是肯定,例(3)和例(4)是否定。它们都是判断。

判断这个思维形式对客观事物有所判定,因此,就有一个是否符合实际情况的问题。符合实际情况的判断是真判断,不符合实际情况的判断是假判断。

例如：

(1)除法是乘法的逆运算；

(2)$\frac{4}{5} < \frac{3}{4}$；

(3)0是自然数；

(4)质数都大于1；

(5)最小的合数是4；

(6)$1 \text{ m}^2 = 100 \text{ cm}^2$。

例(1)、例(3)、例(4)、例(5)为真判断,例(2)、例(6)为假判断。

任何判断都是对事物的判断,其判断不是真的,就是假的。因此,判定(肯定或否定)和判断(真或假)是判断的两个特征。科学的判断要在理论上加以证明,实践上加以验证。

4.3.2 判断与语句

判断与语句具有密切联系。判断只有通过语句才能存在并表达出来,离开语句的判断是不存在的。如果一个语句表达一个判断,那么这个语句就是判断的语言形式,而这个判断就是语句表达的思想内容

判断和语句是有区别的。

第一,判断作为思维形式,是精神形态的东西；语句作为语言形式,是物质形态的东西。

第二,任何判断都要用语句来表达,但并非任何语句都表达判断。一般来说,陈述句表达判断;疑问句、祈使句、感叹句不表达判断。

例如:

(1) 9 是合数。

(2) 0 是最小的一位数吗?

(3) 请你画一个长方形。

(4) 这个数好大啊!

例(1)是陈述句,肯定了 9 具有合数的性质,表达了判断;例(2)是疑问句,只提出了问题,并没有指明 0 是或不是最小的一位数;例(3)是祈使句,只表示了要求;例(4)是感叹句。例(2)、例(3)和例(4)都未对事物进行判定,所以都不是判断。

第三,表达判断的语句不是和判断一一对应的。

一般来说,同一个判断可以由不同的语句来表达。

例如:

(1) 鸭比鸡少 10 只;

(2) 鸭增加 10 只就和鸡一样多;

(3) 鸡减少 10 只就和鸭一样多。

以上三个不同的语句表达的都是同一个判断。反过来说,同一个语句也可以表达不同的判断,这样的情况在小学数学里很少出现,在此就不举例说明。

了解了判断与语句的关系,我们在表达判断时,能选择适当的语句。同时,也要注意哪些是不同的语句表达同一判断,哪些是同一个语句表达不同判断。

4.3.3 判断的作用

在思维活动中,判断具有重要作用。就概念与判断来说,概念是组成判断的要素;判断则是概念的继续和展开,是对概念的说明。例如,有了"三角形"的概念后,继而就有"三角形的内角和为180°""三角形两边之和大于第三边"等判断。借助这些判断,三角形这一概念的内涵可得到进一步揭示,三角形这一概念也得到说明。对于推理来说,判断是组成推理的成分。如果没有判断,就不会有推理,我们就不会对事物有所判定,也就谈不上认识客观世界。

4.3.4 判断的种类

根据一个判断中是否包含其他判断,可将判断分为简单判断和复合判断等两类。简单判断按照其判断的是事物的性质还是事物间的关系,又可分为性质判断和关系判断等两类。复合判断按照组成复合判断的各个简单判断之间的结合情况,又可分为联言判断、选言判断、假言判断、负判断、多重复合判断等几类。

4.3.4.1 简单判断

简单判断是不包含其他判断的判断。
(1)性质判断(直言判断)。
性质判断是判定事物具有或不具有某种性质的判断。
例如:
①7是奇数;
②有些自然数不是偶数;
③所有分数都能化成小数。
以上都是性质判断,都判定了事物具有或不具有某种性质。
性质判断由主项、谓项、联项、量项组成。
主项:反映被判定事物的概念。如例中"7""自然数""分数"分别为三个性质判断的主项,主项常用 S 表示。
谓项:反映被判定事物具有或不具有某种性质的概念。如上例中"奇数""偶数""小数"分别为三个性质判断的谓项,谓项常用 P 表示。
联项:表明主项和谓项联系情况的概念,通常用"是"或"不是"表示。

量项:反映被判定对象数量的概念。例②中的"有些"与例③中的"所有"都是量项。

(2)关系判断。

关系判断是判定事物间关系的判断。

例如:

①有的角大于直角;

②0.3在0.2和0.4之间;

③质数大于1;

④-5比-3小-2。

这些判断都判断了事物间具有某种关系,即关系判断。

关系判断由关系者项、关系项、量项三部分组成。

关系者项:关系判断中反映事物间关系的概念的项,如上例中"大于在……和……之间""比……小"。

关系项:关系判断中反映具有某种关系的事物的概念的项。如上例中"角"与"直角",还有"0.3""0.2"与"0.4"等。关系项可以是两项,也可以是三项、四项、五项等。

量项:关于关系项数量的概念的项,如上例中的"有的"。

4.3.4.2 复合判断

复合判断是指包含其他判断的判断。这里的"其他判断"通常指简单判断。

(1)联言判断。

联言判断是判定几种事物情况共存的判断。

例如:

①1既不是质数,又不是合数;

②无论是奇数还是偶数都是自然数。

(2)选言判断

选言判断是判定可能有的几种事物情况的判断。

例如：

①这个数被 4 除余数是 0,或是 1,或是 2,或是 3；

②一个自然数要么是偶数,要么是奇数；

③这个数大于 0,或等于 0,或小于 0。

(3)假言判断。

假言判断是判定一种事物情况为另一种事物情况的条件的判断。

例如：

①如果 $a \times b = 1$,那么 a 和 b 成正比例；

②只有当 $x \neq 0$ 时,$\dfrac{1}{x}$ 才能有意义；

③如果两个三角形全等,那么它们的面积就相等。

假言判断根据所判定的事物情况之间的条件关系,可分为充分条件的假言判断、必要条件的假言判断和充分必要条件的假言判断等三类。

(4)负判断。

负判断是否定一个判断的判断。

例如：

①2 并非是最小的偶数；

②一个数的倍数等于这两个数的因数是错的。

(5)多重复合判断。

多重复合判断是由复合判断组成的判断。

例如：7 248 的末尾数 8 是 2 的倍数,而不是 5 的倍数,所以 7 248 是 2 的倍数而不是 5 的倍数。

4.4　形式逻辑的基本规律

逻辑推理思维的基本规律是客观事物在人们头脑中的反映。形式逻辑是从思维的形式结构方面研究思维规律的科学,它的基本规律有四条:同一律、矛盾律、排中律和充足理由律。一切正确的思维都必须遵守这四条规律。

4.4.1 同一律

同一律就是要求在给定的一个数学思维过程中,使用的概念和判断必须保持同一,即保持确定的意义。

这里的"A"指概念或判断,"A 是 A"是说在同一思维过程中,A 这个概念或判断,无论重复或使用多少次,自身始终不变,前后一致,保持确定。

在数学思考过程中,必须遵守同一律,否则会造成逻辑混乱或错误。例如,"整除"的概念可表述为"数 a 除以数 b,除得的商正好是整数而没有余数,就说 a 能被 b 整除"。这一概念的组成部分:①被除数是整数;②除数是非 0 的自然数;③商是整数;④余数是 0。因此,由 $36 \div 9 = 4$,商是整数,余数为 0,从而可以断定 36 能被 9 整除。但是,由 $3.6 \div 0.9 = 4$,商是整数,余数为 0,也断定 3.6 能被 0.9 整除就错了。这是因为前一个判断与其组成部分是同一的,而后一个判断与其组成部分不是同一的,即被除数和除数是小数。因此后者是错误的判断,其根本原因是混淆了"整数"与"除尽"这两个不同的概念。同一律要求的同一是对象、时间、关系三者的同一。

若针对同一对象,在不同时间或不同关系下,人们使用的概念或判断发生了变化,就不能看成是违反了同一律,而是属于时间不同或关系不同的两个思维过程。

(1)时间不同的两个思维过程。

例如,在小学和中学阶段所指的"数"是不完全一致的,小学阶段所说的数,一般指的是"整数""非负有理数",而中学阶段所说的数是指"有理数""实数""复数"。又如,在小学阶段"两数的差是唯一的",到了中学显然就不是唯一的。

由此看来,虽说判断发生了变化,但是它们属于时间或阶段不同的两个思维过程,故不能说是违反了同一律。

(2)关系不同的两个思维过程。

例如,对"平行四边形"来说,"长方形"是种概念,而对于"正方形"来说,"长方形"又是属概念。同样是"长方形",得到的却是"是种概念"和"是属概念"两个不同的判断。这是因为二者所对应的关系不同,所以不能说是违反了同一律。

4.4.2 矛盾律

在同一个数学思维过程中,对于同一对象的两个互相矛盾的判断中至少有一个是错误的,它的公式是"A 不是 $\overline{A}$"。

这里"A"指概念或判断。"$\overline{A}$"(非 A)表示对 A 的否定。"A 不是 $\overline{A}$"是指在同一思维过程中,两个不同的概念不能反映同一对象,或者在同一论证过程中,对同一对象的两个互相矛盾(对立)的判断不能同时成立,至少其中有一个判断为假。

在同一时间,从同一方面,对同一思维对象不能做出有矛盾关系或反对关系的判断。矛盾律在数学上的应用极为广泛,并且常在数学以外的地方应用。

在数学思维过程中必须遵守矛盾律。例如,两个数相等与不相等不能认为同时成立;两直线相交与不相交也不能认为同时成立。因为根据矛盾律,两数相等与不相等,其中必有一个判断是错误的;两直线相交与不相交,其中也必有一个判断是错误的。

矛盾律只指出两个互相对立的判断是不相容的,其中至少有一个判断为假,但没有指出哪一个判断为假,也没有指明究竟只有一个判断为假,还是两个判断都为假,因而我们不能用矛盾律来判定某一个判断是真。

矛盾律和同一律一样,都要求思维要有确定性,要前后一致。虽说矛盾律不允许思维自相矛盾,但这也是有条件的,即要求是同一对象、同一时间和同一关系。如果不是在同一思维过程中,对不同的事物或同一事物在不同的时间,从不同的方面做出的判断,不能认为这是违反了矛盾律。例如,三角形的内角和等于180°,其在欧几里得几何中的判断为真,而在非欧几里得几何中的判断为假。

4.4.3 排中律

在同一论证过程中,对同一对象的两个矛盾判断中,必有一个是真的。它的公式是"或是 A,或是 $\overline{A}$"。

对于只有互相矛盾的两种可能的问题,必须肯定其一,两者不能同假。如果还存在着第三种可能情况,那么排中律就不起作用了。

4.4.4 充足理由律

充足理由律的内容是,任何真实判断都必须有充足的理由作为依据。也就是说,正确的判断必须有充足的理由。它的表述是"之所以有 B 是因为有 A"。也可以说,A 是 B 的充足理由。

这个规律要求我们在进行思维的时候,必须有充分的根据。任何判断或论证,只有当它具有充分的根据,也就是具有充足的理由时,才是正确的、合乎逻辑的,才具有说服力,否则,就会产生论据不足或毫无根据的逻辑错误,就会出现俗语所谓的信口雌黄,甚至胡说八道、自欺欺人的谎言和谬论。在数学学科中,充足理由律要求我们必须以数学的已知概念和公理以及由此推导出来的定理、公式作为根据来进行推理判断。我们在解答数学问题进行正确判断时,也必须有充足的理由,否则就会造成错误。

例如:设 $a=b(b\neq 0)$,则

两边乘 a 得 $\qquad a^2=ab$

两边减去 b^2 得 $\qquad a^2-b^2=ab-b^2$

两边因式分解得 $\qquad (a+b)(a-b)=b(a-b)$

两边除以 $(a-b)$ 得 $\qquad a+b=b$

由 $a=b$ 得 　　　　　　$2b=b$

两边除以 b 得 　　　　　$2=1$

显然,所得结果是错误的,错误的原因在于以 $(a-b)$ 除等式两边。因为 $a=b$,则 $a-b=0$,用 0 除等式两边,理由就不充足了,因为在除法算式里,除数是不能为 0 的。

一般来说,可以用作判断和论证根据的充足理由有以下三个方面。

(1)是明显的事实。如"这个教室有两扇门""每扇门的形状都为长方形"之类的判断,都是十分明显的事实。

(2)是公理。公理就是不加以证明而公认正确的命题。如"全体大于部分""过两个定点可以引一条直线""等量加等量,其和相等"之类的判断,都是不需要论证的。

(3)是既得的规律、原理和学说。在各种学科中,特别是在数学中,我们经常凭借大道理推出小道理,凭借已被证实的定理、法则推出新的命题。

4.5 在问题解决中培养儿童的推理能力

培养儿童的推理能力,就是要让儿童能通过观察、实验、归纳、类比等方法获得数学猜想,并进一步寻求证据,给出证明或举出反例;能清晰地、有条理地表达自己的思维过程,做到言之有理、落笔有据;能在与他人交流的过程中,运用数学语言合乎逻辑地进行讨论和提出质疑。

推理是由一个或几个已知判断出另一个未知的思维形式。我们解决生活中和数学中的问题时都会用到推理。生活中我们经常会遇到"猜一猜"的情况,儿童也很乐于用这样的方式来解决问题。其实,"猜"就是通过观察获取信息,运用观察、对比、计算、转化等多种方法对信息进行分析,再做出判断的一个思维过程,也就是我们所说的推理。

推理是一个很严谨的过程，要有据、有理、有序，教师应该提高自身对推理价值的认识，进一步有意识地通过有效的训练来培养儿童的推理能力。

4.5.1　让儿童知道推理要有依据

推理是从命题到结论的过程，就是我们经常说的"如果……，那……""因为……所以……"其中的"如果……"与"因为……"就是推理的依据。培养推理能力就是让儿童学会用"如果……那么……"的方式来思考问题。但是，推理的基础和关键是要知道依据从哪儿来。因此，教师要让儿童知道推理必须有依据，要想正确地进行推理，找到有价值的依据是非常重要的。

以猜年龄的游戏为例。首先你要让学生注意观察，从老师的相貌中寻找依据，凭借生活经验猜测老师的年龄大致在哪个范围，30多岁、40多岁还是50多岁；再以老师提供的信息"老师今年的岁数正好是4的倍数""老师工作18年了"为依据，猜测老师的年龄可能是多少岁；最后又依据老师补充的信息"我是60年代出生的"正确地猜出老师的年龄。从中可以看到，学生要想正确地猜出老师的年龄，必须通过多种途径获取信息、得到依据，然后才能展开后续的推理。

所以，全面收集信息、捕捉有价值的信息并进行分析是寻找依据的重要手段。信息处理能力是推理能力形成的基础，是做到推理有依据的前提。

4.5.2　让儿童掌握多种推理方法

推理是数学思想，是基本能力，也是一个重要的思维工具。作为工具，就要掌握其使用方法。

推理的方法有很多，最常用的是转化。说到转化，它又有很多具体的方法。例如，把抽象问题转化为直观问题，把复杂问题转化为简单问题，把生活中的实际问题转化为常规的数学问题，把未知问题转化为已知问题等。到底怎样做才能实现转化呢？请看下面这个案例。

有 2 件不同的上衣、3 条不同的裤子、2 双不同的鞋，一件上衣、一条裤子和一双鞋进行搭配，一共有多少种搭配方法？

这个问题信息多，表达信息的方式抽象，信息间的联系不明确。解决这样的问题，儿童会感到无从下手。此时，你就应该启发儿童运用连线、画图等方法，将抽象问题转化为直观问题。具体的做法是：可以分别用 A、B 表示上衣，C、D、E 表示裤子，F、G 表示鞋，然后把有关系的信息用线连起来。选择 A 上衣的搭配方案见下图，如果选择 B 上衣，搭配方案也一样可以用这两种图表示。

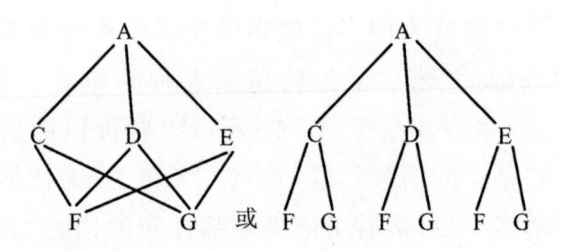

连完之后，再来看图。两幅图不但清晰地表示出信息之间的关系，而且问题的结果也已经跃然纸上，儿童再数一数或算一算，就能知道一共有多少种搭配方法了。除了连线，运用画图、列举等方法都可以实现这种转化。

在演绎推理过程中最常用的方法就是排除。

一栋楼房的高度是 20 厘米还是 20 米？

在解决这个问题时，可以引导儿童这样想：从题目中知道楼房的高度要么是 20 厘米，要么是 20 米。儿童常用的尺子的长度是 20 厘米，楼房的高度肯定不会是 20 厘米了，所以楼房的高度应该是 20 米。这一问题的解决能让儿童感受选言推理的方法。

推理的方法还有很多，如利用经验进行推理、运用计算进行推理、借助直观进行推理等。教师先要收集推理常用的方法，知道推理的方法都有哪些,然后再将这些方法进行分类整理,最后在问题解决的教学中有意识地设计不同的推理活动,让儿童在活动中学会运用这些方法。儿童用推理的方法解决了问题,就会对推理产生自信,有了自信就有了推理能力。

4.5.3 让儿童在不同问题中体验推理的价值

我们常说"推理无处不在"。在数学的每个领域中都蕴含着推理。因此,教师要善于将推理能力的培养和四大领域的教学有机结合起来,让儿童在不同的问题中感受推理的作用,体验推理的价值,增强主动推理的意识和推理能力。

例如,在数数教学中就可以让儿童运用推理认识数的含义,培养儿童的数感。在教学"5的认识"时,你可以出示5个杯子,让学生数数有几个。学生边指边数"1、2、3、4、5";你再出示5只鸡、5根香蕉……学生都是"1、2、3、4、5"地数。这时你可以问学生:"你们为什么不数1个杯子、2个杯子、3个杯子、4个杯子……;1只鸡、2只鸡、3只鸡……;1根香蕉、2根香蕉……,而都是只数1、2、3、4、5呢?"学生会说:"那多麻烦呀!""看见一个数一个就行了。""您问的不是有几个吗?"从学生的回答中我们看到,他们开始数数的时候还关注事物情境,后来就不再关注数的是什么东西了。他们意识到只要都是从1开始,一个一个地数下去,数到5结束,那么物体的数量就都是5,就都可以用5来表示。他们在数数的过程中经历了一个"去情境"的过程,这个过程就可以看作推理。其实,这就是运用归纳推理完成了对数的意义的认识,培养了学生的数感。

推理能力的培养不是独立的,它融入很多数学关键能力之中,并与其他能力互相促进。我们要利用一切素材,抓住一切时机,有意识地进行推理的指导和训练,将推理能力与其他知识能力有机融合,全面提高儿童的数学素养。

4.6 逻辑推理思维培养案例

例 4-3 真假钱币。

一位商人有 9 枚钱币,其中有一枚是重量较轻的假钱币。你能用天平只称两次(不用砝码),将假钱币找出来吗?

例 4-4 飞机还能飞回来吗。

一架飞机从 A 城飞往 B 城,到达 B 城后返回 A 城。在无风的情况下,它整个往返飞行的平均地速(相对于地面的速度)为每小时 100 英里。假设沿着从 A 城到 B 城的方向刮着一股笔直持续的大风,另外在飞机往返飞行的整个过程中发动机的速度同往常完全一样,那么这股风将对飞机往返飞行的平均地速有何影响?

张先生论证道:"这股风根本不会影响到平均地速。因为在飞机从 A 城飞往 B 城的过程中,大风将加快飞机的速度,而返回的过程中大风会以相等的能量减缓飞机的速度。""这似乎有点道理,"王先生表示赞同,"但是,假如风速是每小时 100 英里。飞机将以每小时 200 英里的速度从 A 城飞往 B 城,但它返回时的速度将是零!如果那样的话,飞机根本就不能飞回来!"你能解释这似乎矛盾的现象吗?

例 4-5 为何不能相遇。

小王和小张跑完整座桥的时间分别是 10 分钟和 5 分钟。他俩在桥上同时起跑,一个往南,一个往北,可是过了 15 分钟,他俩还没有相遇(当然他俩谁也没有摔倒或停跑),请问:这是为什么?

例 4-6 谁是小偷。

小张、小王、小李、小赵 4 个盗窃嫌疑犯正在接受审问,问了一个问题,他们的回答分别是:

小张:"是小王偷的东西。"

小王:"小赵是窃贼!"

第4章 逻辑推理思维

小李:"我没有偷东西。"

小赵:"是小王在撒谎!"

现在知道,四个人的回答中,只有一个人说了真话,其余的人说的都是假话,那么你知道是谁偷的东西吗?

例 4-7 机智的青年。

从前,在一个国家,有个青年不小心犯了法,国王将其关在一个特别设计的囚房里。这个囚房有两个门,都没有上锁。一个门是活门,如果他打开这个门走出去,便可获得自由;另外一个门是死门,如果他打开这个门走出去,门外等待他的是一群饥饿的狮子。囚房里有两个守卫,一个十分诚实,从不说假话;另一个则是从不说实话。他们两个人,都知道哪一道门是活门,哪一道门是死门。国王特许青年可以问其中一个士兵一个问题,最后青年获得了自由,他是如何问的呢?

例 4-8 追乌龟。

希腊神话中的善跑之神阿基里斯,虽然没有与中国古代追太阳的夸父进行过比赛,但相信他俩是不分伯仲的。

这一天,不知道为什么,阿基里斯居然要与乌龟比一比高低。为了表示大度,决定先让乌龟跑上 100 里。比赛尚未开始,有一位智者就在一旁放了话,说阿基里斯永远追不上乌龟!各位观众一听愣了神,纷纷请这位智者说个明白。

这位智者不慌不忙地说:"咱们现在假设阿基里斯跑的速度是乌龟的 10 倍。那么当阿基里斯跑完开始的 100 里的时候,乌龟已经又向前爬了 10 里,等阿基里斯追上这 10 里,乌龟又向前爬了 1 里;等冠军阿基里斯再追上这 1 里,乌龟又走了 0.1 里……如此一来,你们说阿基里斯能追上乌龟吗?"

众人想想这道理还真对。但实际情况是什么呢?

例 4-9 哪天进城的。

上个星期的一天,赵先生进了趟城。他在城里理了发,买了一张那天发行的当地周报,在农贸市场买了一些葡萄,又在药店里买了一些药,还在银行里兑了一张 50 元的支票。

这个城里的理发店每星期一休息,银行每星期六和星期日休息,农贸市场只在星期一、三、六开张,药店每星期日休息。

你知道赵先生是在上星期的星期几进城的吗?

例 4-10 走出迷宫。

一天,有个顽皮的小孩独自一人闯入一座迷宫。他在里面走了很久,一直没有找到出口,把他吓坏了。这时,他走到一个三岔路口旁,发现每个路口都写了一句话,第一个路口上写着:"这条路通向迷宫的出口。"第二条路上写着:"这条路不通向迷宫的出口。"第三条路口上写着:"另外两条路口上写的话,一句是真的,一句是假的,我保证,我上述的话绝不会错。"那么,这个小孩该选择哪一条路才能出去呢?

例 4-11 分桃子。

大明、老张、小李三个好伙伴在城里打工,年底合买了一堆桃子准备给家人带回去,然后三人都躺下睡起觉来。过了一会儿,大明先醒来,看看其他两人还在睡觉,便自作主张将地上的桃子分成 3 份,发现还多一个,就把那个桃子吃了,然后拿着自己的那份走了。老张第二个醒来,心想:怎么大明没拿桃子就走了? 不管他,我把桃子分一下。于是也将桃子分成 3 份,发现也多一个,也把多的那个给吃了,拿着自己那份走了。小李最后一个醒来,奇怪两个伙伴怎么都没拿桃子就走了,于是又将剩下的桃子分成 3 份,发现也多一个,便也把它吃了,拿着自己那份回家了。请问:原来最少有多少个桃子?

第 5 章 创造性思维

创造性思维是人们在创造性活动过程中,通过对已有知识经验进行不同程度的再组合、再创造,从而获得新颖、独特、有价值的新观念、新知识、新产品等创造性成果的一种高度灵活、新颖、独特的思维方式。例如,＋、－、×、÷等运算符号的发明创造和圆周率的计算等。只要数学思维成果新颖、独特,具有一定的社会价值,其数学思维都属于数学创造性思维,这是从广义上对创造性的定义。

5.1 数学创新能力

小学生数学创新能力,就是在数学学习活动中,运用已经获得的数学知识和经验,通过独创性的思维活动,去发现和掌握新的数学知识,分析和解决新的数学问题的能力。小学生有一般的学习能力,但是不能进行创造性的学习活动。我们可以认为小学生的一般学习能力是小学生创造能力产生和发展的基础。

5.1.1 创造性思维是创新能力的核心

创造性思维是创造新形象或新事物的一种思维形式,是一种有创见的思维形式,通常是指不受已有方法的限制,不被思维定式所拘泥的一种高层次的思维形式。创造性思维是创造品质中的核心因素。

为了培养创新人才,我们在课堂教学中注意培养学生思维的灵活性。首先让学生发表自己的想法与见解,每种方法的思考角度各不相同,也就是说比较两个分数的大小不仅仅局限于书本上的那一种,而是形成了一种百家争鸣、百花齐放的局面,一种方法比一种方法奇巧、新颖,呈现出了一种求新、求异的课堂氛围。孩子们开动脑筋,或比较分数单位的个数,或把分数转化成"份"来想,或找到一个合适的标准来进行比较,或把两个分数扩大或缩小,把两个分数增加或减少来进行比较,更有灵活的同学先求出两个分数的差,用差和 0 来进行比较,从而判断分数的大小。这一教学片段充分地体现出了学生思维的灵活性,学生们不机械地套用,不死记硬背。

小学生的数学创新能力的形成和发展是在创造性的学习活动中靠培养学生的创造性思维逐步发展起来的。那种把小学生的数学创新能力说成是天赋、是不能培养的认识是没有根据的。实践证明,小学生的创新能力的形成是有一个过程的。

部分和整体的关系是理解"和"的概念的依托,理解"和"的概念离不开部分与整体,部分与整体的关系体现的就是"和"的概念的实质。

引导学生从不同角度、不同的方向、不同途径寻找多种可能性,训练学生思维的灵活性。打破学生固有的思维模式,教给学生考虑问题可以从不同的角度去思考,不同角度下思考的结果也是截然不同的。

5.1.2 创新能力是能力最高水平的表现

小学生的创新能力是指在小学生的学习活动中,根据一定的目的和任务,运用已经获得的知识和经验,通过独立的思考、创造性的思维活动,去学习、发现和掌握新知识,灵活地运用所学知识分析和解决新问题的能力。小学生的创新能力离不开已有的知识和经验,离不开基本的思维能力。一般的学习能力是指小学生完成一般的学习活动和学习任务时表现出来的技能和能力,在这一般的学习过程中,有的小学生不满足于与其他同学一样,他想有自己的见解,此时就很可能出现思维的灵感。这时的灵感一定是与众不同的,一定是推陈出新的,这种推陈出新实际上就是创新。显而易见,小学生的创新能力不是凭空产生的,它是在小学生已有的学习能力的基础上形成和发展起来的,没有基础就没有顿悟,就没有与众不同。同时也说明了小学生的一般能力和创新能力既有很大的不同,又有着非常密切的联系。因此我们既不能把二者完全等同起来,也不能把二者对立起来,要清醒地认识到创新能力实际上是一般能力的最高水平的表现。

小学生在数学学习的过程和活动中,在老师的提示和指导下,在一定的学习目的和要求下,运用了已有的数学知识和数学学习的经验,发现了以前不知道的知识,从而获得了能力。此时学生所获得的能力对于他来说就是创新能力。这种创新能力的获得是一定量的知识、能力、思维等的综合与提升,就这部分知识来说,可以称得上是学生认识的最高水平了。在这个意义上,我们把它定义为创新能力。

5.2 数学创造性思维的过程与结构

约瑟夫·沃拉斯于1926年提出的创造性思维过程包括4个连续的阶段:①准备阶段;②酝酿阶段;③明朗阶段;④验证阶段。数学创造性思维的过程与结构与这4个阶段基本是一致的。[①]

5.2.1 准备阶段

教师要选准课题,然后围绕课题做好知识、资料的准备,了解

---

① 谭鑫. 浅谈高职数学教育中创造性思维及其培养[J]. 大学时代:b版,2006(6):70-71.

前人在同一领域研究的进展情况等。例如,学生在学习面积单位及面积单位之间的进率时,教师要想在教学中引导学生充分理解每一个面积单位,感知每一个面积单位的大小,教师需课前准备大量生活中的实例,还要查阅有关面积单位的发展历史,现在国际通用的面积单位,我国特有的面积单位都有哪些等,只有做足了准备,才能在课堂上充分发展学生的思维。[①]

5.2.2 酝酿阶段

学生面对困惑的问题时,一般需要多维度、多功能地考虑问题,运用分析、联想、类比、归纳、猜想、反思维定式等思维方法,以及运用分解、叠加、变形、代换、反演等数学方法进行推理、构想与探索。例如,学生对面积单位之间的进率,如 cm^2、dm^2、m^2、hm^2 之间的进率求解,学生观察发现,只有 m^2 和 hm^2 之间的进率是 10000,显得与众不同,为什么它们之间的进率不是 100 了呢?这时,教师引导学生从平方米和公顷的定义上去思考,$1m^2$ 是边长为 1m 的正方形的面积,$1hm^2$ 是边长为 100m 的正方形的面积,学生比较发现它们之间好像差了点什么。[②]

5.2.3 明朗阶段

经过充分酝酿之后,学生情绪异常高涨,思想十分活跃,在头脑中产生顿悟,形成新的构想和数学猜想,从而实现思维的突破与创新,使问题得到解决。还是面积单位之间的进率问题,$1hm^2$ 是边长为 100m 的正方形的面积,学生疑问:为什么边长为 100m 的正方形的面积不叫"平方百米",而叫"公顷"呢?这时,因为老师有前期的准备,可向学生介绍为边长为 100m 的正方形的面积

[①] 刘燕. 浅谈数学创新思维的培养[J]. 时代人物,2008(6):169-170.
[②] 安美景. 对培养学生数学创造性思维能力的思考[J]. 新课程(教研版),2009(8):23-24.

在国际上也叫"平方百米",我国叫作"公顷",所以"公顷"就是"平方百米"。这时,学生恍然大悟。后来,学生会思考,那有"平方十米"这个面积单位吗？教师此时再介绍有关平方十米的知识。

在这个过程中,思维不断地发散,不断地延伸,学生将原有的疑问一点一点解决。学生通过知识的填充而将知识构架完善,并形成更加清晰的脉络。

5.2.4 验证阶段

验证阶段是对顿悟式所形成的数学猜想等结果进行检验、论证,并不断接受实践的再检验及修正与完善的过程。这一时期是数学创造性思维活动的完善阶段,在这个阶段中,我们主要运用集中思维和逻辑思维的方法。

5.3 学习过程中的创造性思维培养

5.3.1 兴趣的自我激发

学习兴趣是个性意识的倾向性的动力系统中最现实、最活跃的成分,是学生主动性和积极性的动力源。学生的一切活动类型,都与发展他们的智能,首先是发展他们的创造性思维联系在一起,而这一工作成功的首要条件是引人入胜的学习,若自己对所学的知识产生了浓厚的兴趣,就会迸发出极大的学习激情,进而形成一种优势的意识倾向性。

要使学习兴趣由初级向高级发展,首先,必须加强学习责任感、高尚理想和远大目标的自我培养和锻炼。其次,创新的起点是质疑,必须采取多种方法发现问题、提出问题、研究问题,维护好奇心和独立性。

5.3.2 多与有创造性的人物接触

为了培养自己创造性思维,在学习活动中多与有高水平创造性的人接触,学习他们的独立见解和对事物的新的理解。在这种活动中,会涌现出各种各样的意见、观点、方法和结果。在这种场所,自己也要努力锻炼阐述自己的见解,然后再对别人的观点加以分析、鉴别和对比。

此外,一些新颖的书刊,一些青年作者的论述,要多学习。因为,一般情况下,这类书刊、文章多有新意,是学习创造性思维的好教材。

5.3.3 注意把握生物钟

生物钟是指有机体内调控生理机能和生命周期的活体时计。实践证明,人体的节律与学习能力和智力发展有密切的关系。用动物做的模拟实验表明,学习效率、思维发展与节律关系密切,夜行动物老鼠在黑夜里学会躲避电击,要比在白天快,而昼行动物黑猩猩有时夜里干脆拒绝学习,如果强迫它学习的话,其效率不到10%。类似的昼行生活的人类,一般是上午头脑清醒,精力充沛,午后疲困迟钝,精力下跌,黄昏以后则有短暂的回升,其后便开始进入抑制睡眠的状态。根据这一原理,我们就要符合人体的生理日节律和月节律,按照生物钟规律进行学习,以使思维活动处于最佳状态,达到创新目的。

5.3.4 在研究实践中培养

学习不要机械地背诵,要用研究的眼光来对待,这样才能培养创新思维。这方面要从"三新"入手,即:①新的领域。搞研究要求善于开拓新领域,走前人没有走过道路,所以,学习时,就要凭借新兴学科的内容和科研中移花接木的手法,不断拓展自己的视野。②新的观点。搞研究要求避免人云亦云、随波逐流。在学习时,就要用这种思路指导自己进行创新练习。③新的深度。搞研究要求在已经探讨过的问题上再深入一步。所以,在学习时,我们就要用比较综合的分析方法看我们自己是否能在所学内容上再向前深入一步。

当然,智力的发展水平与知识掌握的多少有相当程度的一致性。那种试图脱离知识去培养发展创造性思维的主张是违背学习与思维的客观性的,在培养道德方面将是徒劳的。

5.4 教学过程中的创造性思维培养①

5.4.1 激发学生求知欲,训练思维的积极性

学生思维过程的发展是一个循序渐进的过程,随着年龄的增长、知识面的拓展而不断加强。教师在培养小学生数学发散性思维时应根据不同的年龄段和教材内容,激发学生学习的兴趣,只有当学生的好奇心被调动起来,才能积极地思维。适时结合发散性思维的特点引导学生不断地进行思考,掌握发散思维的方法。在一节课有限的时长中,不断去挖掘学生思维的潜力,抓住每一个机会激发学生求知欲,创设情境并活跃课堂氛围,使学生能够在高涨的情绪中从事学习和思考。

例如,可以根据教学内容适当地选择设计数学游戏,明确教学目标,通过游戏激发学生的学习兴趣,带领学生一起参与其中,引导学生在游戏活动中积极地思考探索,相互沟通交流,激发学

---

① 马建霞,张晓丹. 小学生数学发散性思维的调查研究[J]. 运城学院学报,2019(6):65-69.

生思维的积极性。

如让一个小助手任意写一个三位数,每个数字必须不一样。把这个三位数的顺序倒过来,如 123 变成 321,然后用大数减小数,把相减所得答案的百位数告诉表演者,表演者去猜测相减所得的数。这个时候学生会感觉到特别地神奇,就会主动地去思考探究,当学生最后通过合作交流发现结果十位数字永远是 9,而百位数与个位数相加的和也是 9,所以知道百位数就可以知道相减的结果。最终学生通过参与游戏的过程不仅激发了学生学习数学的兴趣,获得了知识的理解以及合作交流探究的能力,更是激发了学生思维的碰撞。

5.4.2 及时归纳汇总,训练思维的流畅性

从调查结果看,流畅性分数高的学生答题有一定的规律,他们会按照某种特定的方式去答题,将答案总体水平为几类,每一类又从每个角度进行描述汇总,这样的答案具有逻辑性,思维在不混乱的情况下才有更多发散的可能。因此,教师在引导学生解决问题时,要培养学生从多个方面分析问题,并有条理地进行分类,最后依据分类从不同的角度有规律地依次写出答案。

例如,在做"巧算 24 点"数学游戏时,在一副抽取大小王剩下 52 张的牌中,任意抽取 4 张牌,用加、减、乘和除(可加括号)把牌面上的数算成 24,每张牌都要使用但只能用一次。在这个扑克智力游戏中,不能盲目地选择四个数进行拼凑计算,可以训练学生从某一种计算开始,或者运用 0、11 的运算特性进行求解等方法,并且及时归纳汇总发现规律,这样在思维流畅性上可以得到很好的训练,进而影响发散性思维的变通性和独特性。

另外,教师需要充分训练学生做题的耐心,引导学生充分地表达自己想法,把自己的思路能够有条不紊尽可能多地呈现出来,提高学生思维的流畅性。

5.4.3 适时引导,训练思维的变通性

5.4.3.1 精心设计发散性问题

思维是从问题开始的,问题设计的好坏对思维的质量有着直接的影响。在教学过程中,教师要注重问题的发散性设计,帮助学生从不同的角度思考问题,寻求多种解题思路,敢于突破传统的思维大胆而新颖地思考问题,提出不同的见解,形成发散性思维的习惯。精心设计发散性的问题,有助于帮助学生进行思维的变通,在此基础上,还能发展学生的思维独特性。

例如老师带 36 名学生去大戏院看表演。剧院的规定是每人票价 8 元,如果满 40 人可以享受团体八折优惠。那么总共需要多少钱? 在做这道题时,学生可能会基于经验,不考虑"满 40 人可以享受团体八折优惠"的条件,计算 $36×8=288$(元),得出 36 名学生在每人票价 8 元的基础上一共消费 288 元。如果将问题改为"算一算,用最合算的方法去购票需要付多少钱?",问题将"一共"改为"最合算的方法",学生便会想到"如果满 40 人可以享受团体八折优惠"这个条件,找寻不同的解决方案,如果购买 40 张票,得到算式 $40×8×80\%=256$(元),一共需要消费 256 元。通过对比 256 元<288 元,找寻最合算的购票方式。

利用这样的发散性问题,学生能够解决问题的方法是多样性的,所提出的问题能让学生以不同的方式去思考,得出不同的想法,敢于打破规则,大胆提出新颖的见解,形成发散性思维的习惯。

5.4.3.2 训练学生转换角度思考问题

在学习和解决问题过程中,训练学生从不同的角度、不同的方位、不同的层次思考问题,将思维发散出去,运用各种不同方法从不同的角度去寻求解决问题的答案,突破思维常规定式,训练

学生思维的变通性。

例如,比较分数大小有的时候可以根据实际情况进行通分子等方法[10]。如比较$\frac{18}{1453}$和$\frac{6}{481}$的大小,就可以利用通分子的方法把$\frac{6}{481}$转换为$\frac{18}{1443}$进行比较了,分子相同分母大的反而小。又如比较$\frac{7}{10}$和$\frac{4}{13}$的大小,可以利用一半法进行比较,$\frac{7}{10}$比一半要大,而$\frac{4}{13}$比一半要小,所以$\frac{7}{10}$大于$\frac{4}{13}$。

教师通过鼓励引导学生从不同的角度去思考获得多种解答方法,进一步展开讨论,分析这些解法的优缺点。题目虽然只有一个,但是涉及的知识点较为广泛,不仅锻炼了学生的思维求异性,而且加深了学生对题目以及知识点的理解。但是,在训练思维求异性的时候,注意引导学生不要一味地追求"求异",不仅要有条理、有依据地解释自己给出的算法,而且要说出自己最初的思考过程,这样才能帮助学生寻求最佳的解题思路,锻炼学生分析和解决问题的能力。

5.4.4 鼓励创新,训练思维的独特性

思维的独特性体现于学生在解决数学问题时能够别出心裁地提出新的想法和思路,它是在流畅性和变通性的基础上,通过多角度的联想与思考,获得不同一般的见解。在教学过程中,教师可以选择适合的发散性问题,引导学生对问题进行分析与讨论,鼓励学生大胆猜想质疑并发表独特的见解,用新的思维方式发现问题、分析问题并解决问题,训练学生思维的独特性。

如解答"某玩具厂生产一批儿童玩具,原计划每天生产60件,7天完成任务。实际只用6天就全部完成了。实际每天比原计划多生产多少玩具?"一题时[11],按照通法会列算式"60×7÷6－60"。而对于"60÷6＝10"这样的思路很少有学生想到,7天的

任务6天完成,那么少完成一天的60件则平均分配到这6天中,每天比原计划多完成10件,这样的思维则是具有独特性的。

这种具有独创性的想法是应该给予鼓励的。学生的独创性往往蕴含于求异与发散中,教师应该让学生在解决数学问题时通过独立思考和合作交流,获得多种解决问题的方法,并引导学生分析,训练学生思维的独特性。在此过程中,引发个别独特的见解,才可能闪现超出常规的独创,获得解决问题的最佳方法。

总之,小学生数学发散性思维的培养非常重要,而学生数学发散性思维的培养是长期的。作为教师在数学教学过程中要注意激发学生学习的兴趣,让学生在活动中积极地思维。同时选择与设计具有发散性的问题,在问题解决过程中鼓励学生大胆质疑提出新颖的思路,并且能够引导学生清晰地表达自己的思路,同时在分析讨论交流过程中注重培养学生的归纳总结,分析综合,抽象概括的能力,从而培养学生的数学发散性思维,提高问题解决的能力。

5.5 激发学生创造性思维的技巧

学生蕴藏着巨大的创造潜力,甚至很多小学生都可以有非常成功的技术革新和创造发明。因此不能仅局限于学习和掌握系统的理论知识,更重要的是在学习知识之后做出的思考及应用,进而激发创造潜力。

5.5.1 引导学生大胆想象

想象是根据头脑中已有表象经过思维加工建立新表象的过程,它是数学发现中最活跃、最能动的因素之一,是创造能力中不可缺少的一种思维能力。在教学中,教师引导学生展开想象,可以帮助他们冲破现有知识经验的局限,发挥学生学习的创造性。

此外，教师还要用有效的途径去设置一些"空白"，让学生用想象去填补，以发展学生的创新思维能力。例如，教学长方体和正方体的体积计算后，在一节练习课上，教师拿出一个不规则物体，让学生凭借想象力来想一想、议一议"怎样求出该不规则物体的体积"。学生经过思考、讨论，想出了几种解决问题的办法。教师这样引导学生想象，既拓宽了学生的解题思路、又培养了他们的创新思维。

5.5.2 鼓励学生积极猜想

猜想是人们在揭示问题实质、探索客观规律、寻找命题结论时，凭借自己的想象，进行估计、推测的一种思维方式。在教学中，教师利用猜想让学生进行学习、探索新知，可以激发学生的学习兴趣，锻炼学生的数学思维，培养他们的探索精神。例如，教学"三角形的内角和"时，教师出示几个大小不同的三角形图形，先让学生猜一猜，三角形三个内角的和是多少度，再让学生测量并计算每个三角形中三个内角的度数，最后让学生操作验证，看结论是否正确。这样引导学生猜想，并验证结果，能缩短解决问题的时间，获得数学发现的机会，有利于培养学生探索问题的意识，以及发展他们的创新思维。[1]

5.5.3 引导学生进行知识迁移

迁移是指人在一种情境下将所学到的某些原理、知识和技能运用到学习新知识、新技能或解决新问题等活动中去的能力。教学时，教师可结合相关的知识点，引导学生回忆、类比、联想、迁移，以促进学生理解，激活思维。例如，学生掌握了三角形面积的推导方法后，教师通过拼合图形，引导学生自行迁移到梯形面积

---

[1] 徐丹丹. 谈培养学生思维技能方法[J]. 吉林教育，2013(5S)：7-7.

的推导中来，让学生把学到的知识、技能，从一个情境迁移到另一个情境中去，这样既有利于培养学生独立获取知识的能力，又有利于培养学生的创新思维。

5.5.4　鼓励学生大胆质疑

心理学研究表明，质疑最容易引起定向探究反射，有了这种反射，思维也就随之产生。在课堂教学中，教师应把质疑、解疑作为教学过程的重要组成部分。在教学中，教师要根据教材特点，选择恰当的时机，鼓励学生质疑、释疑，使学生迸出智慧的火花。例如，在教学"7的乘法口诀"时，教师可以给出这样一道题：学校食堂每天吃7棵白菜，一星期共吃多少棵白菜？学生列出算式是 $7 \times 7 = 49$（棵）后，教师鼓励学生质疑后，同学们经过思考、讨论，回答了这个问题，提出了自己的见解。如果小明一星期只在食堂吃6天，就是 $7 \times 6 = 42$（棵）；如果小明一星期休息2天，只在食堂吃5天，就是 $7 \times 5 = 35$（棵）。以上几种不同想法和算法都有道理，体现了学生思维的新颖性和严谨性。

5.5.5　营造竞争的学习氛围

任何一种创新活动，只有创新的智能是远远不够的，还必须有强烈的创新意向。鼓励学生在竞争中多角度地思考问题，进行解题策略的创新。这种课堂上的自由竞争既符合小学生喜欢与人交往互动的需要，也克服了学习过程中的那种依赖性。课堂上活泼形式的交替出现，师生间、学生间的平等，亲切、和谐气氛的形成，使各种创造因子的能量有可能形成一种合力，最终使学生的创新思维得到有效发展。

竞争的一般形式是"师生共议"教学中带有倾向性的问题。如口算 $43 - 7 = ?$ 时，通过学生动手操作小棒，师生共议，可得出以下一些算法，即 $43 - 7 = 30 + (13 - 7) = 43 - 3 - 4 = 33 + (10 - 7)$。

此外,还有"同桌争议""小组争议"和"个别自议"等。"同桌争议"的内容主要是针对教材中难度较大、学生接受有困难的问题。如为了突破百以内进位加法的计算法则,可组织学生进行"圈十"练习。在学生获得 35+6=41 的结论后进行同桌互议,原来只有 3 个 10,怎么现在多了 1 个 10 呢?通过互议竞争使能力较弱的学生有了"满十进一"的直觉感受。"小组争议"是针对教材中的重点、难点部分来进行的。如学生学习有余数除法和商不变性质后,以小组为单位争议:4300÷600=7……100,通过对这一重点、难点的小组争议,加深了学生对概念、性质的理解。"个别自议"是指在理解的基础上,教师要学生熟记定理、法则或有关定理的推导过程。

5.6 培养创造性思维案例

教学活动永远都是生成状态下的师生互动的过程,学生通过操作活动经历数学知识形成的同时,不断地获取理性的活动经验,使数学抽象思维能力得到训练与发展。这就要求教师要跳出静态的教材内容编排,恰当地运用不同的操作形式,适时地引导学生观察、思考、评价,促使每个学生都在各自的基础上获得相应的数学经验,得到不同的发展,从而呈现出灵动的数学课堂。

以关注学生的个体生命为基点回归儿童世界,愉快的游戏易于激发学生的学习动机、想象力和创造力。在设计游戏要注意以下几点:①把课本例题转变为游戏化情境时要注意避免为游戏而游戏,选择适合游戏的教学内容;②根据学生的实际因材施教,设计游戏应该要有助于突出重点、突破难点,启发学生思维的积极性,学会思考方法,提高教学质量;③选择适合游戏的方式,注意引导儿童用数学眼光看待游戏,发挥游戏的教育价值;④游戏情景设计应该新颖、形式多样、富有情趣,才能有效地激发学生的内驱力,使他们主动地学、愉快地学;⑤游戏情景应直观形象。游戏情景的形式是为教学内容服务的,这样可以在学生"具体形象的思维"与"抽象的数学知识"之间架起一座桥梁,帮助学生理解掌握概念、法则等知识,引导学生由具体形象思维向抽象逻辑思维过渡。

5.6.1 巧解抢数问题

5.6.1.1 活动目的

抢数游戏重在活动中发现取胜策略,运用策略,把数学综合实践活动教学与白板应用深度融合,开创"数学综合实践活动"教学的先河。例如:师生对决导入——拖动克隆、遮罩等功能,生生互抢 3——特效交互功能和拖动克隆功能,探究试验抢 6——聚光灯、书写、展示功能,转化推理抢 4、抢 5——特效交互、拖动克隆和半透明遮罩等功能,巩固练习——拖曳、书写功能。[①]

(1)由形开始直观探究策略。学生在棋眼上"抢 3"。最后一个棋眼帮助学生获得"抢 3"确保获胜的直观感受,初步形成"凑 3"的策略。摆棋子的好处有利于学生操作,有利于学生选择,有利于学生调整修正。本节课的另一个目的就是要发挥电子白板的交互作用,因此在电子白板的使用下,学生在操作中反思,在反思中互动修正,最终形成最佳的策略选择。

(2)由形到数为后续教学与学生探究提供了简洁便利的工具用数来表示抢数过程,显然比图形更加简洁。有了图形的基础,学生再看数,心里更有底气,写起来更轻松。

(3)算式的形成与提炼为策略的运用提供了更数学化的工具学生在探究过程中,自然形成了合情合理的算式,算式中包含了抢数问题诸多的信息元素。由算式开始思考,由算式确定思考的起点,由算式作为问题解决的终点。算式的运用,为学生今后学

[①] 林刚强. 新课标视域下优化小学探究式学习的策略探析[J]. 中小学教师培训,2020(5):67—72.

习数学提供了一条有价值的思考之路。

5.6.1.2 介绍规则

两人轮流报数,每次只能报1或2,把两人报的所有数加起来,谁报数后和是10,谁就获胜。随后提出问题"如果让你先报数,为了确保获胜,你第一次应该报几?"最后,在"接下来应该怎么报?"的问题中,引导学生完整地归纳出报数策略。

5.6.1.3 导入环节

出示规则:两人从头开始轮流往后摆棋子,每次摆1枚或2枚,谁抢到第9个棋眼谁就获胜。

第一回合　师生对决

两人从头开始轮流往后摆棋子,每次摆1枚或2枚,谁抢到第9个棋眼谁就获胜。

1	2	3	4	5	6	7	8	9
○	○	○	○	○	○	○	○	○

1	2	3	4	5	6	7	8	9
○	○	○	○	○	○	○	○	○

● ●

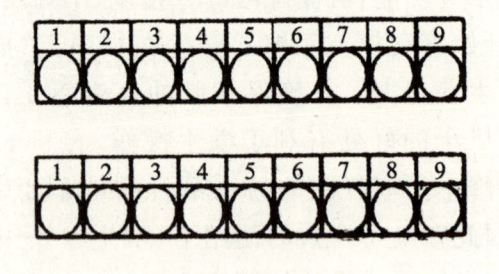

设计意图:用师生摆棋子游戏导入,激发学生探究游戏奥秘的兴趣。巧妙地因"儿童优先"而创设学生先摆、教师后摆的游戏顺序。两次对决教师获胜,让学生初步感受到抢数的必胜策略与"后摆"有关。

5.6.1.4 新知探究

(1)探究抢3的必胜策略

出示规则:两人从头开始轮流往后摆棋子,每次摆1枚或2

枚,谁抢到第 3 个棋眼谁就获胜。

第二回合　抢3
两人从头开始轮流往后摆棋子,每次摆1
枚或2枚,谁抢到第3个棋眼谁就获胜。

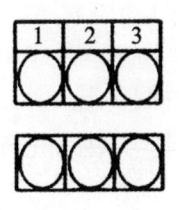

师生快速完成抢 3,学生从游戏中直觉感知抢 3 的必胜策略。

设计意图:从简单的情形开始研究,有利于学生探究规律,为学生今后研究复杂问题提供科学的方法支撑。

(2)探究抢 6 策略

出示规则:两人从头开始轮流往后摆棋子,每次摆 1 枚或 2 枚,谁抢到第 6 个棋眼谁就获胜。

同桌合作,轮流摆棋子涂色,左边同学先摆,右边同学后摆。先摆的涂红色,后摆的涂黑色,摆几枚就涂几枚。

第三回合　抢6

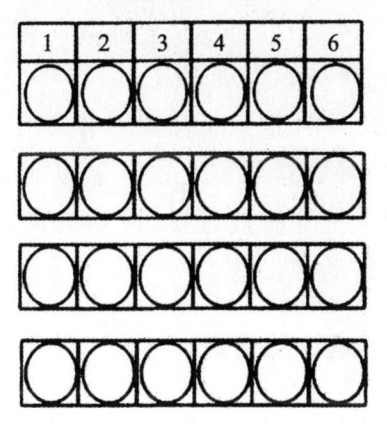

学生合作探究,教师巡视,搜集三种摆法,逐一让学生在白板上摆出来,同时帮助有困难的同桌。

设计意图:抢 6 需要两轮,学生一眼看不出,值得探究。抢 6 必胜的情况共有 4 种,对于四年级学生来说,合作抢 6 的实践活动应该是在其能力范围之内的。

(3)学生汇报交流

第一种摆法:先摆 1 枚,后摆 2 枚。

每人各摆一枚,称为第一轮。第二轮先摆 1 枚,后摆 2 枚。

第二种摆法:迅速汇报

....

设计意图:分层汇报,逐步提高要求,有助于培养学生的语言表达能力和数学展示能力,符合学生的心智发展规律。

介绍用数字表示棋子的个数,像这样报数就是第一轮先报 1 后报 2,第二轮先报 2 后报 1,谁抢到了 6?

| | 第一轮 || 第二轮 ||
	先报	后报	先报	后报
抢 6	1	2	2	1

(4)研究用算式表示思维过程

设计意图:必胜策略、报数策略是否由孩子自主发现、主动运用,是评价这节课是否培养了学生数学学习能力和数学应用意识的一块试金石。师生抢 6 游戏设置,成功地调动了学生理解必胜策略和运用必胜策略的积极性。

5.6.1.5 抢不是 3 的倍数

选一个不是 3 的倍数。为了方便研究,选个小一点的数。

第 5 章 创造性思维

（两组抢 4，两组抢 5）。同桌分组抢一抢、议一议：必胜策略是先报还是后报？报数策略是什么？

设计意图：分组抢 4，抢 5，为接下来研究抢不是 3 的倍数提供完整的学习材料，也为学生增加了一次运用转化策略解决问题的机会。

第四回合　抢不是3的倍数

学生分组在练习纸上抢 4，抢 5。

分别说出必胜策略和报数策略。

抢 3 的倍数，后报必胜，后报要和先报的数凑 3。抢不是 3 的倍数，先报必胜，先报者第一次报余数，接下来和后报的数凑 3。

设计意图：抢不是 3 的倍数，重点在于转化策略，把抢不是 3 的倍数转化成抢 3 的倍数，也是运用抢 3 的倍数策略的一次实践尝试。此过程完全放手由学生独立完成。

5.6.1.6　应用巩固

(1) 甲、乙两人轮流报数，每次只能报 1 或 2，把两人报的所有数加起来，谁报数后和是 18，谁就获胜。甲想获胜，他应该（　　）。

A. 先报；B. 后报

设计意图：引导学生运用算式来解释算理,算式是数学规律的高度概括,用算式揭示规律,有利于训练学生数学思维的简洁性、严密性。

（2）两人轮流报数,每次只能报1或2,把两人报的所有数加起来,谁报数后和是8,谁就获胜。（　）必胜。第一次报（　）。接下来和后报（　）。凑（　）轮就抢到8。

2 □ □ □ □
　凑3　凑3

5.6.2　魔术变直角

5.6.2.1　活动目的

贯穿本节的主要线索是富有挑战性的闯三关比赛活动。在初步认识直角的基础上,学生观察随着图形的变化,直角的个数发生怎样的变化；猜测并验证若增加一条线段,图形可以变出几个直角。在以学生为本、师生互动、民主、轻松的氛围中,学生充分展示着思维的全过程,展现自己的认知个性。

本节活动课在编排上力求做到以下几点。

（1）设计体现"新"。当学生学习"直角认识"之后,旨在通过操作性的变式训练活动,让原本抽象的直角在孩子们的手中生动活泼起来。教师充分发挥创造性,依据学生的年龄特征和认知水平,设计具有探索性和开放性的闯三关活动,这对二年级学生来说是新鲜有趣的,有效地激发了学生探索求知的欲望。

（2）课堂落实"动"。数学课堂教学是数学思维活动的教学,"动"体现在动手、动脑、动口三个方面,即动手操作、动脑思考、动口说理。闯三关活动尽可能地为学生提供操作、归纳、类比、证明等机会,学生在观察、操作、讨论、交流、猜测、验证等过程中,实现了思维跳跃性的发展,培养了其观察能力、动手能力和推理能力。

(3)过程突显"实"。扎实、有效的课堂教学效率,是活动课追求的目标。设计安排符合学生认知规律,体现了教学层次性,为学生提供了积极思考合作交流的空间。将闯关游戏与数学学习相结合,做到玩中有学,学中有思。第一次闯关,帮助学生建立自信心。第二次闯关,通过思辨引导学生多想一步,深想一步,寻求规律,体会数学的逻辑性、严密性。第三次闯关,引导学生亲历观察、猜想、验证等数学活动,进而获得一种充满张力的数学思考和触及心灵的精神愉悦。学生在掌握知识的同时,领会数学方法、感悟数学思想,为今后可持续发展打下基础。

5.6.2.2 活动分析

本节活动课的活动重点是在操作活动中感知"随着图形的变化,直角的个数也随之变化"的规律。活动难点是掌握规律找出图形中所有的直角,运用规律变出指定个数的直角。

通过闯三关比赛活动,培养学生观察、探索的能力,并让学生感受到在探索数学知识的活动中,仅有猜测是不够的,还必须经过严格的实践验证,从而提升学生的思维能力,激发学生对数学美的认识,进而喜爱数学,从而产生要学好数学的愿望。

5.6.2.3 教学准备

四边形框(每两位同学一个),每位同学准备小棒若干根、小组活动作业纸若张。

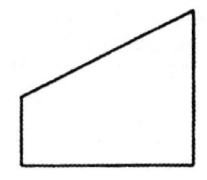

5.6.2.4 挑战闯关

以闯三关比赛活动为线索,为学生创设数学学习情境,逐步展开探索活动。

(1)第一关:两条线段可以变出几个直角呢?(用小棒代替线段)全体学生进行活动操作,汇报操作活动结果。

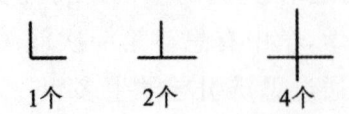

1个　2个　4个

两条线段可以变出1个直角、2个直角和4个直角。

设计意图:第一关两根小棒分别变出1个、2个、4个直角,难度不大,并且本环节活动能够使学生建立闯关的自信心。在心中默记三幅图的样子,为下面的闯关埋下伏笔。第一关操作较简单,由学生独立完成。

(2)第二关:随着图形的变化,直角的个数在变吗?摆一摆,想一想,完成表格。

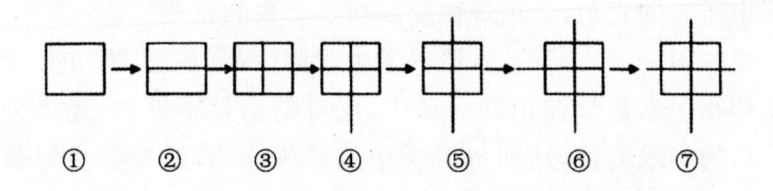

① ② ③ ④ ⑤ ⑥ ⑦

观察:图形在变吗?把每个图形和它前面的图形相比,发生了怎样的变化?

要求:说出每个图形中直角个数时,说说是怎么思考的,填写练习纸。

图形编号	增加直角个数	共有直角个数
①→②	4	4+4=8
②→③	8	8+4+4=16
③→④	2	16+2=18
④→⑤	2	18+2=20
⑤→⑥	2	20+2=22
⑥→⑦	2	22+2=24

第5章 创造性思维

小组合作讨论、汇报。教师适时启发,每一次图形变化后,与前面一个图形比一比,增加了哪些直角?

汇报总结如下:

①中有4个直角。

①→②增加了两个 ⊥ ,共有8个直角。(4+4)

②→③增加了两个 ⊥ ,共有16个直角。(8+4+4)

③→④增加了一个 ⊥ ,共有18个直角。(16+2)

④→⑤也增加了一个 ⊥ ,共有20个直角。(18+2)

⑤→⑥,⑥→⑦也都是在前一个图形的基础上增加了一个 ⊥ ,所以⑥有22个直角,⑦有24个直角。

设计意图:教师给学生提供自主探索、合作交流的时间和空间,先让学生汇报小组讨论方法,交流探讨。学生有数直角个数的方法,但大多是无序的。通过自身实践与教师引导,学生将每次变化后的图形与变化前的图形相比,观察图形发生怎样的变化,增加了哪些直角,探究其中的规律,引领学生体验数学规律的存在。第二关小组合作,分工完成操作、讨论、填写表格。

(3)第三关:在下面的图形中只增加一条线段,可以变出几个直角呢?

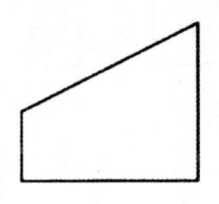

两位同学共用一个的四边形框,用小棒代替线段动手操作,根据学生的回答,可以变出3个、4个、5个直角等,让学生在黑板上演示操作结果。

具体操作结果如下：

> 增加一条线段，变出3个直角。

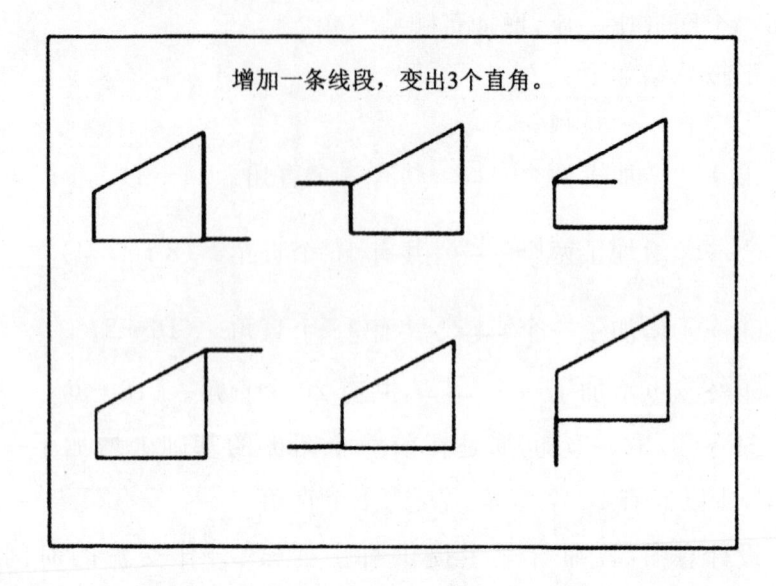

图形中原有两个直角，只要在图形中增加一个 ⌊。只需在四边形任意一个顶点处，往一个方向加一条伸展的线段即可。

> 增加一条线段，变出4个直角。

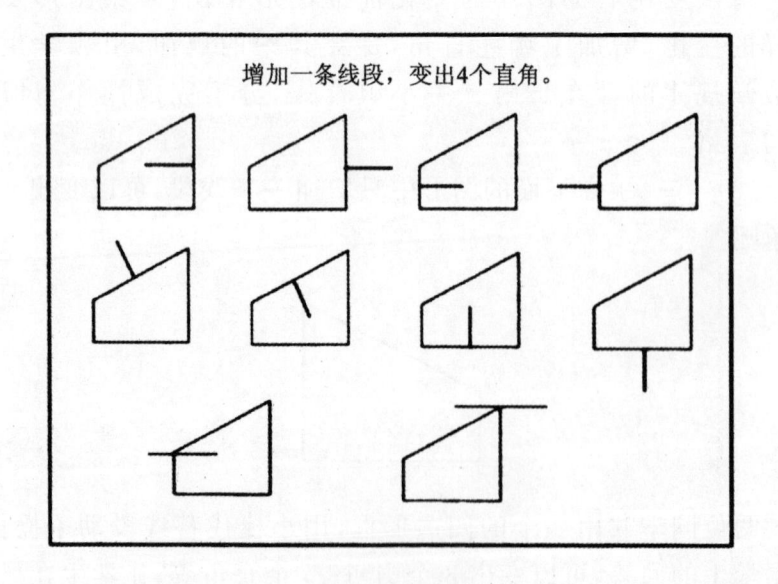

图形中原有两个直角，只要再增加一个 ⊥。只需在四边形每条边上，往一个方向加一条伸展的线段即可（在图形中、在图形

外）；或在两个不是直角的顶点处，加一条往两个方向都伸展的线段。

增加一条线段，变出5个直角。

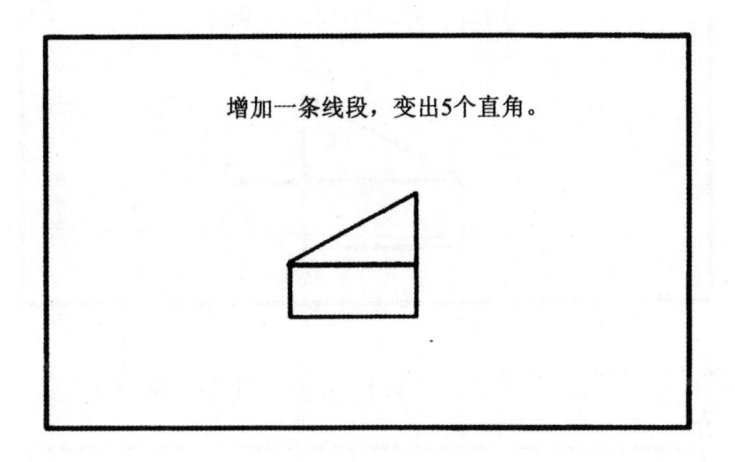

图形中原有两个直角，只要再增加一个 ⊥ 和一个 ㄴ 即可。

增加一条线段，变出6个直角。

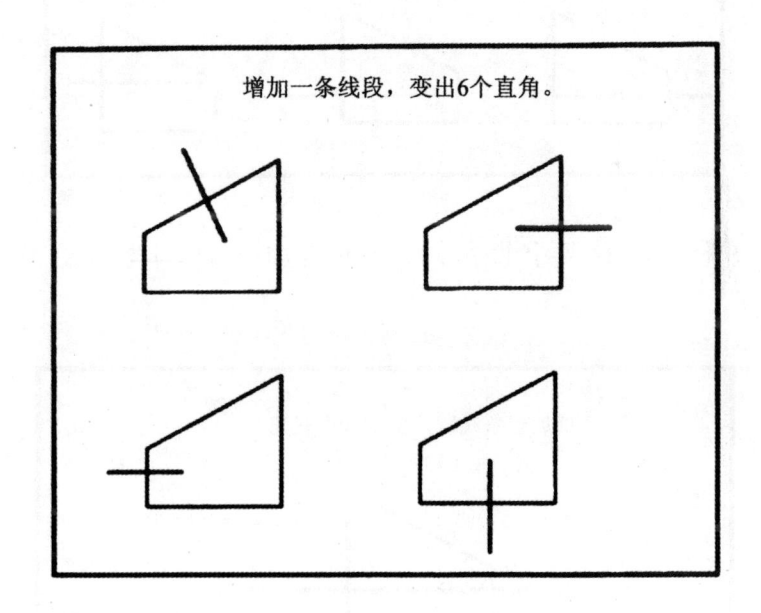

图形中原有两个直角，只要再增加一个 十。只需在四边形的每条边上，加一条往两个方向都伸展的线段即可。

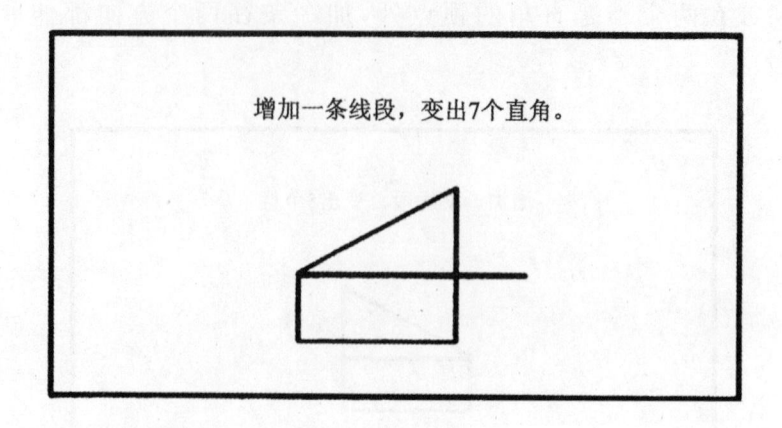

增加一条线段，变出7个直角。

图形中原有两个直角，只要再增加一个 └ 和一个 十 即可。

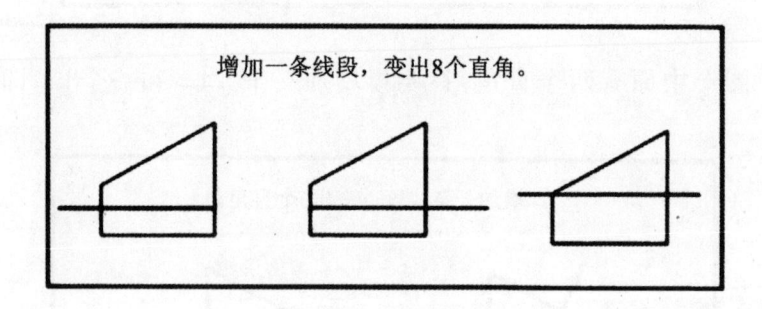

增加一条线段，变出8个直角。

图形中原有两个直角，只要再增加一个 ⊥ 和一个 十 即可。

增加一条线段，变出10个直角。

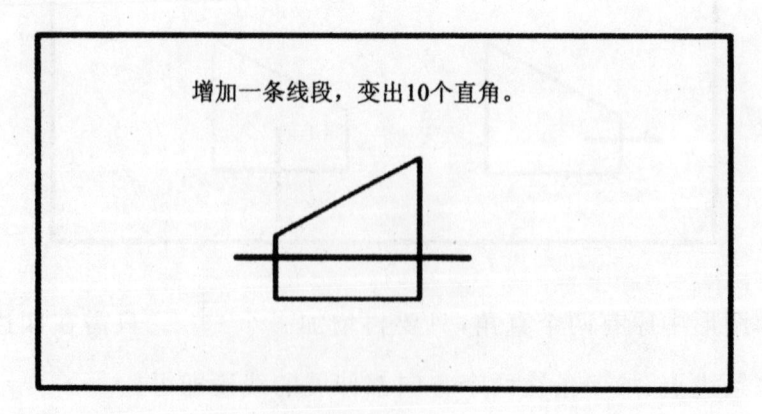

图形中原有两个直角,只要再增加两个十即可。

在小组活动中,同学们将手中的"魔术棒"摆在图形中不同的地方,原来的图形不停地变出了3个、4个、5个、6个、7个、8个、10个直角。

设计意图:一个四边形,只增加一条线段,会变出几个直角?在解决问题的过程中,学生真正成为学习的主人。从变出的直角个数不同,到变出相同的个数却有不同的变化方法。学生边操作边思考,一次次感受着数学的奇妙,切身体验解决问题策略的多样性。通过独立思考和与同伴交流,培养学生更合理、更优质的思维。

5.6.2.5 大胆质疑

学生自觉运用刚才总结出来的方法猜测、思考、操作、验证,最终得出结论:在只增加一条线段的情况下,原来的图形中无法再增加7个直角,所以不能变出9个直角。

设计意图:"为什么不能变出9个直角?"进一步提升了学生数学思考能力,即不是盲目地增加一条线段,而是分析是否可行,再通过操作加以验证。再一次让学生充分体验了"数学学习是有规律可循的",培养了学生科学严谨的学习态度。而此时的数学规律,也在充满张力的数学思考中绽放理性之美。

5.6.3 巧填运算符号

5.6.3.1 练习目的

混合运算题的编排是从学习只有加减或乘除混合运算,到乘加乘减混合运算,再到除加除减混合运算,最后到学习带有小括号的混合运算。即混合运算中,只有加减或乘除,按从左到右顺序计算;既有加减又有乘除,先乘除后加减;带有小括号的,先算小括号里的。混合运算题看似简单,但学生日常作业中却出现错误最多,诸如计算导致的错误和运算顺序导致的错误。本节数学综合实践活动课选取的素材具有丰富的数学信息,活动内容的呈现方式充满探究意味,有助于教学目标的达成。

数学学习过程突出思考性的关键在于以下几个方面。

(1)思维过程层层递进。游戏过程给学生提供了较大的思考空间,有利于学生自主探索,且在思维策略提升中呈现出层次性,学生在学习过程中思维始终处于活跃状态。第一层按"从左到右顺序计算",一道算式中只能出现加减号或乘除号,可以写出4道算式;第二层按"先乘除后加减顺序计算",一道算式中既有加减又有乘除,可以写出8道算式;第三层给以上12道算式添加括号改变运算顺序,观察比较,添加小括号后运算顺序变了,得数都变了吗?第四层引导学生科学地归纳。比较计算结果,然后猜测规律,举例验证规律,用字母表达规律。此时学生思维已跳出了计算证明的水平,上升到意义理解的层面上;第五层运用规律进行简算。规律理解的过程是学生数学思维提升的过程,学生充分体会思维之趣,体验简算之乐,形成综合学习能力。

(2)课堂互动扶放结合。本节课探究过程中,教师精心营造了互动的课堂,以动态生成方式推动教学活动的全过程。教师先扶后放,扶放结合,使得学生的探究过程曲中有直,提升探究的实效性。在第一层按"从左到右顺序计算"写出4道算式之后,教师及时引领学生进行讨论总结;第二层按"先乘除后加减顺序计算"写出8道算式,然后学生当小老师提问,指名学生回答。这个过程教师注意强化正确信息,淡化无关信息,根据本节课的需要合理追问和补问。整个过程既活跃了课堂气氛,又拓展了学生发散性思维的宽度与深度。

(3)教学中注重内隐智力开发。学习形态中的隐性学习活动获得的是隐性心灵的发展,表现为人的一种内隐智力。内隐智力的开发要求将学生置于一个开放的过程中。本节课创设了有利于学生建构意义的情境,并倡导教学中的合作伴随教学活动的始终,加强对问题的分析和对假设的验证。如比较的计算结果,然后猜测规律,举例验证规律,用字母表达规律。同时,本课加强师生对话、生生对话,实现了意义建构和成果共享。

在活动过程中,学生掌握了学习技能,提高了综合素质。

数学学习的最终目标是让学生拥有一双能用数学视角观察世界的眼睛,拥有一个用数学思维思考世界的大脑。作为一名数学教师,我们理应走进学生数学学习的思维历程,关注他们的数学思考方法,让数学学习绽放理性之美。

5.6.3.2 导入环节

数学学习离不开数字,离不开运算。数的加、减、乘、除四种运算,统称为四则运算。在一个算式里,含有两种或两种以上不同的运算,叫做混合运算。

加法和减法叫做第一级运算,乘法和除法叫做第二级运算。

设计意图:引出"数的加、减、乘、除四种运算,统称为四则运算"。在此基础上说明,加法和减法叫做第一级运算,乘法和除法叫做第二级运算。有了第一级运算和第二级运算的概念,为学生更科学地总结概括四则混合运算的运算顺序创造了条件。

5.6.3.3 改错练习

1. 观察四则混合运算是否存在的问题

(1) $50+50\times7$
   $=100\times7$
   $=700$

(2) $40-7+4$
   $=40-11$
   $=29$

(3) $(79+57)+34$
   $=126+34$
   $=4$

分析:第(1)题、第(2)题运算顺序发生错误。第(3)题 79＋57 计算结果是错误的,重新计算来验算结果非常必要。

2. 总结四则混合运算的步骤

只有加减,从左到右;既有加减又有乘除,先乘除后加减;有小括号的算式,先算小括号里的。

设计意图:学生在前面已经学会加、减、乘、除计算方法,积累了丰富的有关加、减、乘、除的意义的感性认识。

5.6.3.4　给数字添加符号

给出三个数字:80　8　4

活动要求:不改变三个数的位置,添上不同的运算符号,能够按指定的顺序计算。(先分析要求,再开始作答。)

小组合作,先分两类:一至四小组组成运算顺序是"从左到右",五至八小组组成运算顺序是"先乘除后加减"。如果完成本组任务,可以思考其他小组任务。(给学生充足的时间思考,先交流再集体反馈。)

第一类:按照从左到右顺序计算。(强调:只含有加减或只含有乘除)

$$
\begin{aligned}
&80+8-4 & &80-8+4 & &80\times 8+4 & &80+8\times 4\\
&=88-4 & &=72+4 & &=640+4 & &=10\times 4\\
&=84 & &=76 & &=160 & &=40
\end{aligned}
$$

总结:一道算式中只有加减或只有乘除,按照从左到右顺序计算。

反馈:教师提问,学生回答。

(1)不计算比较 80＋8－4,80－8＋4 两题得数大小。

(2)4 题中得数最大、最小分别是哪些算式?

(3)4 题何处相同?何处不同?

(4)怎样快速有序地写出这些算式?

第二类:按照先乘除后加减顺序计算。(强调:既有加减法又

第 5 章 创造性思维

有乘除法)

80+8×4	80−8×4	80×8+4	80×8−4
=80+32	=80−32	=640+4	=640−4
=112	=48	=644	=636
80+8+4	80−8+4	80+8+4	80+8−4
=80+2	=80−2	=10+4	=10−4
=82	=78	=14	=6

总结：一道算式中既有加减法又有乘除法，按照先乘除后加减顺序计算。

反馈：教师提问，学生回答。

两组题目中任选两题进行比较，如比较 80+8−4、80+8×4，体会乘加混合运算与加减混合运算在顺序上的区别；比较 80+8×4，80−8×4，估计哪一题得数大一些。通过运算符号的对比，提高对题目感知的准确度，提高计算正确率。即不用计算就能知道哪一题得数最大，哪一题得数最小。

5.6.3.5 应用巩固

(1)哪些算式添上"( )"改变运算顺序？分组进行。

80+(8−4)	80−(8+4)	80×(8÷4)	80÷(8×4)
=80+4	=80−12	=80×2	=80÷32
=84	=68	=160	=2.16
(80+8)×4	(80−8)×4	80×(8+4)	80×(8−4)
=88×4	=72×4	=80×12	=80×4
=352	=288	=960	=320
(80+8)÷4	(80−8)÷4	80÷(8+4)	80÷(8−4)
=88÷4	=72÷4	=80÷12	=80÷4
=22	=18	=6.66…	=20

总结：一道算式中有小括号要先算小括号里的。

设计意图：充分运用活泼有趣的素材，激发学生参与练习活动的兴趣。同时组织思考交流，通过"数学游戏：数字添符号，得数大变样"引导学生体会"相同的三个数,运算顺序不同运算结果也不同"。学生通过不计算比大小,估一估 80+8×4,80-8×4 得数大小,激活已有的混合运算的知识和经验,经历从感性认识上升到理性认识的过程。

(2)比较有"( )"与没有"( )"的区别,体会"( )"对改变运算顺序的作用。如:

比较 80+8×4,(80+8)×4,估计哪一题得数大一些?大多少?为什么?

比较 80+8-4,80+(8-4)什么相同?什么不同?

再比较 80×8÷4,80×(8÷4)异同点,你有什么发现?能用字母表示吗?

A+B-C=A+(B-C)

A×B+C=A×(B+C)

猜测规律,举例验证规律,用字母表达规律。

(3)利用你的发现,通过转化可以进行简算吗?

94+78-28   25×(4÷5)

设计意图:学生凭借对小括号的认识,判定运算顺序并完成计算,在亲历中切实感受和认识符号的作用,体会小括号在改变运算顺序中的作用,掌握简算方法。该环节利用丰富的游戏,梳理四则混合运算顺序的知识,引导学生把分散学习的知识串成线、结成网,逐步完善知识结构;同时沟通知识间的内在联系,加深学生对知识的理解和掌握。[①]

[①] 孙保华,杨国华."奇妙的图形密铺"教学设计[J]. 中小学数学:小学版,2008(5):31-33.

第 6 章　图形思维

图形教学主要包括图形的认识、图形的测量、图形的运动、图形与位置四个方面的内容。在小学阶段，按照"立体—平面—立体"的研究线索，让学生经历直观认识简单几何体和平面图形的过程，经历探索物体与图形的形状、大小、运动和位置关系的过程，同时通过对三维图形与二维图形的转换发展学生的空间观念。

6.1　基本图形与图形的辨认

小学图形认识的教学，主要培养目的是让学生能通过实物和模型辨认简单几何体和平面图形，能用自己的语言描述长方形和正方形的特征，能认识简单几何体和平面图形的形状、大小、位置及变换，以及能进行简单图形的测量和计算。由于实际教学中，教师重视实物或模型的观察与操作、面积计算，也重视实际测量，因此，学生对这部分内容都掌握得比较好。但是，当学生升到初中，学习平面几何时，感到几何难学，有的学生甚至怕学几何，这是为什么呢？教学改革实验表明，几何难学，原因在于学生不会图形思维。主要在于传统的图形认识的教学，只重视图形的实际观察、操作，而忽视图形的思维训练。

图形的思维不同于用数字符号、概念作为思维材料进行的思维（抽象思维），而是形象思维，是用头脑中的图像（表象）作为思维材料的一种思维。所谓表象，"是指在物体（图形）并没有呈现的情况下，头脑中所出现的该物体的形象"，图形的思维训练包括图形的记忆、图形的联想与想象、初步的空间想象力以及直觉思维的初步训练等。后续还会重点从图形的分解、拼组等方面讨论对于学生空间想象力的培养。

6.1.1 几何图形的认识与训练

从几何图形教学实际看，学生经常出现周长与面积混淆的情况，对几何形体与展开图各元素之间的内在联系缺乏清晰的认识。这一问题存在的关键在于学生的空间观念还比较薄弱。教学时，我们要注重让学生通过观察、操作，获得对简单图形的直观经验。通过探索、推理，逐步认识平面图形和立体图形的形状、大小、位置关系及变换，发展学生的空间观念。

6.1.1.1 丰富的表象积累是形象思维的基础

人认识客观世界首先是用形象思维而不是抽象思维。形象思维是以表象材料为载体进行的思维。我们只有丰富学生的生活经验和表象积累，才能促进学生形象思维的发展。

(1)引导学生感知。感知是思维的源泉。要培养学生的形象思维，首先要为学生提供丰富的、典型的感性材料。为此，认识图形时，我们通过为学生提供的典型的感性材料，通过对表象材料的分解、组合、类比、联想来培养学生的形象思维。

数学来源于生活，学生日常所接触的首先是实物。所以，图形教学首先是从认识物体开始的。教师要为学生提供许多典型的感性材料，如在认识立体图形时，首先向学生出示实物或图片如冰箱、火柴盒、药盒、茶叶筒、篮球、乒乓球等，让学生通过观察，对所展示的物体进行分类。然后进行发散思维的训练，让学生联想日常生活之中还有哪些物体的形状和它们相似。学生的思维很开阔，可能举出许多实物：数学书、磁带盒、魔方、钱币、玻璃球、地球仪等。再通过分析、类比，揭示出长方体、正方体、圆柱体和球体的特征以及它们之间的区别。最后通过调换角度、变换位

第6章　图形思维

置,挖掘出图形的本质特征,使学生形成鲜明的表象。[①]

当学生认识物体形体后,我们可以让学生根据实物把物体表面的外形画下来,从而认识长方形、正方形等平面图形;然后通过长方形实物框架的演示,使学生清晰地看到捏住演示框架的对角向外拉伸,它就会形成平行四边形;再通过多媒体演示把平行四边形的一条底逐渐缩短形成梯形,直到缩为一点形成三角形,从而沟通平面图形之间的联系;最后,通过对立体图形进行分解、组合的多媒体演示,帮助学生架起由面到体、再由体到面的桥梁。

这种用运动变化研究图形演化规律的形象化教学,不仅使学生形成鲜明的表象积累,而且形成系统的网络结构,为后续知识的学习提供了基础和条件。

(2)组织学生操作实验。从本源来说,一切科学研究都离不开形象的感受、形象的储存、形象的识别和模型的建立等形象思维活动。科学理论的抽象描述,并不是科学家头脑里先天固有的,而是以观察和实验为基础的。

①平面图形的教学。平面图形的教学要重视沟通各图形之间的内在联系,通过动手操作理解面积的推导过程,培养学生的创新意识和实践能力。

教授"平面图形的面积"过程分析:教师首先让学生认识面积单位,通过教具演示向学生说明"边长为1厘米的正方形,它的面积是1平方厘米";并让学生用形象的语言描述出1平方厘米的面积有多大,学生依照教具,形象地描述出它像拇指的指甲盖、录音机的按钮、田格本的田字格……接下来,当教师拿出教具说明"边长为1分米的正方形,它的面积是1平方分米"时,学生就会依据前面的判断立刻指出:1平方分米的面积就像我们的手掌面、像每个房间所用的开关盒的面……并且继续胸有成竹地推导出"边长为1米的正方形,它的面积就是1平方米",它的大小就像我们教室所用的投影屏幕的大小、就像家里所用的方桌面的大

---

① 赖静.数字化资源在小学数学课堂体验式学习中的应用研究[D].赣州:赣南师范大学,2018.

小……通过联系生活实际的教学,学生对面积单位的大小就会形成清晰的表象。

进一步地,教师问学生:如果我们要测量课桌桌面面积的大小,会选用哪个面积单位?由于学生对每个面积单位都已经有了形象化的认识,因此可以立刻判断出用"平方分米"的面积单位去测量最适宜。同学们拿出教师事先准备好的学具开始测量(课桌面长6分米、宽4分米,却只给每位学生准备9个小正方形)。学生们冥思苦想。有的采用直接铺摆的方法,通过合作形象直观地看出课桌面可以摆24个小正方形,面积为24平方分米;有的采用逻辑推理的方法,不用摆满,只摆横、竖两排,推导出每排摆6个,摆这样的4排,面积为6×4=24平方分米。这样既培养了学生的合作意识,又鼓励了学生独立探索。

然后教师可以进一步引导学生思考:每排摆的个数、摆的排数和长方形的长与宽有什么关系?学生们欣喜地发现:长方形的长是几,每排就能摆几个小正方形;长方形的宽是几,就能摆这样的几排,从而推导出长方形的面积=长×宽。

教授"平行四边形的面积":教师可以先放手让学生自己去寻找方法。多数同学可能会采取用面积单位逐一摆放的方法,但又发现十分烦琐。这时,教师引导学生思考:能否把平行四边形转化成我们研究过的图形来推导?学生们动手操作:通过割补法把平行四边形转化为长方形(图6-1)。教师还要让学生明确图形的外形虽在不断变化,但面积却不变(图6-2)。

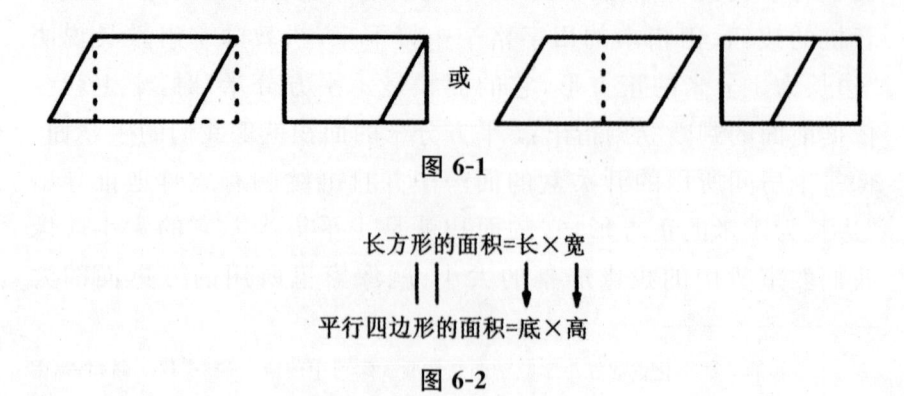

图 6-1

长方形的面积=长×宽
‖　　　↓　↓
平行四边形的面积=底×高

图 6-2

教授"三角形的面积"：教师可以先通过多媒体演示长方形、正方形和平行四边形沿对角线切割，形成两个完全相同的三角形，使学生直接得到三角形的面积公式，然后引导学生进行严密的论证，利用多媒体课件的逆向演示，为学生推导三角形的面积公式提供感性的思维材料。学生可通过把两个完全相同的三角形拼成平行四边形来推导，也可通过对一个三角形进行割补来推导（图 6-3）。

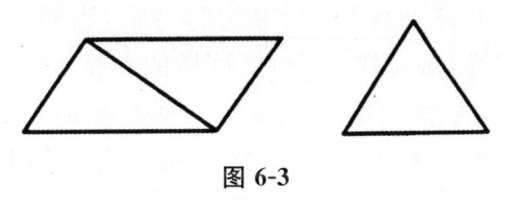

图 6-3

教授"梯形的面积"：教师可以完全放手让学生自己去推导。学生利用已有的经验及头脑中存储的材料进行思维，能够很快、顺利地推导出梯形的面积。

教授"圆的面积"：教师会欣喜地发现学生们的想象更加丰富，思路更加开阔。他们把圆平均分成 16 份，通过拼摆转化成近似的平行四边形、长方形、梯形和三角形来推导（图 6-4）。

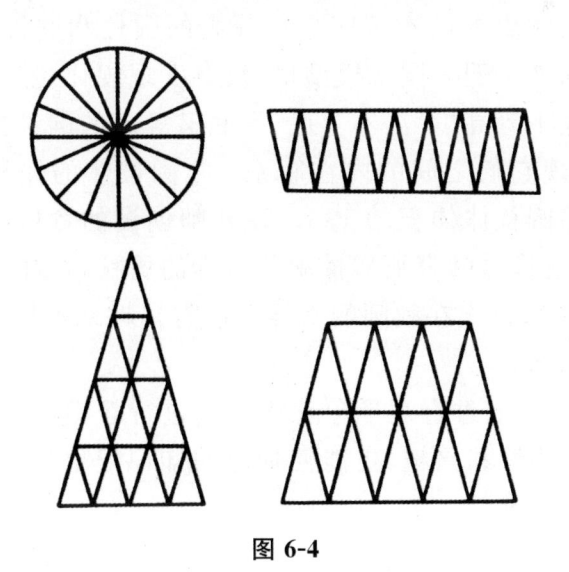

图 6-4

这种以学生动手操作为核心的教学使知识具有旺盛的生命力,学生不再死记硬背公式,而是遇到实际问题时通过头脑中的表象材料积极思考。

②立体图形的教学。在平面图形的教学中,教师已经帮助学生建立起面和体之间的联系,学生已经形成以"面"为基础,如果再有高度就能形成"体"的表象。

教授"长方体体积":教师未展示学具(多个小正方块),学生就能推导出长方体的体积＝长×宽×高。当问及缘由时,学生毫不犹豫地回答:每排摆 a 个,摆这样的 b 排,就形成一层,也就是底面的面积,再摆 h 层就是体积。从学生的叙述和手势中我们不难看到形象思维与抽象思维有机结合所闪烁出的耀眼的火花。

教授"圆柱体体积":教师可以首先让学生猜测圆柱体体积的求法,引导学生回想圆面积的推导过程,明确圆柱体体积仍是用转化的思想,把圆柱体切割后再拼装形成近似的长方体,再通过实物教具和多媒体课件的演示明确各部分之间的联系,通过逻辑推理的方法证实自己的直觉判断是正确的。

教授"圆锥体体积":教师可以让学生亲手做实验来推导。首先教师给学生提供不等底也不等高的圆柱和圆锥模型,把圆柱模型里的沙子倒入圆锥模型里,没有发现规律;然后提供与圆柱模型等底不等高、等高不等底、等底又等高的圆锥模型进行实验,终于发现它们之间的内在联系——圆锥体的体积等于和它等底等高的圆柱体体积的 1/3。在教师创设的宽松的思维空间里,学生们就像科学家那样探索着数学的奥秘,体味着哥伦布发现新大陆的惊喜。在教师的引导下饶有兴趣地推导出圆锥的体积公式(图 6-5)。

实践证明,通过直观形象化的方式进行教学,不仅可以激发学生的学习热情和兴趣,更能使抽象的知识形象化,便于学生理解和接受。

图 6-5

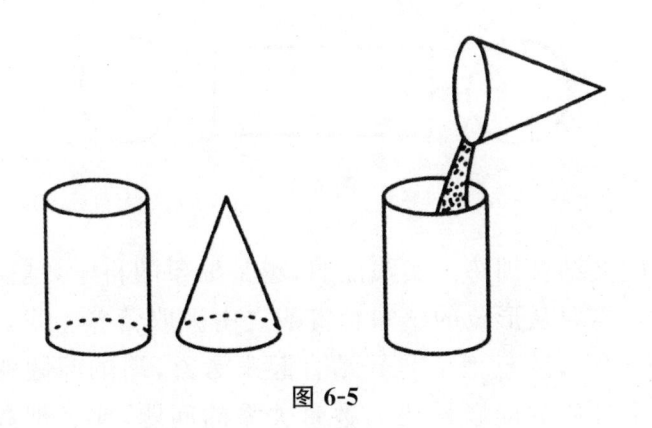

6.1.1.2 巧妙的综合训练是发展形象思维的关键

(1)观察画图训练。教授图形知识之前,教师可以让学生多画图形,从多个角度、多个侧面去观察、画图。学生的兴趣十分浓厚,能够画出近百个大小不一、角度各异的图形。他们还很有创意,把图形涂满鲜艳的色彩或用图形组合自己的名字。对于观察画图的训练,开始我们真不解其意,现在看到学生对图形基本特征的透彻理解,才真正感到这样教学所产生的无穷力量——它有坚实的形象思维理论做后盾。

(2)动手制作训练。要丰富学生的表象积累,还要积极开展动手制作活动。首先,为学生提供直接制作的模板。如制作圆柱体(图 6-6)。学生通过亲手制作,了解到长方形的长就是围成的圆柱体的底面周长。在解决用铁皮制作油桶的实际问题时,学生轻而易举地确定出以谁为高。这样不仅有利于培养学生的形象思维,而且有利于培养学生解决实际问题的能力。其次,进行分解、组合图形的训练。先让学生把找来的或制作的立体纸盒进行拆分,展开后组成整体的若干平面图形;再出示各种展开的平面图形,请学生判断它们能否组合成立体图形。这种训练不仅有利于沟通面与体之间的内在联系,而且有利于培养学生的空间想象能力。

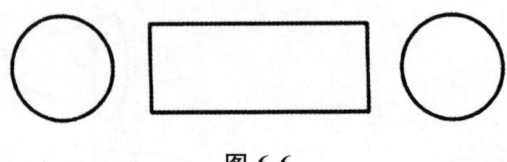

图 6-6

　　(3)图文结合训练。实践证明,越是抽象的科学,越需要借助形象思维,需要从形象的感知和实践之中汲取营养。我们要以空间想象为中介,注意把形与数结合起来考察,斟酌问题的具体情况,把图形性质的问题转化为数量关系的问题,或者把数量关系的问题转化为图形性质的问题,使复杂问题简单化,抽象问题形象化,化难为易,获得简便易行的成功方案。①

　　例如:把一根长 9 米的圆柱体木料截成三段,表面积增加 48 平方分米,求原来这根木料的体积。学生画出示意图(图 6-7)后问题即告解决,48 平方分米就是 4 个圆柱底面的面积。

图 6-7

　　又如:一个圆柱体和一个圆锥体的体积相等,如果圆锥体的高是 18 厘米,圆柱体的底面积是圆锥体的一半,求圆柱体高。对于这个问题,当然,我们可以设定具体数据,也可以利用体积公式从抽象思维的角度进行推导。但最简洁的方法还是通过示意图把形象思维与抽象思维有机结合起来分析:如果圆锥和圆柱等底,则圆柱的高为 6 厘米,但圆柱的底面积是圆锥的一半,底面积要缩小一半。要使体积不变,高就要是原来的 2 倍,所以圆柱体高 12 厘米。学生画出示意图(图 6-8)。

---

① 郑娜,陈发志. 以图为纲,准确把握圆锥曲线[J]. 求学,2020(21):56-58.

第 6 章 图形思维

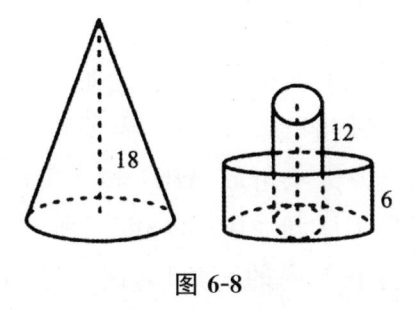

图 6-8

这样学生以头脑里原有的表象为材料,进行加工、改造而形成新的表象,以简驭繁,启迪思路,使思维的灵活性和创造性都得到发展。

6.1.2 图形教学要注意直觉思维的培养

什么是直觉思维呢?直觉思维是人类思维的基本形式之一。它以反映事物之间关系的表象作为思维材料,由于具有整体性和跳跃性,往往比逻辑思维更适合于探索和创新的需求。实际上,创造性活动中关键性的突破往往依靠直觉思维而非逻辑思维。人在思考问题时,如果没有经历明确的逻辑步骤,没有明确的过程意识,获得结论凭的就是直觉,用到的就是直觉思维。

6.1.2.1 直觉的意义及其产生

直觉思维不仅在科学研究领域发挥了重大的作用,在我们平时的学习中也发挥着重要的作用。比如有这样一道数学题:D 是线段 BC 的中点,三角形 ABC 的面积是 30 平方米,求三角形 ABD 的面积是多少平方米?(图 6-9)

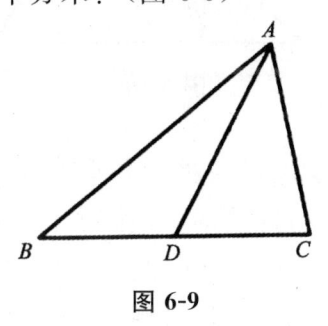

图 6-9

看到这幅图后,我们的第一个感觉就是三角形 ABD 和三角形 ACD 面积相等。因此我们猜想:三角形 ABD 的面积是 15 平方米。这实际就是我们的直觉。但是为了验证我们的结论,还需要进行推理、计算。因为三角形 ABD 和三角形 ACD 的高相等,D 是中点,说明线段 BD 和线段 DC 相等,所以三角形 ABD 和三角形 ACD 是两个等底等高的三角形,因此它们的面积相等。所以用三角形 ABC 的面积除以 2 就是三角形 ABD 的面积,最后的计算结果是 15 平方米。由此可见,直觉思维在我们的日常生活、学习中是无处不在的。

6.1.2.2　在图形教学中培养直觉思维

在平面图形教学中,提供表象最为直接、形象的方法莫过于利用多媒体教学软件。在教授"三角形的分类"这一部分知识时,教师可以采取课件展示的方法,将各种三角形(图 6-10)展示在大屏幕上,利用课件的动画效果测量三角形每一个角的大小,再由学生自己动手,将测量的结果进行整理,找出区别与联系,从而对三角形进行分类。

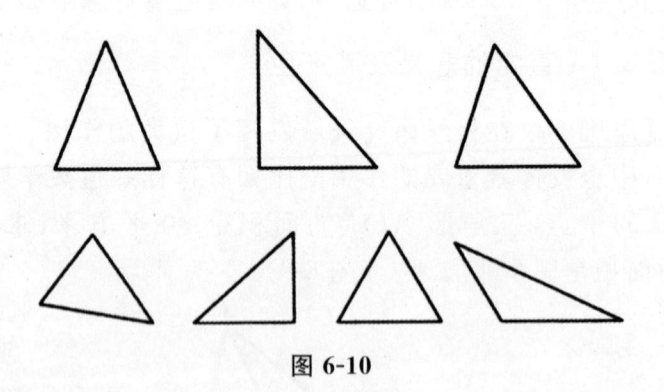

图 6-10

通过课件演示,学生对各类三角形有了形象的认识,积累了各类三角形的表象。与此同时,学生对于三角形的分类依据、所分类别有了深刻、生动、形象的认识,巩固了对于三角形分类这一部分知识的理解。外在的图形激活了学生头脑之中原有的三角形的表象,形成了表象的运动。

要在教学中为学生提供更多的动手操作的机会。创造性思维源于创造活动。培养创新能力,就必然离不开实践活动。以"三角形面积"教学为例,学生通过拼摆出的三角形的面积公式,利用割补的方法继续研究三角形的面积公式,既是对公式准确性的验证,又可以使学生加深对公式的理解,还可以发展学生的直觉思维。同时,这也进一步研究了平面图形之间的联系,帮助学生积累了丰富的表象,激发了学生的学习兴趣,调动学生主动地参与知识的发现与学习之中,引导学生自觉学习、探寻规律,成为学习的主人。在整个推导、验证三角形面积计算公式的过程中,通过研究三角形与平行四边形的关系、三角形如何拼摆和割补可以转化为学过的图形这一系列活动,学生在经过分析与整理后形成了头脑中的表象经验。丰富的表象经验,对于图形的识别具有重要的意义。它可以培养学生敏锐的观察力,更好地分解和认识图形,为学习、计算组合图形的面积奠定了坚实的基础。而且,我们还发现利用课件演示图形的拼摆过程、面积的推导过程,可以激发学生的学习兴趣,调动学生的积极性,强化知识的记忆,有利于重点的突出以及难点的突破。

6.2 图形分析

图形的分解组合是几何学、制图学等学科基本的思维方法。复杂的几何图形,一般都由若干基本图形组合而成。解决问题时,如果能从复杂图形里分解出基本图形,问题就很容易解决。为此,在认识图形时,我们要采用多种操作方式(折、剪、画、展开等),让学生形成清晰的表象,从而加深对图形基本特征的理解,沟通图形之间的内在联系。

6.2.1 图形的分解

(1)认识平面图形时,我们经常采用折、剪的方法进行有关图形分解的思维训练。

例如,用一张长 10 厘米、宽 7 厘米的长方形纸,剪一个最大的正方形,正方形的边长是几厘米?对于这个问题,教师可以先引导学生思考:用这张长方形纸剪一个正方形,可以怎样剪?要剪一个最大的正方形,应该怎样剪?这时学生脑海里的正方形在长方形里就会逐渐扩展,扩展到长方形的宽即正方形的边长;再将宽沿长对折,剪去剩余的部分,展开就得到这个最大的宽为 7 厘米的正方形。

又如,把一个梯形剪成两个基本图形有几种不同的剪法?对于这个问题,教师可以先让学生想象,一个梯形要剪成两个基本图形,应该怎样剪?这时学生眼前似乎出现一条分割线,并尝试各种剪法(图 6-11)。

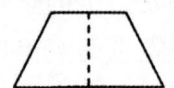

图 6-11

这种图形分解的思维训练不仅有利于学生的空间想象,同时对后面研究平面图形的面积推导也具有一定的辅助作用。

(2)认识立体图形时,我们经常采用将立体图形展开的方法,引导学生观察、想象,体会由"体"到"面"的变化过程,同时沟通"体"与"面"基本元素的内在联系。

例如,通过学生动手操作及课件动态演示,想象长方体的展开图(图 6-12)。首先将长方体纸盒展开,想象将它展开后会得到什么样的图形,思考长方体的 6 个面分别对应展开后图形的哪部分,每个面的长和宽与长方体的长、宽、高有什么关系。展开后再折叠,折叠后再展开,通过这样的反复操作,培养学生的空间想象力。

第 6 章　图形思维

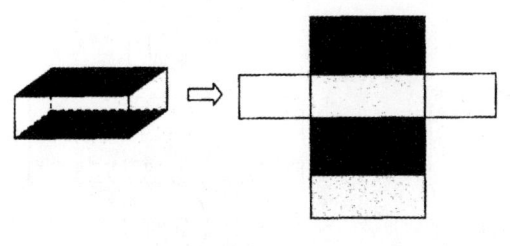

图 6-12

而有这样的空间想象做支撑，学生就能灵活解决很多生活中的实际问题。例如有这样一道练习：这个领奖台（图 6-13）由 3 个长方体合并而成，它的前后两面涂黄色油漆（见浅灰部分），其他露出来的面涂红色油漆（见深灰部分）。问涂黄油漆和红油漆的面积各是多少？对于这个问题，如果按照常规的解题思路，需要求出每个面的面积后再相加，非常繁琐。如果学生具备这样的空间想象力，能够让物体或表面"动"起来，思路就会非常简捷。即把 3 个长方体摞起来，正面涂黄油漆的部分就是一个大长方形，用 40×(40+65+55)×2 就是涂黄油漆的面积；把涂红油漆的部分展开也是一个大长方形，用(40×3+65×2)×40 就是涂红油漆的面积。

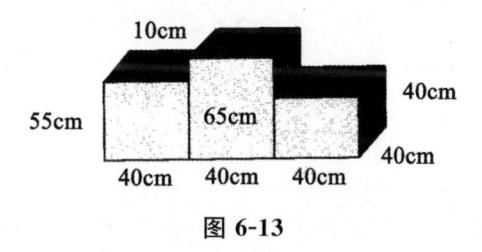

图 6-13

又如，通过学生动手操作及课件动态演示想象圆柱体的展开图（图 6-14）。首先想象，把圆柱的侧面展开后得到什么样的图形？然后让学生动手操作，把侧面包装纸剪开后再展开，可以非常直观地发现圆柱的侧面展开图是一个平行四边形或长方形（沿着"高"剪）；还可以让学生把长方形包装纸重新卷回，再次验证"长方形的长就是圆柱的底面周长，宽就是圆柱的高"。

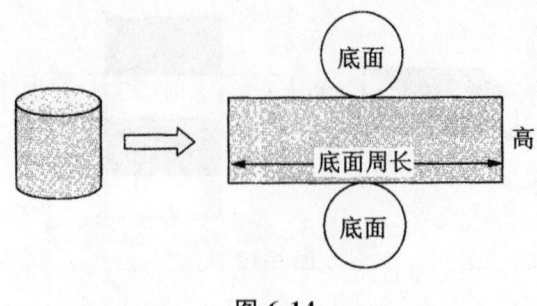

图 6-14

6.2.2 图形的组合

有分解就有组合,图形的分解与组合是形象思维的一种基本方法。我们可以通过图形的分解培养学生的空间想象力,同样,图形的组合也是培养学生空间想象力的重要方法。

例如,将一张正方形的纸剪成四个同样大小的三角形。用这些三角形可以拼出哪些图形? 要剪成四个同样大小的三角形,就要沿对角线剪。剪开后,教师可以先让学生想象能组合成什么图形,再让学生动手拼摆,最后交流大家的作品(图 6-15)。

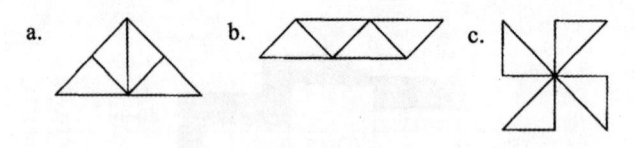

图 6-15

图形组合后,还可以继续对学生进行图形分解的想象训练,图 a 有几个三角形? 图 b 有几个平行四边形? 这样,学生的认识就不会只停留在组合 4 个三角形的层面,而会发现其中所蕴含的多种分解与组合。这种思维方法特别有助于拓宽学生的解题思路。

又如,判断下图(图 6-16),两个阴影部分的面积相等吗? 对于这个问题,学生就不会只把 AOB 看作一个独立的个体,而是置

第 6 章 图形思维

于 ABC 或 ABD 的组合体里；同样，将 DOC 置于 BCD 或 ACD 的组合体里。这样，根据同底等高的三角形面积相等，再减去共同含有的 BOC 的面积，就可以判定两个阴影部分的面积相等。

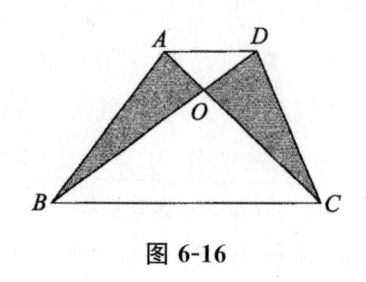

图 6-16

再如，用 3 根小棒可以摆 1 个这样的三角形，摆 2 个这样的三角形最少用几根小棒？摆 3 个呢？继续摆，你会发现什么规律？摆 1 个这样的三角形用 3 根小棒，那摆 2 个这样的三角形自然用 6 根小棒，但问题是"最少用几根小棒？"，难道还有更巧妙的方法吗？这时，原有的表象积累被调用出来，原来三角形还可以这样摆。

摆 2 个三角形： 需要 5 根小棒

摆 3 个三角形： 需要 7 根小棒

摆 4 个三角形： 需要 9 根小棒

通过观察、操作、想象发现：先用 3 根小棒摆 1 个三角形，后面摆几个三角形就需增添几个 2 根。如果要摆 n 个三角形，那就需要 $3+2(n-1)$ 或 $2n+1$ 根小棒。

通过图形组合培养学生的空间想象力还有很多方法，这里还要提及大家都非常熟知的被称为"东方模板"的七巧板。七巧板是我们祖先的一项卓越创造。它虽然只有七块板，但却可以拼出多种多样的图形，是培养学生空间想象力的极好的学具。教师要留给学生充分的动手操作和相互交流的时间，通过拼摆，感知平面图形之间的内在联系，同时为教学组合图形的面积积累丰富的表象。

6.2.3　图形的面积

这里主要介绍的是图形面积中平面图形面积公式推导的实践过程。数方格是一种直观简易的计量面积的方法,人教版小学数学教材中,有关"面积"的教学内容经常会用到"数方格",但很多时候我们都只是把它单独地作为一种比较原始的计量面积的方法,对"数方格"这一环节的教学也只是轻描淡写、一带而过。其实,"数方格"还有着其他意想不到的教学效果,只是我们在平时教学中没有深入细致地研究与分析,没有将这一方法与后续的知识做有效的联系,忽略了其真正的教学价值。

先来看一则案例:在教学人教版"平行四边形的面积"时,在引入环节中教师先拿出一个平行四边形纸片,让学生摸一摸它的面积,然后让学生估一估它的面积大约是多少。于是让学生思考:有什么办法可以验证估计得是否准确?

学生思考后有了以下回答:

学生1:可以量出底边和邻边的长度,两个数相乘算出面积。

学生2:用1平方厘米的方块摆一摆,有几个方块大。

学生3:不对,应该用底乘高计算。

这时候教师可以加以引导:刚才两位同学讲到了平行四边形面积的计算方法,到底哪一种算法是正确的,这就是今天要重点研究的。还有一位同学讲到摆一摆的方法,就用类似的方法—数方格来求出这个平行四边形的面积。教师把这个平行四边形画在了方格纸上,每一个方格是面积1平方厘米的正方形。请学生听清楚教师的要求,再拿出自己的方格纸操作。出示操作要求:请在方格纸上把数的过程清楚地表示出来,让人一看就明白。学生操作,教师收集学生作品反馈。

经过展示、讨论,有些同学发现自己会算平行四边形的面积了——就是长方形面积。慢慢地,大部分同学都已恍然大悟,不得不让人感叹数方格的神奇效果。下面我们就充分利用"数方格"进行平面图形面积公式推导教学,并且展开调查分析与实践研究。

6.2.3.1 调查分析

(1)对教材现状的思考与分析。在小学阶段,基本平面图形面积公式推导的教学内容有长方形(正方形)的面积、平行四边形的面积、三角形面积、梯形面积、圆的面积。

教材分析:虽然长方形(正方形)面积公式推导时用的是铺一铺方法,但铺好之后也是需要数一数方格数才能得出面积的,为数方格打下伏笔。平行四边形面积公式推导教学中出现数方格计算面积的方法,是建立在不满一格的按半格计算的基础上的,从而比较出图中平行四边形和长方形的面积。在三角形、梯形、圆的面积公式推导教学中,教材就再也没有用数方格引入,看似更重视用转化的思想将要计算面积的图形转化成已经会计算面积的图形,从而推导出面积公式。

存在问题:从公式推导的教学实践看,转化的方法相互隔离,不成整体。

从教材内容安排来看,长方形(正方形)面积推导公式是要用面积是1平方厘米的方格铺一铺。通过表格整理,发现面积与长、宽的关系,从而总结出长方形(正方形)的面积公式。而平行四边形面积公式推导是通过数方格比较平行四边形和长方形的面积,然后通过剪拼法将平行四边形转化成长方形(正方形)进而寻找平行四边形和所拼成的长方形(正方形)之间的关系,得出平行四边形的面积计算公式。三角形和梯形的面积公式推导则是根据两个完全一样的三角形(梯形)可以拼成一个平行四边形,进而寻找所拼成的平行四边形和三角形(梯形)的关系,推导出三角形(梯形)的面积计算公式。圆面积是通过剪拼成长方形推导的。

虽然主要方法都是转化,但每次转化的方法却不太一样,长方形、正方形面积转化可以看作是用单位面积分割,平行四边形面积转化是剪拼法,三角形和梯形面积转化是加拼法,圆面积转

化用的也是分割重组法。在这些方法的呈现上,教材没有体现连贯性和整体性,导致了以下教学困惑:

①在教学这些平面图形面积公式推导时,由于教材安排具体的转化方法没有连贯性,学生在没有教师提醒的情况下很难想到这节内容会使用怎样的转化方法。比如在教学三角形的面积公式推导时,学生现有的知识基础当然是剪拼法,当教师让学生想一想可以将三角形转化成哪一种会算面积的图形时,学生一定会想到用剪拼法转化。然而教材上却偏偏不是用剪拼法转化的,而是用两个完全一样的三角形来加拼成平行四边形,推导三角形面积计算公式的。教材这样的安排,不是没有目的,让学生了解加拼也是一种转化的方法,推导公式也有独到的优势。但是对于学生来说,一来会觉得剪拼法在这里一无用处,二来会觉得加拼法来得这么突然,与前面的方法没有关系,无形中把两个平面图形面积公式推导割裂开来。

②正是由于这种转化方法上的不连贯,让公式推导的教学过程变成了被教师牵着走的被动过程。学生就像是迷途的羔羊,不知道今天为什么要这样做?怎么会想到这样去做的?这样做到底行不行?教师也是在教材的安排下一会儿教学生剪拼,一会儿教学生加拼。可以这样说:教师被教材牵着鼻子走,学生被教师牵着鼻子走。

下面来看一则案例就明白了。

教师:今天我们学习三角形的面积,你觉得可以通过怎样的方法找到计算公式?

学生1:剪拼法

学生2:转化成长方形

学生……

可以看出,学生很难从昨天那个圈中跳出来,更加想不到今天会用加拼法来转化三角形的面积。

当这种情况出现时,不得不深思:能不能走出这个怪圈,让平面图形面积公式推导可以前后连贯,让学生想得到会用什么方法

第6章 图形思维

去转化,让学生也明白为什么要用这种方法转化。从上述案例中我们可以得到启示:我们能不能让数方格来统领整个平面图形面积公式推导教学,让数方格成为公式推导的一座桥梁。

(2)对学生知识基础的分析。

从现行教材教学内容安排看,三下教材对数方格计量面积早有伏笔。数方格计量面积最先出现在三下《面积》一单元中"面积和面积单位"一节中。虽然是用一个正方形面积作为一个计量面积的单位,但其中蕴含着数方格的方法:先数满格的,不满格的,两个半格可以拼成一格来计算。在课后的"练习十四"中也出现数方格的练习。

从学生的知识基础看,三上学生对数方格的技能已基本掌握。《面积》知识教材安排在三下进行教学,但是在面积教学之前学生已经具备了一些数方格的生活经验。从整体情况分析,学生对数方格并不存在大问题,错误主要发生在漏数和不满格的计数上。

(3)对数方格教学价值的分析。数方格求面积是基础中的基础。从小学数学教材编排体系看,长方形的面积求法是推导其他基本图形面积公式的重要基础,而长方形的面积公式是通过数方块(数方格)的方法过渡得到的。因此,数方格求面积的方法显然是基础中的基础。虽然数方格计量面积比较麻烦,也有它的局限性。但是这种直接计量法是间接计量法的基础,在计量面积中遇到新问题或遇到复杂的问题,数方格为我们提供了一种较为原始的、基础性的、工具性的方法,我们通过这种方法来探求规律,推导出面积的计算公式。同时在求某些不规则图形的面积时,数方格仍有其不可替代的作用。即使到高中阶段,求曲面梯形等不规则图形面积的时候,也仍然要运用数方格的方法。因此,数方格求面积的方法看似简单,实则在简单中蕴含着面积问题的解决策略,具有重要的价值。

(4)数方格在平面图形面积公式推导中作用的定位分析。从知识建构角度来看,数方格可以看作是从用统一的小正方形平铺来度量面积演化而来的一种更便于操作的度量面积的方法,但又有着一定的局限性和度量误差,所以数方格并不能作为度量面积的唯一方法,必须通过实践和探索寻找到平面图形面积计量的更高级、更普遍的方法,也就是间接计量的公式,而数方格在这一过程中起着为新知识架桥铺路的作用。

6.2.3.2 实践与探索

现从以下几个方面入手,进行平面图形面积公式推导教学的实践研究,充分发挥数方格在平面图形面积公式推导中的作用。

(1)数方格为学生计量平面图形面积提供基本方法。让学生在求面积时首先想到可以让面积落在方格纸上。数方格求面积最先出现在三下《面积》一单元中"面积与面积单位"一节中,在这一节教学中就要将数方格的基本方法教给学生,并告诉学生这是一种基本的计量面积的方法,然后在后面一节"长方形(正方形)面积"中开展教学。

(2)数方格为学生建立图形转化的猜想提供依据。下面从长方形(正方形)、梯形、圆形面积公式的推导来看看数方格的作用。

①长方形、正方形的面积公式推导教学中,怎样让学生顺利地得出计算公式?通过学生铺一铺、数方格或填表发现,每行有5个小方格(或方块),共有3行,只要用每行有几个方格乘行数就可以算出来了。通过观察得出:不一定要将长方形分成1平方厘米的方格或用方块来拼,只需用相应的长度单位去量一量长方形的长和宽就可以计算面积,为"长方形面积=长×宽"这一猜想提供了依据。

②梯形面积公式推导教学,可以放手让学生去思考和推导。这个内容的教学,可以提供给学生一个充分的自主推导的过程,既可以剪拼推导,又可以加拼推导,以此强化学生对转化方法的理解。[①] 每一种方法都可以推导出梯形面积计算公式,但是考虑到学生的实际情况,选择一种比较实用的方法进行实际操作验证

---

① 施益新. 从"怎么想到的"谈面积公式推导的教学落脚点[J]. 小学教学研究(教师版),2009(3):41-42.

及公式推导。数方格的作用也是不言而喻的。

③圆面积公式推导,方圆之间的突破。圆作为曲线图形,好像与数方格关系有点远,有点牵强。其实不然,前面我们已经讲过可以通过圆的四分之一所占的方格数推算出圆的面积,并且可以对圆面积与小正方形(半径的平方)的倍数有一个猜测,从而产生"圆面积=半径的平方×3倍多一些"的猜想。

也可以引导学生:能不能将圆形转化成我们会算面积的图形?例如将4个四分之一圆转化成8个八分之一圆……以此类推,组织学生操作。最终拼成长方形(平行四边形),通过观察他们之间的关系,验证数方格得出的"圆面积=半径的平方×3倍多一些",并明确"3倍多一些"具体的值指"圆周率"。[①]

(3)数方格为学生寻找图形转化前后的联系提供范例。在平面图形面积公式推导教学中,往往会有实际操作和验证猜想的过程,但是很多学生对于操作前后两个图形之间的联系往往无从下手,不知从何看起,更看不出个所以然来。比如平行四边形通过剪拼得到长方形,两者之间的关系,很多学生是不够清晰的,我们可以用方格图帮助学生寻找联系,推导公式。

在方格纸上很多关系要比在空白的图形上更清晰。比如在平行四边形面积公式推导中,平行四边形的面积等于所拼成的长方形的面积,平行四边形的底等于长方形的长,平行四边形的高等于长方形的宽,这些关系通过图形的形式可以清楚看到,为剪拼操作得出公式后的观察验证提供帮助。

总之,数方格在图形面积公式推导中既可以作为一种基本的计量面积方法,也可以在数方格中体现转化的策略,很自然地帮助学生建立转化方法和公式的猜想,在学生操作验证后还可以作为典型例子,进行关系的梳理和公式推导的回顾和总结。但数方格也不是没有缺陷的,很多时候必须要特定的形状、特定的摆法,才能适合学生操作,但这并不影响数方格对平面图形面积公式推

---

① 郑昌建. 数方格在平面图形面积公式推导教学中的妙用[J]. 新课程(小学),2016(4):126-127.

导的作用。可以用特殊例子来发现问题,用一般图形来操作验证,最后回到典型例子梳理推导过程和图形之间的关系。[①]

6.3 在画图中培养小学生的几何空间观念

《义务教育数学课程标准(2011年版)》对空间观念是这样描述的:空间观念主要是指根据几何图形想象出所描述的实际物体;想象出物体的方位和相互之间的位置关系;描述图形的运动和变化;依据语言的描述画出图形等。

研究表明,儿童时代是空间知觉即形体直观认知能力的重要发展阶段,而空间观念主要表现在:能由实物的形状想象出几何图形,由几何图形想象出实物的形状,进行几何体与其三视图、展开图之间的转化;能根据条件做出立体模型或画出图形;能从较复杂的图形中分解出基本的图形,即立体—平面—立体;能分析其中的基本元素及其关系;能描述实物或几何图形的运动和变化;能采用适当的方式描述物体间的位置关系;能运用图形形象地描述问题;能利用直观来进行思考。[②]

儿童的空间观念的形成大致经历了这样几个阶段:具体—半具体—半抽象—抽象。"长、正方体的认识"这一节是学生空间观念的一次重大的发展,学生虽然有平面图形的知识基础,但是突然要上升到空间立体图形,这对他们的空间想象能力及抽象思维能力都是一种考验。如何有效地教学,培养学生的空间观念,使他们熟练地将收集到的有效信息转化成几何形体图,掌握快速画出这些几何形体图的方法,这是培养小学生几何空间观念的金钥匙。

---

① 郑昌建.数方格在平面图形面积公式推导教学中的妙用[J].新课程(小学),2016(4):126-127.

② 王绍诚.对新《数学课程标准》的认识[J].课程教材教学研究(小教研究),2012(Z6):36-37.

颇具抽象性的数学看似与形象思维完全隔离,其实它们是有机融合在一起的,尤其是平面和立体图形的教学更是无法脱离形象思维。数学需要幻想,甚至没有它就不可能发明微积分。纵观古今中外出类拔萃的奇才,大都是善于左右脑并用的人,他们左脚踏着艺术世界,右脚踏着科学世界。因此,我们要通过直观演示、动手操作等方法,发展学生的平面的、空间的观念,培养学生初步的空间想象能力,为学生思维的发展创造条件。

6.3.1 从直观形象到抽象概括的过渡:引导学生正确地画出几何图形

在教学过程中,利用直观教具,如学生收集的长(正)方体实物,多媒体课件等进行演示教学。学生在观察了几何图形,对几何形体的外部特征有了直观感知的基础上,就要让学生将VCD机、魔方等在教师的带领下画出来。

有了教师带领画图后,我们可以放手让学生画自己准备的长、正方体实物,如牙膏盒、牛奶盒等。例如,将一个牙膏盒放置在中间,让前后四个同学一起画,画好后交流四个同学的图有什么不一样?为什么会不一样?此外,还可以将牙膏盒横放、侧放、竖放后画立体图,以此培养学生从不同的角度去观察并画出长、正方体的几何图。

学生通过自己画图的过程,可以真切地感知长、正方体的内部结构,这对于长、正方体特征在头脑里的形成与巩固,特别是长方体棱的特征在头脑里的建立,具有不可替代的作用。因为对长方体特征的认识难点在于对棱的特征的认识,如果要求学生根据现有的长方形物体总结棱的特征,有相当一部分学生存在困难。将"画长方体"的操作置前,可以弥补学生对"棱"这一特征感知的不足,为接下来学生自主探究并归纳长方体的特征服务,也是由形象的感知向抽象概括的过渡。

6.3.2 从直观形象到抽象概括的升华:引导学生快速画出几何形体图

识图是直观实物的概括,画图是直观认识上的升华。识图、画图是直观实物的发展,是由具体转为抽象的桥梁,也是几何形体教学的有效途径。比如在进行长、正方体教学时,我们应该教会学生在观察实物和模型的基础上,感知形体特征后,学会熟练绘图。例如,根据所给条件将图形补充成长、正方体。[①]

在此过程中让学生进一步认识、理解和加深对长、正方体形体的特征,并要求学生学会以上几种画长、正方体的方法,以便今后能根据数学信息中的文字或实物快速、准确地抽象出图形和有效的数学信息,并能用不同的方法快速绘制出长、正方体示意图,为今后学习解决生活实际问题做好准备。

6.3.3 抽象概括的直观形象展现:根据条件画出几何形体图并标数据

将数学信息中的文字或实物浮现于大脑是抽象,将大脑中的图像画出来是抽象概括的直观展现。在解决有关几何形体的实际问题中,能否将数学信息中的文字或实物图转化成几何形体图并将其画出来,对解决生活中的实际问题起着举足轻重的作用。

比如在解决长、正方体的实际问题中,学生容易出现的错误就是数据和图像对不上号。根据数学信息,抽象出长、正方体的几何图像并将它快速准确地画出来,并给自己画出来的长、正方体图标上对应的数据,将其直观化。例如,修建一个长 20 米、宽 10 米、高 1.8 米的游泳池,游泳池占地面积是多少平方米?如果给游泳池里面全部贴上瓷砖,贴瓷砖的面积是多少平方米?修建

---

① 文江涛.浅谈画图与几何形体的教学——培养小学生几何空间观念的金钥匙[J].雅安职业技术学院学报,2015(3):79-80.

这个游泳池共挖出多少立方米的土石？

学生抽象出游泳池的形状——长方体，并标上对应的数据（图 6-17）。

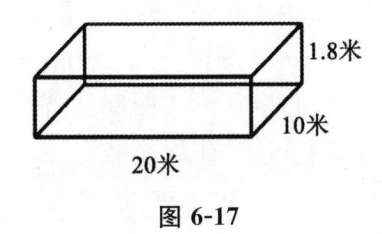

图 6-17

就会发现：

(1) 占地面积＝长方体的底面积。

(2) 瓷砖面积＝长方体的表面积－长方体的顶面积。

(3) 土石方的体积＝长方体的体积

因为今后在解决有关长方体、正方体的问题时，给出的条件都是文字或情境图。因此在分析题意时，首先要求学生将文字条件或情境图转化成几何形体图，建立空间观念，看长、宽、高在哪里，哪是侧面，哪是正面，哪是上面。学生就能一目了然地看到条件都有哪些，哪些是要求的，哪些是不需要求的。在解决其他更复杂的几何形体图的实际问题中也是同样的道理。做计算题，我们强调"打草稿"，那么做几何题的草稿之一就是画图，不管是平面图形，还是立体图形，要求学生先把文字或情境转化成图，标上已知条件，再对照图分析题意。磨刀不误砍柴工，图和已知条件对应起来思考，会取得事半功倍的效果。

6.3.4 通过画图培养学生的动手能力和创新思维能力

建构主义心理学认为，小学生总是以特定的方式建构新知，也就是说，只有让学生用自己的方式学习数学，才能深刻触摸数学的本质，进而有效建构新知。因此，可以通过多让学生画图，建立概念,培养学生的形象思维和空间观念。

画图说起来简单,其实也不然,熟练地动手画出几何形体图,不仅要求学生从点线面考虑,还要求学生能正确熟练地使用三角板、直尺等绘图工具,这是培养学生动手能力的一种有效途径。如何画出长、正方体,很多学生都有自己不同的方法。有些学生能巧妙地利用作业本上的格子线,或者是方格纸上的方格线等,这些都是培养学生创新能力的有效途径。

义务教育阶段的数学课程,其基本出发点是促进学生全面、持续、和谐地发展。它不仅要考虑数学自身的特点,更应遵循学生学习数学的心理规律,强调从学生已有的生活经验出发。美国教育家杜威指出:"教育必须建立在经验的基础上,教育就是经验的生长和经验的改造。"让学生亲身经历将实际问题抽象成数学模型并进行解释与应用的过程,进而使学生获得对数学理解的同时,在思维能力、情感态度与价值观等多方面得到进步和发展。

教师在教学立体图形如长、正方体时,根据学生实际情况和学生今后发展的需要,教师应增加了一个重要环节——教会学生画长、正方体,能够丰富学生对现实空间及图形的认识,帮助其更好地建立初步的空间观念,发展形象思维,体验数学活动充满的探索与创造,感受数学的严谨性以及数学结论的确定性。

综上所述,图形知识的教学不仅要让学生掌握其概念,了解其形状,运用其公式,我们更应该认识到,小学图形知识的教学,更重要的是发展学生的空间观念,培养学生的空间想象能力。这正是我们以前教学欠缺的,但又是该着力培养的。

6.4 图形思维培养案例

例 6-1 变形。

有一个奇怪的青年,他最不喜欢四方形的东西,可是,不了解情况的木匠还是给他做了一个四方形的窗户。他生气地命令木匠说："重做！但是窗户的面积不能变，要保持现在这个窗户的亮度。"你说，木匠怎样改做这个窗户呢？

面积不能变，四方形可以变成什么形状呢？

例 6-2 长方形。

已经知道一个长方形的周长是 18 厘米，长和宽都是整厘米数，这个长方形有多少种形状？哪种形状的长方形面积最大？

例 6-3 找三角形。

有一个正 5 边形，5 条对角线连成 1 个五角星。请你找一找，这个图形中有几个三角形？几个菱形？

例 6-4 都是等腰三角形。

有人在纸上画出 6 个点，不论你选哪 3 个点连接成三角形，都是等腰三角形。这 6 个点该怎么摆，把它画出来。

例 6-5 十六个点。

用 16 个点可以组成一个图形，使图上有 12 条直线，每条直线上恰好有 4 个点，每一点恰好有 3 条直线通过。请你把这个图形画出来。

提示：首先用 3 个点画出个三角形来。

例 6-6 分烙饼。

妈妈烙了 5 张烙饼，平均分给 6 个人吃，每个人都分到两块。你知道妈妈是怎么分烙饼的吗？

例 6-7 可以连多长。

一个体积为 1 立方米的大正方体，如果将它分为体积各为 1 立方分米的小正方体，并沿一条直线将它们一个一个连起来，问：可以连多长（米）？

例 6-8 正方形的面积。

把一个正方形的一边增加 25%，另一边减少 1.6 米，就得到一个长方形，它与原来正方形的面积相等。问：正方形的面积是多少？

例 6-9 梯形的面积。

一个直角梯形的周长是 36 厘米，两底之和是两腰之和的 2.6

倍,其中一个腰长是 6 厘米,那么这个梯形的面积是多少平方厘米?

例 6-10 面积之比。

甲、乙两个长方形,它们的周长相等。甲的长与宽之比是 3∶2,乙的长与宽之比是 7∶5,求甲与乙的面积之比。

例 6-11 扩大了多少倍。

有 7 块相同大小的正方形纸片,将其中的 6 块组合成一个正立方体后,还剩下一块纸片。剩下的正方形纸片放在扩大镜下观察时,面积扩大了 16 倍,请你想一想,用同样的扩大镜观察立方体时,该立方体的体积扩大了多少倍?

例 6-12 面积之和。

一个长方体,底面是正方形,它的表面积是 252 平方厘米。把它切成 3 个体积相等的小正方体,这 3 个小正方体的表面积之和是多少平方厘米?

例 6-13 怎样分饼。

有 3 个饼,小饼的直径为大饼的一半。现在要求按面积平均分给 3 个人,但只许切一刀,想一想,该怎样切?

例 6-14 一刀剪成五角星。

五角星是轴对称图形,它在所有几何图形中,是最美的。因此,人们常常用彩色纸剪成大大小小的五角星,来装饰校园墙报、美化日常生活等等。但由于五角星对称性较强,想要剪好一枚五角星并不容易,想要一刀剪出个五角星就更不容易。可是,我们班上的小张却手艺惊人,只见她拿过一张正方形纸片,把它折了折,然后"咔嚓"一声,一刀就剪出个五角星来。你知道小张是怎么折、怎么剪的吗?

例 6-15 三个图形的面积。

有 3 根同样长的绳子。用这 3 根绳子分别围成正三角形、正方形和圆形。请你算算,在这 3 个图形中哪个图形的面积最大?哪个图形的面积最小?

例 6-16 哪个更长。

假设有一个大圆,如果以它的一条直径上的无数点为圆心,画出无数个紧密相连的小圆。请问：大圆的周长与大圆内部这些无数小圆周长之和相比较,哪个更长呢？

例 6-17 怎样设计。

原有一个正方形鱼池,鱼池的四角都有重要建筑物,不能损坏。可是为了扩大生产、发展经营,必须把鱼池的面积扩大一倍。设计师经过周密设计,不仅保存了四角的建筑,还使鱼池仍保持正方形。设计师是怎样设计的呢？

例 6-18 还有几个角。

一张方桌锯掉一个角,还有几个角？

例 6-19 球与圆柱体。

一个球体恰好能放进一个底面直径和高都与其直径相等的圆柱体中。它俩的表面积哪个大,是球体还是圆柱体？

例 6-20 切干奶酪。

任何立方体的表面积都等于立方体 6 个面单面面积相加的总和。假设某块立方体干奶酪每一面的边长都是 2 厘米。因此,每一面的表面积就等于 2 厘米×2 厘米,即 4 平方厘米。由于总共有 6 个面,因此这个立方体的表面积就是 24 平方厘米。

现在,要求将这个立方体切成若干块,使得切割后的形体的表面积之和等于原来这个立方体表面积的 2 倍,需要切几刀？

例 6-21 六边形铅笔。

请问：一支尚未削开的六边形铅笔,一共有几个面？一支未削开的圆形红铅笔共有几个面？

例 6-22 该怎么切。

过生日时,我们常常要切蛋糕吃。现在有一块大蛋糕,要想 3 刀把它切成形状相同、大小一样的 8 块,而且不许变换蛋糕的位置,该怎么切？

例 6-23 选择图形。

如果一块矩形土地的周长是 3000 米,在周长相等的情况下,选择什么样的图形,可以使面积最大？

例 6-24 围三角形。

有一批长度分别为 1、2、3、4、5、6、7、8、9、10 和 11 厘米的细木条,它们的数量都足够多,从中适当选取 3 根木条作为三条边,可围成一个三角形。如果规定底边是 11 厘米,你能围成多少个不同的三角形?

例 6-25 围长方形。

用长 36 厘米的铁丝围成各种长方形(长和宽都是整厘米数,且长和宽不相等),那么围成的长方形中,面积最大的是多少平方厘米?最小的是多少平方厘米?

例 6-26 大圆和小圆。

两个圆环,半径分别是 1 和 2。如果小圆在大圆内部绕大圆转一周,问小圆自身转了几圈?如果在大圆的外部,小圆自身转了几圈呢?

例 6-27 巧手摆花坛。

已知一个正方形花坛:①要在这个花坛的四周摆上 16 盆花,要求每边都是 7 盆,应该怎样摆?②还要在这个花坛四周摆上 24 盆花,要求每边也是 7 盆,应该怎样摆?

第7章　应用题思维

数学应用题教学是数的认识(基本概念)和数的运算的综合运用,是小学数学教学的重点和难点。在应用题教学时,老师们常常感到困惑。学生学习数的认识、数的运算都不会感到困难,但学习解答应用题时却常常感到困难。

7.1　以运算基本概念为中心的思维训练

在小学应用题中,最基本的概念是和、差、倍、份。在学生已经学习了各种数量关系,理解了应用题的结构和分析方法,形成了解答应用题所需的各种技能后,为了提升学生的解题能力,就要对学生进行以基本概念为中心的、概括的、综合的思维训练。

7.1.1　概括思维训练

7.1.1.1　单个概念的深化思维训练

"倍"的概念是小学阶段的重要概念之一,对于"倍"这样的核心概念,需要进行多形式、多层次的训练。例如,可以进行以下几个层次的训练。

(1)通过动手操作深化"倍"的概念。

①请同学们观察这幅图,篮球和足球各有几个? 它们之间有什么关系?(预设:足球的个数是篮球的3倍。)

②移动黑板上图片,观察到什么?

③再添1个篮球,使足球的个数是篮球的2倍。

④如果还要满足"足球的个数是篮球的3倍",需要怎么办?

……

这种训练方式是围绕篮球和足球的具体数量进行讨论,使学生认识到,通过不同的方式都可以满足"足球的个数是篮球的3倍"——其核心就是足球的个数有像篮球那样的3份。这样的训练可以促使学生加深对"倍"这一核心概念本质的理解。

(2)看图说图意。

①用○表示蜜蜂的只数,用△表示蝴蝶的只数,它们之间有什么关系?(蜜蜂1份有3只,蝴蝶有这样的2份……)

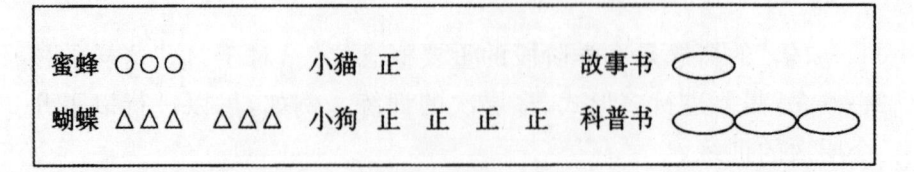

蜜蜂 ○○○	小猫 正	故事书 ○
蝴蝶 △△△ △△△	小狗 正 正 正 正	科普书 ○○○

②用集合圈来表示,它们之间有什么关系?这个集合圈里有多少本书?

第7章 应用题思维

```
  1份                    1份                        1份
蜜蜂 △△△          小猫 正               故事书 ○     3份
蝴蝶 □□□ □□□      小狗 正 正 正 正     科普书 ○ ○ ○
蝴蝶的只数是蜜蜂的2倍  小狗的只数是小猫的4倍   科普书的本数是故事书的3倍
```

③如果故事书有 5 本，那科普书就有多少本？如果故事书有 10 本呢？如果故事书有 8 本呢？

这种训练方式是围绕表示"倍"的不同形式进行讨论的。这种脱离具体数量的表达方式，可以使学生进一步认识到不同的形式都可以表示倍数关系。这样的训练可以促使学生加深对"倍"这一核心概念本质的理解。

(3) 分析倍数关系句。

①母鸡的只数是公鸡的 4 倍。

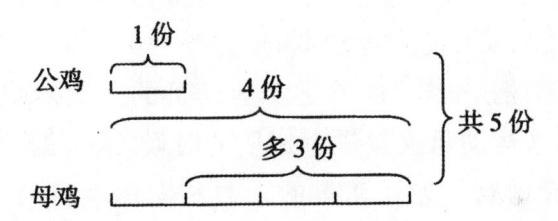

```
         1份
公鸡  ├──┤
          4份              ┐
       ├───────────┤      ├ 共5份
          多3份            ┘
       ├────────┤
母鸡
```

②根据公鸡的只数是 1 份，母鸡的只数有这样的 4 份，你还能想到什么？（母鸡和公鸡共有这样的 5 份，母鸡比公鸡多 3 份）

③如果告诉你"公鸡有 10 只"，等于告诉你什么？（等于告诉我们 1 份的数量）（手势）你又能想到什么？（母鸡有 40 只，母鸡和公鸡一共有 50 只，母鸡比公鸡多 30 只）

这种训练方式是围绕倍数关键句进行讨论的——先进行关键句的分析，明确两个数量的份数关系，再进行发散训练，结合具体数量进一步分析。因此，这样的训练可以促使学生在具体情境中加深对"倍"这一核心概念本质的理解，为解决有关倍的实际问题打下坚实的基础。

7.1.1.2　沟通概念之间联系的思维训练

"和"的概念就是把两部分合并起来,当这两部分需要进行比较的时候就变成了差;当这两部分(还指"和"这两部分)每部分同样多的时候,就发展为"份"的概念;"份"的概念进一步发展后又有比较了,就变成了"倍"和"分数"的概念。为了沟通这些核心概念之间的联系,需要进行必要的思维训练。

(1)实验小学开运动会,有男运动员 408 人。女运动员 204 人,男、女运动员一共有多少人?

这是一道"整体与部分"关系的一步应用题。运动员的人数是"整体",这个整体包含"男运动员"和"女运动员"这两部分,这类关系的核心概念是"和"。求"男、女运动员一共有多少人"就是求"和",列式:408+204=612(人)。

(2)实验小学开运动会,有男运动员 408 人,女运动员 204 人,男运动员的人数是女运动员的几倍?

如果我们把"小数"也就是女运动员的人数看成标准,男运动员人数和女运动员人数进行比较的时候,这道题就变成了"倍数关系"的应用题。男运动员的人数和女运动员的人数进行比较,女运动员的人数是 1 份,男运动员的人数就有这样的 2 份,所以说"男运动员的人数是女运动员的 2 倍",这类应用题的核心概念是"倍"。求"男运动员的人数是女运动员的几倍",列式:408÷204=2(倍)。

(3)实验小学开运动会,有男运动员 408 人,女运动员 204 人,女运动员的人数是男运动员人数的几分之几?

如果我们把"大数"也就是男运动员的人数看成标准,男运动员人数和女运动员人数进行比较的时候,这道题就变成了"分数关系"的应用题。女运动员的人数和男运动员的人数进行比较,把男运动员的人数看成"1",男运动员的人数是 2 份,女运动员的人数是 1 份,所以说"女运动员的人数是男运动员的 $\frac{1}{2}$",这类应用题的核心概念是"份"。求"女运动员的人数是男运动员的几分之几",列式:$204 \div 408 = \frac{1}{2}$。

这样的训练可以引导学生沟通和、差、倍、份四个核心概念之间的密切联系,而每个概念又是一类或几类应用题的核心。抓住了核心概念间的联系,把握整个的知识结构,学生解答应用题自然就会很容易了。

7.1.2 系统思维训练

系统思维训练是指从不同的层次或不同的角度去分析、思考同一问题的一种思维训练。也就是它是将学生所学的知识进行分类,根据知识的内在联系,把有关知识由浅入深、由易到难,通过一组或一套题目串联起来进行练习的一种思维训练方式。

7.1.2.1 两步应用题的系统思维训练

两步应用题的系统思维训练课是在学生学习了两步应用题的各种有关知识之后,为了帮助学生复习、消化、巩固两步应用题的知识,沟通知识间的联系,使之更加系统、更有条理,也为了进一步提高学生分析解答两步应用题的技能技巧,促进学生思维的发展而进行的。具体做法是:从一道一步解答的应用题开始,根据有关的两步应用题的内容和类型,把一步应用题分类改编成一组两步应用题。

实验小学开运动会,有男运动员 408 人,女运动员 204 人,男、女运动员一共有多少人?

这道一步应用题可以被改编成以下一组两步应用题:

(1)实验小学开运动会,有男运动员 408 人,女运动员比男队员少 204 人,男、女运动员一共有多少人?

(2)实验小学开运动会,有男运动员 408 人,比女运动员多 204 人,男、女运动员一共有多少人?

逐题让学生进行分析讲解,重点要指导学生抓准题的特点,引导学生进行对比,找到题目之间的相同点和不同点,掌握这组题的一般规律。

7.1.2.2 多步应用题的系统思维训练

在多步应用题教学后,也可以进行系统思维训练。多步应用题系统思维训练可以帮助学生把一步应用题、两步应用题和多步应用题的知识串联起来,沟通它们之间的联系,从而帮助学生整体把握应用题有关知识的整体结构,弄清一步应用题、两步应用题和多步应用题之间的联系和区别。多步应用题的系统思维训练一般以某个重要概念为核心展开。

前面提到"倍"是小学阶段的核心概念之一,在学习了多步应用题后,就可以围绕"倍"进行系统思维训练。这个训练可以分为三步进行。

第一步:有关"倍"的基本应用题训练。如:学校买来5盒红粉笔,买来白粉笔的盒数是红粉笔的8倍。学校买来白粉笔多少盒?

第二步:有关"几倍多几""几倍少几"的应用题训练。如:学校买来5盒红粉笔,买来白粉笔的盒数比红粉笔的8倍多3盒。学校买来白粉笔多少盒?

第三步:有关多个"倍数关系"应用题训练。如:学校买来5盒红粉笔,买来黄粉笔的盒数是红粉笔的2倍,买来白粉笔的盒数是黄粉笔的4倍。学校买来白粉笔多少盒?

第四步:有关"和倍""差倍"应用题的训练。如:学校买来5盒红粉笔,买来白粉笔的盒数是红粉笔的8倍。学校买来白粉笔和红粉笔共多少盒?

第五步:有关"倍"应用题的拓展训练。如:聪聪今年8岁,老师的年龄是聪聪的6倍。再过多少年,老师的年龄是聪聪的3倍?

第 7 章 应用题思维

以上五部分题目按照前后顺序合在一起就是有关"倍"这类应用题的系统思维训练的一套题目。通过这样的系统思维训练，学生可以把有关"倍"的一步应用题、两步应用题和多步应用题的有关知识较为系统地串联在一起，掌握知识的内在联系和变化发展规律，掌握分析和解答应用题的各种思路和方法，从而提高分析、解答应用题的能力。

7.2 一步应用题教学思维训练

概念是思维的细胞，基本概念是数与运算的一种概括，是同类活动中共同的本质的东西。概念越基本，外延就越广，就越容易促进运算的灵活性和变通性。因此，应用题教学不能孤立地进行，要以基本概念为基础，与概念教学联系起来。思维训练就是让学生在理解概念的基础上，掌握应用题之间内在的联系和特点。

7.2.1 一步应用题的自编题训练

一步应用题是数学应用题教学的起步，应用题的起步教学要密切联系学生生活实际，激发学生学习的兴趣，循序渐进，做好新旧知识的衔接，抓好一步应用题基本技能的思维训练。学生没有学习过在问题情境中怎样提出问题，怎样把问题表述清楚（用数学语言来表述问题），而这是解决问题的前提条件。因此，培养学生从实际生活中学会提出问题，把问题表达清楚，掌握应用题的问题结构，是解应用题的重要组成部分。循序渐进地培养学生自编应用题，是培养学生运用数学语言掌握应用题问题结构的好方法。

7.2.1.1 模仿编题

模仿编题，就是让学生仿照教材中或老师呈现出的应用题的结构和特征编应用题。也就是，只改变一下应用题的具体内容和具体数据。这是很容易做到的,这种方式适合于学生刚刚学习应用题之后。在这个过程中,学生对所学的应用题的结构、特征就逐渐清楚了。但是在具体运用这种训练方法的时候,我们应当注意要在学生理解题目表达的意思和掌握题目的数量关系之后进行。同时,要注意引导学生在模仿的同时不要照搬,力求有新意。

例如,求"剩余"的应用题:树上有17只小鸟,飞走了8只,还剩几只小鸟?

在学生掌握了求"剩余"应用题的结构、特征之后,可以进行模仿编这类应用题的训练。学生可以编出很多同一类型的题目:

(1)草原上有15只小鹿,跑了7只,还剩几只小鹿?

(2)一共有15只兔子,左边有7只,右边有几只?

(3)每人要写15个大字,小红已经写了7个,还要再写多少个大字?

因为模仿编题这种训练方式较为简单,每个学生都可以模仿例子编出几道或十几道内容和具体数据不同的求"剩余"的应用题。

通过模仿编题训练,学生对应用题条件与条件之间的关系、条件与问题的关系的理解不断加深。这种方式是引导小学生入门的一种编题方式,所以在学生有了一定的编题能力之后,一般就不再采用这种方式了。

7.2.1.2 交换条件和问题编题

交换条件和问题编题是指根据提供的应用题的条件和问题,把问题当作条件,把其中的一个条件当作问题,或者对已知条件进行适当变化,改编成新的应用题。

例如:二年级电脑小组一共有24人,如果每3人合用一台电脑,需要几台电脑? 列式:24÷3=8(台)。

把这道题的条件"二年级电脑小组一共有24人"变成问题,把问题"需要几台电脑"变成条件,另一个条件不变,就可以编成应用题二年级电脑小组的同学,如果每3人合用一台电脑,需要8

台电脑。二年级电脑小组一共有多少人?

列式:3×8=24(人)。

这种训练方式可以促使学生加深对应用题结构(条件与条件、条件与问题的关系)的理解。当学生掌握了交换条件和问题编题的方法,就可以对应用题进行检验了。

7.2.1.3 选择条件和问题编题

选择条件和问题编题是指,老师提供一些条件和问题,让学生进行条件和条件、条件和问题的搭配,组成应用题。在具体的训练过程中,可以分成以下四种形式。

(1)老师提供若干个条件,并提出一个问题,让学生根据问题从若干条件中选择出能够解答问题的两个条件。例如:

条件:

①花店今天下午卖出 25 枝玫瑰花;

②卖出 18 枝百合花;

③卖出 35 枝康乃馨;

④卖出 23 枝太阳花。

问题:今天下午花店卖出的玫瑰花和康乃馨一共多少枝?

学生根据问题"今天下午花店卖出的玫瑰花和康乃馨一共多少枝"分析出,要想知道"今天下午花店卖出的玫瑰花和康乃馨一共多少枝",就要知道今天下午卖出的玫瑰花和康乃馨各多少枝,因此要选择①和③两个条件,编成应用题:"花店今天下午卖出 25 枝玫瑰花,卖出 35 枝康乃馨,今天下午花店卖出的玫瑰花和康乃馨一共多少枝?"

(2)老师提供两个条件,并提出若干个问题,让学生根据两个条件从若干问题中选择出能够解答的问题。例如:

条件:花园里有 18 只蜜蜂,12 只蝴蝶。

问题:

①一共有几个人?

②妈妈今年多少岁?

③蜜蜂和蝴蝶一共有多少只？

④玫瑰花和康乃馨一共多少枝？

学生根据问题"花园里有18只蜜蜂,12只蝴蝶"这两个条件分析出,提出的问题应该与蜜蜂和蝴蝶的只数有关,因此,选择问题③,编成应用题:"花园里有18只蜜蜂,12只蝴蝶。蜜蜂和蝴蝶一共有多少只？"

(3)老师确定一个条件和一个问题,再提供若干个条件,让学生根据确定的条件和问题从若干条件中选择出能够解答问题的条件。例如：

条件：一共有15名同学。

问题：可以分成几个组？

条件：

①每天可以制作5个零件；

②每次搬运5个篮球；

③红花比黄花多5朵；

④每5个同学一组。

学生根据确定的一个条件和问题"一共有15名同学"、"可以分成几个组"可以知道,要想求出"可以分成几个组"这个问题,就需要知道一共有多少人和每组多少人这两个条件。现在题目确定了一个条件是"一共有15名同学",因此,选择条件④可以编成应用题："一共有15名同学,每5个同学一组。可以分成几个组？"

(4)老师提供若干组已知条件和若干个问题,让学生根据条件和问题,把有关系的条件和问题组合起来,编成应用题。例如：

条件①：一年级(1)班有16名男生,18名女生。

条件②：一年级(1)班有16名男生,比女生少2名。

条件③：一年级(1)班有22名女生,是男生人数的2倍。

条件④：一年级(1)班有30名学生,每6名同学一组。

问题①：一年级(1)班可以分成几组？

问题②：一年级(1)班有多少名女生？

问题③：一年级(1)班有多少名男生？

问题④：一年级(1)班一共有多少人？

学生根据提供的条件和问题可以编成以下应用题：

①一年级(1)班有16名男生,18名女生。一年级(1)班一共有多少人？

②一年级(1)班有16名男生,比女生少2名。一年级(1)班有多少名男生？

③一年级(1)班有22名女生,是男生人数的2倍。一年级(1)班有多少名女生？

④一年级(1)班有30名学生,每6名同学一组。一年级(1)班可以分成几组？

7.2.2 一步应用题的画线段图训练

画线段图可以帮助学生理解条件与条件、条件与问题之间的关系,通过图形的直观性,学生容易找到解题的思路。线段图中,数字属于抽象思维,图形属于形象思维,而线段图可以把数字和图形结合起来。因此,画线段图是形、数结合,两种思维结合的初步训练。

7.2.2.1 线段图的价值

借助线段图来表示应用题中的各个数量,以线段的长短表示数量的多少,以线段的位置、长短、对应等表示数量关系。这就把应用题中抽象的数量关系用线段图比较形象、具体地反映出来了。因为线段图带有形象性、具体性、直观性,所以学生通过观察或自己动手画线段图,对题中的内容、对各个具体内容之间的联系就看得清楚了。例如：小明有5本故事书,连环画的本数是故事书的4倍。小明有多少本连环画？

```
        1份
故事书  ┌───┐
        └───┘
         5本    4份
连环画  ┌───┬───┬───┬───┬───┐
        └───┴───┴───┴───┴───┘
              ?本
```

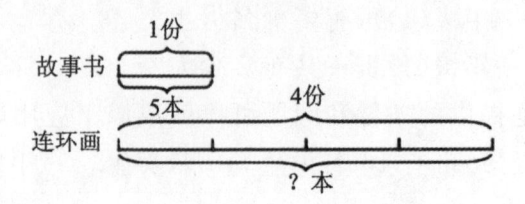

学生从图中可以看出，有 5 本故事书，连环画的本数是 4 个 5 本。要求连环画的本数，可以将 4 个 5 本相加，即 5＋5＋5＋5＝20（本）。还可以这样理解，连环画的本数是故事书的 4 倍，连环画的本数和故事书的本数比较，故事书的本数是 1 份，连环画的本数是：故事书的 4 倍，也就是连环画的本数是 4 份的数，即 4 个 5 本，列式为 5×4＝20（本）。在这样的过程中，学生逐渐明白"求一个数的几倍是多少"用乘法计算。经过一个阶段的练习，学生逐渐总结出，1 份数×份数＝总数，也可以写成 1 倍数×倍数＝几倍的数。这样，学生，对"求一个数的几倍是多少"的应用题的数量关系就清楚了。

7.2.2.2 "线段图"训练方法

低年级教材中呈现的都是实物图，在学生借助实物可以理解整体与部分关系后，就可以有目的地在实物图下面画上线段图。在实物图的下面，我们可以再画上线段图。2 根小棒下面的线段表示 2 根小棒，5 根小棒下面的线段表示 5 根小棒。通过这样的渗透，慢慢使学生知道，线段也可以表示物体的多少。

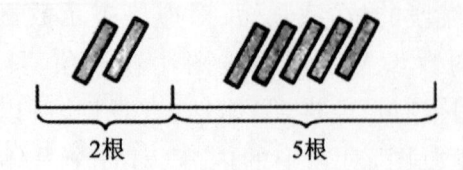

```
    ║║        ║║║║║
  └──┬──┘   └────┬────┘
    2根            5根
```

然后，逐步将实物图去掉，用线段图表示。

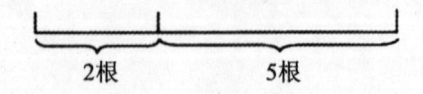

```
  └──┬──┘   └────┬────┘
    2根            5根
```

当学生对线段图有了一定认识时,就可以开始教学生借助线段图分析、理解一步应用题。

线段图的训练可以分四步来完成。

第一步,教师在黑板上画,让学生看。凡是学习新的类型题时,教师可以一边分析题意,一边把这种类型题的线段图在黑板上画出来,并要求学生看着。

第二步,师生一起画。学习每种类型应用题,都要先进行第一步工作,在这之后,教师要出示类似的题,要求学生跟老师一起画。

第三步,教师出示应用题,请学生自己画线段图来表示题中的数量关系,不列式计算。

第四步,教师画线段图,请学生根据线段图自己编题。

通过这样的训练,学生可以更深刻地理解线段图表达的含义,从而更准确、熟练地画出线段图。

7.2.3　一步应用题分析问题思维训练

"分析问题",就是对题目中的条件、问题之间的关系进行思维分析,其中有联想、有分析、有综合,思维过程是比较复杂的。因此,要把思维训练的重点,放在培养学生采用小步子思维上,有顺序地、一小步一小步地进行联想或分析方面,训练学生每想好一步就把它写(画)下来,最后进行综合、取舍,找到解题的数学式子。应用题是千变万化的,不同类型的应用题也有不同的分析方法。

7.2.3.1　"整体与部分关系"应用题的分析问题训练

"整体与部分关系"是学生理解起来比较容易的一类数量关系。对于这类数量关系的分析,主要是弄清"整体"表示什么,这个"整体"里包括哪些"部分"。例如:一(2)班有男生 18 人,女生 12 人。一(2)班一共有学生多少人?

通过读题我们可以知道,"一(2)班的总人数"是"整体",这个"整体"包括两部分,一部分是男生的18人[在"一(2)班"下面写"男生18人"],另一部分是女生的12人[在"一(2)班"下面写"女生12人"],把两部分合并起来就是全班的人数。列式:18+12=30(人)。

"整体与部分关系"学生理解起来很容易,即使学生不这样写出分析的过程,也不会出现较多的错误。但这样的方式可以促使学生更好地把握这类应用题的数量关系特点,并且为后面学习两步应用题的问题分析打好基础。

7.2.3.2 "相差关系"应用题的分析问题训练

"相差关系"表示的是两个数量比较的一种结果。因此,对于"相差关系"的应用题,我们通常从表达两个数量"相差关系"的句子入手分析。例如:学校新买了一些篮球和足球,其中买来篮球35个,买来的足球比篮球多5个,学校买来足球多少个?

通过"买来的足球比篮球多5个"我们可以知道,是足球和篮球的个数在进行比较(在"篮球"和"足球"下面画"_____",在"多"下面画"."),篮球的个数是"小数"(在"篮球"上面标"小"),足球的个数是"大数"(在"足球"上面标"大"),它们相差"5个"(在"5"上面标"差")。现在,题目告诉我们篮球有35个(在"篮球"下面标"35个"),就等于告诉我们"小数"是35,足球有和篮球同样多的35个,还有比篮球多的5个。

问题是"学校买来足球多少个",这就等于在求"大数"(在"足球"下面标"?个")。我们用"小数"加"差"就可以得到"大数"。列式:35+5=40(个)。

7.2.3.3 "份总关系"应用题的分析问题训练

"份总关系"是"整体与部分关系"的深化,它体现的是把整体分成相等的若干部分的一种情况。这类数量关系对于学生来讲掌握起来有一些困难,很多学生在遇到复杂的问题时,常常把数量关系弄混淆。对于"份总关系"的应用题,主要抓住"1份数"进行联想分析。例如：工艺小组要制作一批手链，每名同学可以制作3个手链，一共有9名同学，工艺小组一共制作了多少个手链？通过"每名同学都制作了3个手链"，我们可以知道"1份是3个"，也就是有1名同学就制作3个手链（写出"1名—3个"），有几个同学就制作了几个3个手链；反过来，制作3个手链就需要1名同学，制作几个手链就需要几（手链数除以3）名同学。现在题目告诉我们"一共有9名同学"，求"工艺小组一共制作了多少个手链？"（在对应位置写出"9名—？个"），也就是求"9份"是多少个。这也就是9个3，列式：$3 \times 9 = 27$（个）。

7.2.3.4 "倍数关系"应用题的分析问题训练

"倍数关系"与"相差关系"一样，都体现两个数量比较的一种结果，因此，对于"倍数关系"应用题我们通常从表达两个数量倍数关系的句子入手分析。例如：小明家养了9只黑鸽子，白鸽子的只数是黑鸽子的3倍。小明家养了多少只白鸽子？

通过"白鸽子的只数是黑鸽子的3倍"我们可以知道，这是在对白鸽子和黑鸽子的只数进行比较。我们把黑鸽子的只数看成1份（在"黑鸽子"下面画"＝＝"，在"黑鸽子"上面标"1份"），白鸽子的只数有这样的3份（在"白鸽子"下面画"～～"，在"白鸽子"上面标"3份"）。现在，题目告诉我们黑鸽子有9只，就等于告诉我们1份是9只（在"黑鸽子"下面标9只）。问题是"小明家养了多少只白鸽子"，求"白鸽子有多少只"就等于在求"3份是多少只"（在"白鸽子"下面标"？只"）。

分析到这样的程度，学生对于这道应用题所表述的问题情境、条件、问题都已经很清楚了，对题目中的条件、问题之间的关系已经分析得很透彻了。在前面分析的基础上，他们已经可以得出，求"白鸽子的只数"就是在求"3个9"是多少，列式：$9 \times 3 = 27$（只）。

7.2.4 一步应用题解题全过程的技能训练

解答应用题的过程可以分为四个部分：第一部分是审题（技

能),即读题,理解题意;第二部分是分析问题(技能);第三部分是解题(技能);第四部分是答题、检验。

7.2.4.1 审题(技能)

审题(技能)的训练目的主要是引导学生理解题目表达的意思,知道条件、问题是什么。在逐渐习惯数学语言的方式、特点,初步了解应用题的结构之后,通过解题的全过程训练,学生要掌握审题的方法,养成良好的审题习惯。

审题包含两个层面:第一个层面就是我们经常说的读题,读题的方式可以是朗读、默读和复述。朗读是指清晰、准确地把题目中的每句话读清楚;默读是不出声音,心里读题,边读边思考;复述是指用自己的话把题目的数量关系和表达的意思说清楚。其中复述的要求最高,它有利于学生积极地对题目进行思考。第二个层面是明确题目中的条件和问题。

对前面的题目经过朗读、默读、复述后,学生可以明确题目提供了两个条件,分别是"小林家到学校有440米"和"他每天上学大约走8分钟",问题是"他平均每分钟大约走多少米?"

7.2.4.2 分析问题、解题(技能)

通过"小林家到学校有440米"和"他每天上学大约走8分钟"我们可以知道,小林8分钟走了440米。要求"他平均每分钟大约走多少米",也就是在求把440米平均分成8份,列式:$440\div 8$。

具体分析情况如下:

小林家到学校有440米。他每天上学大约走8分钟,他平均每分钟大约走多少米?

8分—440米

1分—？米

学生计算技能的训练可以分散到每一天进行。题目通过竖式计算可以得出:$440\div 8=55$(米)。

7.2.4.3 答题、检验

答题、检验是指学生根据问题的条件和所得到的结果之间的关系来判断结果是否合理,是否符合题目的条件。

已知小林平均每分钟大约走 55 米。把原来题目的问题当成条件,把原来题目中的条件"小林家到学校有 440 米"看成问题,原题就变成了"小林每天上学大约走 8 分钟,平均每分钟大约走 55 米。小林家到学校大约有多少米?"。

通过"小林平均每分钟大约走 55 米"可以知道,小林 1 分钟大约走 55 米,小林走几分钟就走几个 55 米。反过来,小林走 55 米就需要 1 分钟,走几个 55 米就需要几个 1 分钟。现在知道"小林每天上学大约走 8 分钟",也就是走 8 个 55 米,列式:$55 \times 8 = 440$(米)。这与原来的已知条件相符,说明前面的解答正确。最后,要提醒学生记得答题。

通过这样解题全过程的训练,学生对于题目数量关系的理解会更加深刻,有利于学生解题能力的提升。

7.3 两步应用题教学的思维训练

两步应用题是指可以通过两步计算解决的实际问题。两步应用题实际上就是有关系的两个一步应用题组合在一起。虽然仅仅是两步,但与一步应用题相比较还是有很大的不同。

7.3.1 两步应用题问题结构的思维训练

7.3.1.1 针对有联系的两问应用题进行训练

所谓有联系的两问应用题,就是根据一步应用题和两步应用题的内在联系,将两步应用题的间接条件变为一个问题。学生要解答第二个问题,就必须先解答第一个问题,把第一个问题的结果作为解答第二个问题的一个直接条件,从而使第二个问题得以解决。

两步应用题中的这两个问题之间有着密切的联系。第一个问题的结果是解决第二个问题必不可少的条件,不解决第一个问题,第二个问题就不能解决。第一个问题也就是两步应用题的"中间问题"。学生解答这道题的过程,就是对两步应用题的结构的认识过程。如果把有联系的两问应用题中的第一个问题去掉,它就变成了两步应用题,这样学生解答两步应用题就不会感到困难了。

7.3.1.2 针对中间问题进行训练

两步应用题是由两个有联系的一步应用题构成的。从条件看,它隐藏了一个解决最终问题必不可少的条件;从问题看,它隐藏了一个一步解答的问题(一般称为中间问题),这个隐藏的问题同时也是那个隐藏的条件。也就是说,中间问题把两个一步应用题联系在一起,它既是第一步的结果,也是第二步的条件。两步应用题这样的结构特点,决定了在解题前必须先找到中间问题,中间问题找到了,最后的问题也就迎刃而解了。

题目直接给出的条件是直接条件,解答问题所需但题目中又没有直接给出的条件是间接条件。间接条件是由直接条件得出的,间接条件对于直接条件来讲是问题,而对于最终的问题来讲又是条件。明确了这种直接和间接的关系,自然也就深化了学生对两步应用题结构的认识。

7.3.1.3 通过自编应用题训练

学生认识了两步应用题的结构之后,要使学生熟练掌握两步应用题的结构,熟练地解答两步应用题,还要经过一个消化理解的过程。学生只有接受一定数量和形式的训练,才能达到由量变到质变的飞跃。自编应用题的形式可以巩固和提升学生对于两步应用题结构的认识。

（1）把第一问去掉，改编成两步应用题。

把每道题中的第一个问题去掉，改编成两步应用题，再解答。例如：同学们做黄花 32 朵，做红花比黄花多 8 朵。做红花多少朵？做白花比红花少 4 朵，做白花多少朵？

解：红花朵数 32+8=40（朵）；白花朵数 40-4=36（朵）。

改编后：同学们做黄花 32 朵，做红花比黄花多 8 朵。做白花比红花少 4 朵，做白花多少朵？

解：红花朵数 32+8=40（朵）；白花朵数 40-4=36（朵）。

通过这样的编题训练，学生会再次认识到，当把有联系的两问应用题中的第一个问题去掉，就变成了两步应用题，但解答的步骤是完全一样的，而第一个问题也就是两步应用题的中间问题。如果把第一个问题去掉，有联系的两问应用题也就变成一问的两步应用题了，从而达到沟通一步应用题与两步应用题间的关系，使学生更深刻地认识两步应用题的结构的目的。

（2）把一个直接条件变为间接条件，改编成两步应用题题目与训练过程。其中一步应用题的一个直接条件不直接告诉我们，变为间接条件，一步应用题就变成了两步解答的应用题。明确了这种变化的关系，自然也就深化了学生对两步应用题结构的认识。

（3）把指定的条件或问题变化，改编成为两步应用题。这样的训练可以使学生认识到，把一步应用题的一个条件或者问题直接看成中间问题，不直接说出来，或者把中间问题作为条件后再提出一个问题，就可以把一步应用题改编成两步应用题了。明确这一变化的过程，也就是深刻理解两步应用题结构的过程。

7.3.2　审题技能的思维训练

对于应用题来讲，读题、弄清题目意思，弄清这道题的条件是什么、要解决什么问题，以及题目重要文字的含义，是非常重要的。因此，对学生进行审题的训练是十分必要的。审题的过程是在头脑内部进行的,是学生思维活动的过程。为了使这个思维的过程可操作,我们就要把它外化出来,这样更利于我们进行思维训练。

7.3.2.1 读题训练

读题的过程就是对题目理解的过程。对题目的理解可以分为以下几个层次:第一个层次,了解题目提供了几个条件,每个条件分别是什么,问题是什么。第二个层次,理解题目表述的情景(或事件发生的经过),读懂每个条件表达的含义,读懂问题。第三个层次,初步判断条件与条件之间的关系、条件与问题间的关系。第一个层次很容易达到(个别特殊的情况,如学生受生活经验的限制没有了解的题目除外),第二个层次和第三个层次不同的学生就会产生较为明显的差异,如果题都没有读懂,正确而熟练地解决问题根本无从谈起。我们的读题训练也主要针对第二、第三个层次。

通过这样的读题训练,学生可以深入地了解题目中每个条件所表达的含义以及这些条件之间的基本关系,了解问题的具体含义。这些都为最终正确而熟练地解决问题打好了坚实的基础。

7.3.2.2 画批训练

画批就是学生在理解题目含义的基础上,把题目中的重点词、句和判断的结果,用文字、箭头、圆点、横线等符号标注出来。这个过程是对题目进一步理解的过程。

画批的过程就是审题的过程,画批的符号可以自己确定,只要能够让大家看懂就可以。(一般情况下,在老师默默的影响下,一段时间以后整个班级所习惯使用的符号会慢慢相同)通过这样的训练,学生会慢慢形成把思考的过程用符号表述出来的习惯,这样我们就可以进行交流和讨论,发现学生的问题并及时进行指导。这种把思考过程展现出来的方式也有利于没有掌握分析方法的学生进行学习,从而达到训练的目的。

7.3.2.3 画图训练

示意图和线段图对于理解题目数量关系、厘清思路的作用是毋庸置疑的。如果在学习一步应用题和两步应用题的过程中不去训练学生画图，当他们需要画图的时候，一部分人就会面临"想画而不会画"的尴尬。因此，在学习一步应用题和两步应用题的过程中，对学生进行画图的训练是非常必要的。

例如：学校食堂原有大米 40 千克，又买来 4 袋，每袋 25 千克，食堂现在有大米多少千克？

画图：

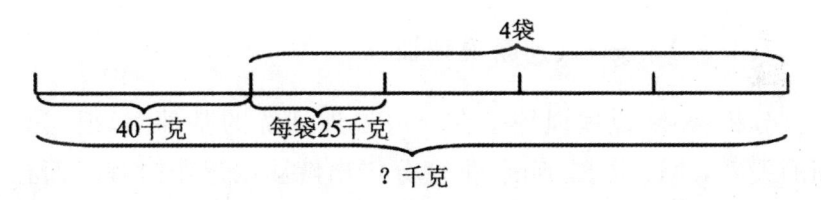

```
            ┌─────── 4袋 ───────┐
    ┌──────┬──────┬──────┬──────┬──────┐
    │ 40千克│每袋25千克│      │      │      │
    └──────┴──────┴──────┴──────┴──────┘
            └─────── ?千克 ───────┘
```

因为两步应用题的线段图表示方式是多种多样的，在实际的教学中，我们可以从学生的问题和教学的实际需求出发，有针对性地进行画图训练，使学生可以熟练地用线段图表示数量间的关系，熟练地认识、理解线段图表达的含义。这样的训练既可以培养学生看图、识图的技能，也可以加强学生对题目的理解，促进学生思维的发展。

7.3.3　加强对解题过程分析问题的思维训练

要让每个学生都能够比较清晰地分析题目表达的含义，准确地表述自己的思考过程，这就需要进行针对解题过程的思维分析训练。

7.3.3.1　一般说理训练

说理训练就是在分析解答应用题的过程中，让学生用清楚、简洁、准确的语言,说出自己分析解答应用题的思维过程及相应的道理。思维分析是大脑活动的内在形式,语言说理是大脑思维的外在表现形式。它们是相互联系、相互依赖且密不可分的。说理的过程也就是思维分析的过程,因此,说理训练可以促进学生思维的发展。

分析应用题时,可以从条件入手,也可以从问题入手,还可以从条件和问题两个角度同时入手。通过分析与说理,学生会把说理过程中与解题无关的判断、联想的内容舍掉,这样就可以很容易地找到解答问题的思路和有用的数据。这说明分析说理的训练是有意义的,分析说理的过程也就是思维分析、发展的过程。

7.3.3.2 分析、判断说理训练

分析、判断说理训练是在一般说理训练的基础上,根据数量间的关系,通过想象、判断、推理分析出解题的思维过程。而在解题过程中根据已知条件进行想象、判断、推理是非常必要的,很多学生不能准确而快速地解答应用题,主要原因就是无法根据已知条件进行必要的联想、判断和推理。

在分析题目的过程中,要引导学生根据题目条件充分地进行判断和联想,尽可能地把数量关系分析透彻,这样学生的联想、判断、推理的能力才能逐渐形成,解题的能力才能逐渐提高。

7.3.3.3 画思维线训练

所谓思维线,就是学生在分析理解题意的过程中,将自己的思维过程或思维结果用线表示出来。

例如:修路队修一条长 200 米的路,第一天修了 20 米,第二天修了 35 米,还剩多少米没修?

分析过程:"修路队修一条长 200 米的路""第一天修了 20 米"这两个条件有直接关系,据此可以知道第一天后这条路还剩多少米没修,又知道第二天修了 35 米,就可以求出"还剩多少米没修"这个问题。还可以这样想:"第一天修了 20 米""第二天修

了35米"这两个条件有直接关系,可以知道这两天一共修了多少米;又知道这条路全长200米,也可以求出"还剩多少米没修?"这个问题。

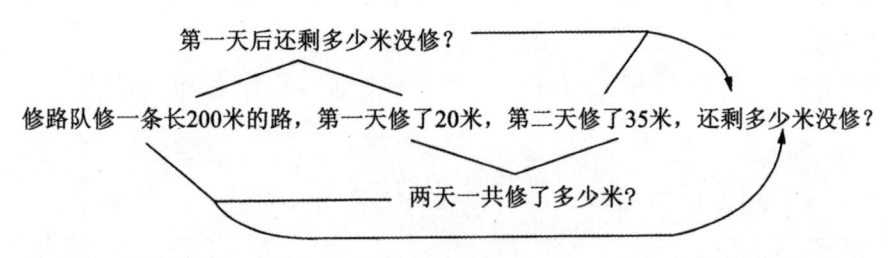

```
                第一天后还剩多少米没修?
           ┌─────────────────────┐
修路队修一条长200米的路,第一天修了20米,第二天修了35米,还剩多少米没修?
           └─────────────────────┘
                两天一共修了多少米?
```

7.3.3.4 解题思路分析训练

解题思路分析训练是指根据数量之间的关系,从不同的角度分析解题的思路和方法。在初步理解并掌握基本数量关系和应用题结构后,学生已经可以根据题目提供的条件进行简单的分析和判断。但是这种分析和判断还不一定能形成完备的解题思路,因此适时地进行解题思路的分析训练是非常必要的。

例如:甲、乙两个粮库共存粮490吨,甲库存粮的$\frac{3}{5}$与乙库存粮的$\frac{5}{8}$相等,甲、乙两库各有存粮多少吨?

(1)用分数思路解:

①根据甲库存粮$\times \frac{3}{5}$=乙库存粮$\times \frac{5}{8}$,把甲库存粮看成"1",乙库存粮是甲库的$\frac{3}{5} \div \frac{5}{8} = \frac{24}{25}$。甲库存粮$490 \div \left(1 + \frac{24}{25}\right) = 250$(吨),乙库存粮$490 - 250 = 240$(吨)。

②根据甲库存粮$\times \frac{3}{5}$=乙库存粮$\times \frac{5}{8}$,把乙库存粮看成"1",甲库存粮是甲库的$\frac{5}{8} \times \frac{5}{3} = \frac{25}{24}$。乙库存粮$490 \div \left(1 + \frac{25}{24}\right) = 240$(吨),甲库存粮$490 - 240 = 250$(吨)。

③根据甲库存粮$\times\dfrac{3}{5}$=乙库存粮$\times\dfrac{5}{8}$,把甲库存粮的$\dfrac{3}{5}$看成"1",甲库存粮是$\dfrac{5}{3}$,乙库存粮是$\dfrac{8}{5}$,则有 $490\div\left(\dfrac{5}{3}+\dfrac{8}{5}\right)=$ 150(吨),甲库存粮是 $150\div\dfrac{3}{5}=250$(吨),乙库存粮 $150\div\dfrac{5}{8}=$ 240(吨)。

(2)用份的思路解。

①根据甲库存粮$\times\dfrac{3}{5}$=乙库存粮$\times\dfrac{5}{8}$,可知甲库存粮的 3 份等于乙库存粮的 5 份。甲库存粮$\dfrac{5}{3}\times 5=\dfrac{25}{3}$份,乙库存粮 8 份,一共是$\dfrac{25}{3}+8=\dfrac{49}{3}$份,1 份是 $490\div\dfrac{49}{3}=30$(吨)。甲库存粮是 $30\times\dfrac{25}{3}=250$(吨),乙库存粮是 $30\times 8=240$(吨)。

②根据甲库存粮$\times\dfrac{3}{5}$=乙库存粮$\times\dfrac{5}{8}$,可知甲库存粮的 3 份等于乙库存粮的 5 份,乙库存粮的 1 份等于甲库存粮的$\dfrac{3}{5}$份。乙库存粮$\dfrac{25}{3}\times 8=\dfrac{24}{5}$份,甲库存粮 5 份,一共是$\dfrac{24}{5}+5=\dfrac{49}{5}$份,1 份是 $490\div\dfrac{49}{5}=50$(吨)。甲库存粮是 $50\times 5=250$(吨),乙库存粮是 $50\times\dfrac{24}{5}=240$(吨)。

③根据甲库存粮$\times\dfrac{3}{5}$=乙库存粮$\times\dfrac{5}{8}$,把甲库存粮的$\dfrac{3}{5}$看成 1 份,甲库存粮的 1 份等于 5 小份,甲库存粮一共有 25 小份。乙库存粮的 1 份等于 3 小份,乙库存粮一共有 24 小份,两个仓库一共是 49 小份,每小份 $490\div 49=10$(吨),甲库存粮是 $10\times 25=$ 250(吨),乙库存粮是 $10\times 24=240$(吨)。

(3)用比的思路解。

根据甲库存粮$\times\dfrac{3}{5}=$乙库存粮$\times\dfrac{5}{8}$,可知甲库存粮:乙库存粮$=\dfrac{5}{8}:\dfrac{3}{5}=25:24$。$25+24=49$,甲库存粮是$490\times\dfrac{25}{49}=250$(吨),乙库存粮是$490\times\dfrac{24}{49}=240$(吨)。

通过这样的训练,学生可以在初步判断、推理的基础上逐渐形成完整的解题思路,而且这样的思路是多角度、多层次的,这对于学生正确地解题和形成灵活的解题思路都是很重要的。在这样的训练过程中,学生解决问题的能力才能逐渐形成和提升。

7.4 多步应用题教学的思维训练

多步应用题的教学是小学数学教学中的重要内容之一,也是小学数学应用题的难点之一。多步应用题之所以成为教学的难点,一方面是由于多步应用题本身的结构、内容、数量关系、分析方法和运算步骤等的复杂性,另一方面是由于解答多步应用题对于学生思维品质和思维水平等方面的要求较高。为了更好地突破这个难点,教师更需要选择合适的教学内容,精心编排练习,科学进行思维训练。

7.4.1 两步应用题教学中进行多步应用题的渗透

由于多步应用题自身的复杂性,学生在学习多步应用题时,无论是分析方法还是解题思路的形成,以及对多步应用题问题结构的把握等,都直接决定着学生能否准确、迅速地解答多步应用题。因此,在教学两步应用题时要适时、适度地进行多步应用题分析方法、解题思路和问题结构的渗透。在渗透的过程中,根据两步应用题和多步应用题之间的内在联系,可以采用以下几种思维训练的方法。

7.4.1.1 扩充条件、缩减条件训练

扩充条件训练是指将题目的一个已知条件在不改变意思的前提下,扩充成两个已知条件的训练方式。例如,王老师要批改48篇作文,已经批改了12篇。如果每小时批改9篇,还要几小时批改完?这是一道两步解答的应用题,对于题目中"王老师要批改48篇作文"这个条件,我们可以把它扩充成两个已知条件。①李老师要批改50篇作文,比王老师要批改的作文本数多2本。②三(1)班有22人,三(2)班有26人,王老师要批改这两个班的作文。

缩减条件训练与扩充条件训练相反,是指把题目的两个已知条件在不改变意思的前提下缩减成一个条件的训练方式。如:水果店运来苹果、香蕉各8箱。苹果每箱25千克,香蕉每箱18千克。一共运来水果多少千克?这是一道三步解答的应用题,对于题目中有直接关系的两个条件可以缩减成一个条件。①"水果店运来苹果、香蕉各8箱"和"苹果每箱25千克"这个条件,可以缩减成"水果店运来苹果200千克"这个条件。②"水果店运来苹果、香蕉各8箱"和"香蕉每箱18千克"这个条件,可以缩减成"水果店运来香蕉144千克"这个条件。

通过扩充条件和缩减条件的训练,主要想促使学生认识到两个有直接关系的条件(数量)可以得到一个新数量,一个已知条件(数量)又可以用两个有直接关系的数量来表示。在这个过程中,学生对于直接条件与间接条件的关系、直接条件与问题的关系有更深的理解,从而达到通过渗透促进学生理解多步应用题问题结构的目的。

7.4.1.2 增加条件和问题训练

增加条件和问题训练是指通过增加条件和问题的方法,把两

步应用题转化成多步应用题并使之深化的训练方式。如：学校食堂买来大米 1250 千克，已经运了 3 车。还剩 500 千克没有运。平均每车运大米多少千克？这是两步解答的应用题，要求"平均每车运大米多少千克？"这个问题，就要知道"运了多少千克大米"和"运了几车"这两个条件。题目告诉我们"运了 3 车"，但是没有直接告诉我们"运了多少千克大米"这个条件，不过它还告诉我们"学校食堂买来大米 1250 千克"和"还剩 500 千克没有运"这两个条件。通过这两个条件我们可以先求出"运了多少千克"，这样就可以解答这个问题了，于是列式：(1250－500)÷3＝250(千克)。

在这个两步应用题的基础上追加一个问题，可以引发学生更深入的思考。对于这道题我们可以增加这样一个问题——"还要再运几车才能运完？"。解答这个问题需要知道"还剩多少千克大米没有运"和"每次能运多少千克"这两个条件。题目已经告诉我们"还剩 500 千克没有运"，但是没有直接告诉我们"每次能运多少千克"，这个条件我们通过第一个问题可以求出来。所以，第一个问题是解答第二个问题的一个必不可少的条件，如果把第一个问题去掉，这个两步应用题就成为多步应用题，第一个问题就成为多步应用题的一个中间问题了。

通过这样增加问题的方式来深化两步应用题的问题结构，在分析解答的过程中很自然地对多步应用题的结构进行了渗透，对分析方法和解题思路也自然地进行了渗透。有了这样的基础，学生学习多步应用题就会变得比较容易。

7.4.2 多步应用题问题结构的思维训练

多步应用题问题结构复杂的一个根本性的问题就是间接条件的增加，因此，在教学中要针对多步应用题的间接条件加强思维训练。通过思维训练，一是促使学生加深对间接条件的认识，二是促使学生能够熟练地对间接条件进行转化。为了使学生更好地理解多步应用题的问题结构，更好地理解直接条件、间接条件和问题的关系,有针对性的思维训练是必不可少的。

7.4.2.1 直接条件转化成间接条件的训练

直接条件转化成间接条件是指两步应用题或多步应用题中的间接条件和问题不变,把题目中的直接条件转化成间接条件,从而使应用题的结构更加复杂,加深理解应用题问题结构的训练。

根据需要,在教学过程中可以采用下面三种方式。

(1)只把题目中的一个直接条件转化成间接条件。如:星期天小华一家去郊游,去时用了2小时,每小时行60千米,原路返回时用了4小时。返回时平均每小时行多少千米?这道题的直接条件是"原路返回时用了4小时",我们可以把这个直接条件进行如下的变化:

①返回时比去时多用2小时。

②去时比返回时少用2小时。

③去时所用的时间是返回时的一半。

④返回时所用的时间是去时的2倍。

像这样"原路返回时用了4小时"这个原来的直接条件就转化成了间接条件,这道题就有了两个中间问题。改变原题的一个条件,就可以使这道两步解答的应用题变成多道三步解答的应用题。

(2)把题目中的直接条件多次进行转化。可以把转化后的三步应用题再次进行转化,原来的两步应用题就转化成了多步应用题。例如:星期天小华一家去郊游,去时用了2小时,每小时行60千米,原路返回时比去时多用2小时。返回时平均每小时行多少千米?

对于题目中的条件我们还可以进一步转化:星期天小华一家去郊游。他们早晨7点出发,上午9点到达目的地,每小时行60千米,原路返回时比去时多用2小时。返回时平均每小时行多少千米?

经过这样的变化,三步应用题就变成了四步应用题。

(3)把题目中的直接条件和间接条件都进行转化。

通过对间接条件变换叙述的方式来加强学生对多步应用题问题结构的认识。例如:实验小学三年级有 140 人,四年级的人数是三年级的 2 倍,两个年级一共有多少人? 对于"三年级有 140 人"这个直接条件,我们可以把它转化成间接条件:①三年级有男生 80 人,女生 60 人。②三年级有 4 个班,平均每班 35 人。③实验小学有 1540 人,是三年级人数的 11 倍。对于"四年级的人数是三年级的 2 倍"这个间接条件,我们可以变换叙述方式:①四年级的人数比三年级多 140 人。②三年级的人数比四年级少 140 人。③四年级有 7 个班,平均每班 40 人。

7.4.2.2　寻找"中间问题"的发散思维训练

在多步应用题的学习过程中,寻找"中间问题"依然是解答多步应用题、理解多步应用题问题结构的重要训练方式。寻找"中间问题"的训练指根据提供的多个条件,判断哪两个条件有直接关系,两个有直接关系的条件可以提出一个问题(发现一个新数量),这个问题就是一步解答的问题。这个问题(新数量)还可能与已知条件有直接关系,这便又可以提出一个新问题(新数量),这个问题就是两步解答的问题。如果这个两步解答的问题又与已知条件或提出的新问题(发现的新数量)有直接关系,提出的问题就是多步解答的问题。这些新问题如果作为解答最后问题的条件,就是最终问题的中间问题,根据训练的需要,还可以逐步补充条件,促进学生不断深入理解多步应用题的问题解构。

根据已知条件,通过逐步深入的分析,可以提出一步解答的问题、两步解答的问题和多步解答的问题,对于多步解答的问题来说,提出这个问题的两个条件都是中间问题。通过这样的发散思维训练,学生对于中间问题的产生、多步应用题的产生(多个一步应用题的综合)会有更加深刻的认识和理解,自然就能起到深化多步应用题问题解构的目的。

7.4.3　多步应用题分析方法的思维训练

结合多步应用题的特点,在进行分析方法的思维训练时主要采用画思维线的方式分析数量之间的关系,一步一步地使思维过程外化,而后进行分析、综合。根据分析切入点的不同,可以分为从条件入手分析、从问题入手分析、从条件和问题入手分析三种不同的分析方法。

7.4.3.1　从条件入手分析

对于多步应用题来说,从已知数量与已知数量的关系入手,逐步分析已知数量与未知数量的关系,一直到求出未知数量。也就是先选择两个已知数量,并通过这两个已知数量解出一个问题,然后将这个解出的问题作为一个新的已知条件,与其他已知条件配合,再解出一个问题……一直到解出应用题所求解的未知数量。

从条件入手分析的思维训练,使学生对于题目的数量关系会有非常深刻的认识,这种训练的目的不是解答这一道题,而是通过这样的思维训练使学生对数量关系有清晰、深刻的认识,掌握分析应用题的思路和方法。

7.4.3.2　从问题入手分析

对于多步应用题来说,从问题入手,逐步分析要解答问题所需的条件,再结合题目条件判断是否是已知数量。多步应用题的数量关系比较复杂,因此,解答同一问题所需的两个条件并不一定是唯一的,也就是说,同一个问题可以由不同的已知条件来得到。

从问题入手分析思维简洁,会减少不必要的分析,但要求学生能够准确地判断出解答问题所需的两个条件,这对于部分学生来说要求较高,掌握起来有些困难,需要一段时间的积累和训练。通过进行从问题入手分析的思维训练,学生对于问题与条件的关系会有非常深刻的认识。这种训练的目的同样不是为了解答这一道题,而是通过这样的思维训练使学生对问题与条件的关系有清晰、深刻的认识,掌握分析应用题的思路和方法。

7.4.3.3 从条件和问题入手分析

对于多步应用题来说,在熟练掌握从条件入手分析、从问题入手分析的方法后,先分析已知数量与未知数量的关系,再分析要解答问题所需的条件,以便快速形成解答问题的思路。

从条件和问题两个角度入手分析,既可以避免过多出现解决最终问题不必要的新数量,又可以促使学生形成简洁的思维,但要求学生熟练掌握从条件入手分析的方法和从问题入手分析的方法。从条件和问题入手分析的思维训练,可以促使学生加深对于问题与条件、条件与条件的关系的认识,明确分析多步应用题的思路和方法。

7.4.3.4 分析方法的综合训练

在前面介绍的分析方法掌握之后,还需要进一步的训练,以便使学生熟练掌握这些分析问题的方法,并能够结合具体问题选择适合的分析方法。[①]

(1)相同题目,不同分析方法的训练。同一道应用题也可以从不同的角度进行分析。在教学中,教师可以组织学生进行研讨,更加深入地理解不同的分析方法。通过这样的训练,学生可以更好地掌握不同分析方法的切入点和分析思路,还可以逐步把握应用题的结构,知道哪些应用题适合从条件入手分析,哪些题目适合从问题入手分析,从而更好地掌握多步应用题的结构特点,更准确、更快速地解答应用题。

(2)改编题目,不同分析方法的训练。为了进一步促进学生掌握分析方法,更深入地理解数量间的关系,把握应用题的结构,

---

① 李艳秋. 小学数学教学中建模思想的渗透实践研究[J]. 数理化解题研究,2016(15):193-194.

我们还可以先对应用题进行改编然后再进行分析。这样的训练可以促使学生在解答应用题时，根据具体的问题和自己的特点进行选择，有能力的学生可以从不同的角度进行分析。长时间进行这样的练习，可以使学生熟练地掌握分析问题的方法，准确地把握应用题的结构。

7.5 巧解应用题

7.5.1 解题过程分析及推理的步骤、方法

7.5.1.1 审题过程中的思维外化训练

审题过程中的思维外化训练主要有以下几种。

(1)读题训练。语言表述训练是要求学生在明确了题目情节与事理的基础上，用语言将自己对数量自身的含义及数量间的关系表述出来。如：植物园今年设人工鸟巢 240 个，正好是去年设人工鸟巢的 3 倍，去年设人工鸟巢多少个？

①对"正好是去年设人工鸟巢的 3 倍"含义的理解首先想"谁正好是去年设人工鸟巢的 3 倍？"，通过读题知道，"今年设人工鸟巢的个数正好是去年设人工鸟巢的 3 倍"，是把"去年设人工鸟巢的个数"看作一份，而今年设人工鸟巢的个数就是这样的 3 份。

②对数量关系的理解。3 份就是 240 个，要求去年设人工鸟巢的个数，就是在求一份是多少。

(2)画批训练。画批是学生在理解题意的基础上，把题目中的重点词、句和判断结果，用文字、箭头、圆点、横线等符号标注出来。如：一根绳子截去了 6 段，每段长 3 米。截去了多少米？"每段长 3 米"表示每份都是 3 米，在"3 米"下面画一横线，"截去了 6 段"表示有像"3 米"这样的 6 份，可以用一点来表示。"截去了

多少米?"表示"6个3米的总和是多少",可以用圆圈把"多少"圈起来。这样,学生在标示的过程中就进一步理解了题意。

(3)画线段图训练。学生根据对题意的理解,把题目中的各数量及其相互间的关系用线段表示出来。如:果园里有桃树40棵,梨树比桃树少10棵,苹果树比梨树多15棵。苹果树有多少棵？学生读完题后,感觉到数量关系很乱,如果画一画线段图则会清晰很多。

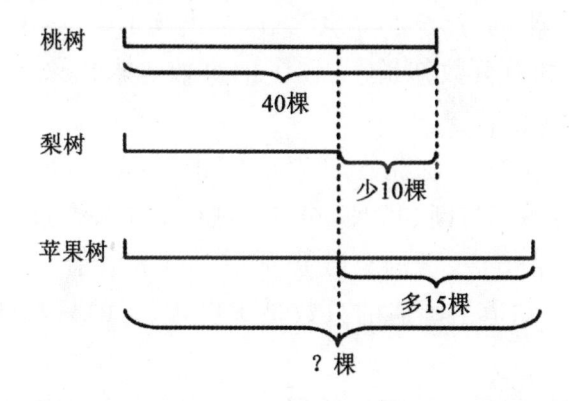

(4)画思维线训练。学生在分析理解题意的过程中,将自己的思维过程或思维结果用线表示出来。如:小丽买了3支圆珠笔,每支4元,又买了5支自动笔,每支2元。一共花了多少元？

用思维线分析理解此题。

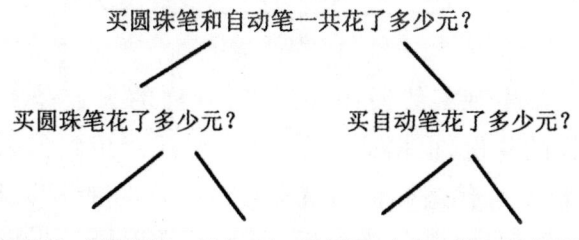

7.5.1.2 解题分析过程中的思维外化训练

(1)一般说理训练。用综合法和分析法说出解题的思路。如:小红要读一本100页的故事书,已经读了3天,平均每天读15

页,还剩多少页没读?

①综合法思路:"已经读了3天,平均每天读15页"可以求出读了的页数;又知道这本书一共有100页,那么从100里面去掉读了的页数,就可以求出还剩多少页没读。

②分析法思路:要求"还剩多少页没读?",必须知道一本书的总页数和读了的页数。一本书的总页数题目中已经直接告诉我们了,而读了的页数题目中没有直接告诉我们,但是我们根据"已经读了3天,平均每天读15页"可以求出读了的页数。

一本书的总页数知道了,读了的页数也求出来了,就可以求出剩下多少页没读了。

(2)判断说理训练。在一般说理的基础上,根据数量间的关系,通过想象、判断、推理,分析出解题的思维过程。如教师出示倍数关系句:八哥的只数是画眉的4倍。让学生说出对这句话的理解(知道了画眉的只数是1份,八哥的只数就有这样的4份)。

教师根据学生对这句话的理解,画出一幅线段图。

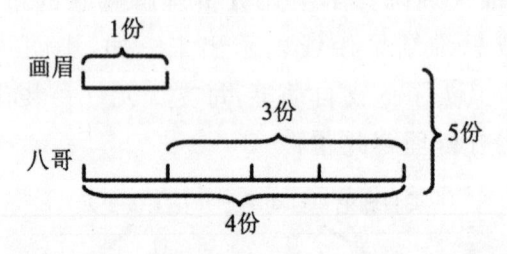

教师让学生观察线段图并思考:画眉的只数是1份,八哥的只数有这样的4份,根据这两个条件,你还能想到什么?(能想到画眉和八哥一共有这样的5份,又想到八哥的只数比画眉多3份)教师在线段图上标出学生思路后,继续引导学生思考:如果老师告诉你画眉有6只,你立刻能想到什么?

①能想到1份就有6只。

②1份有6只,又能想到4份就是24只,也就是八哥的只数。

③还能想到5份是30只,也就是八哥和画眉的总数。

④还能想到3份就是18只,也就是八哥比画眉多的只数。

第 7 章 应用题思维

通过刚才的分析理解，让学生编出几道有关倍数关系的应用题，并进行分析解答。

教师再让学生发挥想象：由"八哥有 24 只"，能想到什么？编出几道有关倍数关系的应用题。以下是学生编的应用题：

①知道八哥有 24 只，立刻就能想到 4 份就是 24 只，那么 1 份就是 6 只，也就是画眉的只数。编出的应用题是：八哥有 24 只，八哥的只数是画眉的 4 倍，画眉有几只？

②1 份就是 6 只，还能想到 5 份是 30 只，也就是八哥和画眉的总数。编出的应用题是：八哥有 24 只，八哥的只数是画眉的 4 倍，画眉和八哥一共有几只？

③还能想到 3 份就是 18 只，也就是八哥比画眉多的只数。编出的应用题是：八哥有 24 只，八哥的只数是画眉的 4 倍，八哥比画眉多几只？

同样的道理，教师可将关系句变成"八哥的只数比画眉的 4 倍还多 5 只"或"八哥的只数比画眉的 4 倍少 3 只"，来对学生进行判断说理训练。通过这样的训练，教师便可进一步将倍数关系与倍差关系的应用题联系起来。

(3)解题思路训练。解题思路训练是指根据数量之间的关系，从不同的角度分析出解题的思路和方法。如：绿化小队第一天工作 5 小时，植树 160 棵，第二天工作 8 小时，第二天比第一天多植树多少棵？

①已知"绿化小队第一天工作 5 小时，植树 160 棵"，可以求出每小时植树多少棵，又知"第二天工作 8 小时"，就可以求出第二天植树的棵数，根据第一天和第二天植树的棵数，就可以求出"第二天比第一天多植树多少棵"。

②已知"绿化小队第一天工作 5 小时，植树 160 棵"，可以求出每小时植树多少棵，又知"第一天工作 5 小时"和"第二天工作 8 小时"，就可以求出第二天比第一天多工作 3 小时，知道了每小时植树多少棵，又知第二天比第一天多工作 3 小时，就可以求出"第二天比第一天多植树多少棵"。

③绿化小队的工作效率不变,第二天工作的时间是第一天的 8÷5＝1.6(倍),那么第二天工作总量也是第一天工作总量的 1.6 倍,由此可以求出第二天的工作总量,再减去第一天的工作总量,就可以求出"第二天比第一天多植树多少棵"。

④第二天工作的时间是第一天的 1.6 倍,就比第一天多 0.6 倍,第一天植树 160 棵,那么 160 的 0.6 倍,就是"第二天比第一天多植树多少棵"应用题教学与学生思维的发展是相互联系的。

7.5.2 解题过程中联想的运用

联想活动很重要,它可以帮助学生在分析应用题的数量、条件、因果关系的过程中进行判断、推理,形成正确的解题思路。[①]

7.5.2.1 简单应用题中的联想教学

"停车场上有 36 辆汽车,开走了一些后,还剩下 30 辆,开走了多少辆?"学生们边听边想象题目中所描述的画面。紧接着请学生们把自己想象的画面用语言描述给大家听。随着学生的述说,教师在大屏幕上打出了本题的线段图,进一步加深了学生想象的结果,帮助学生理解了题意。

在这一教学过程中,教学环节的设计与实施,将应用题中用文字描述的复杂的数量关系,通过想象转化成了可视的线段图,帮助学生进行分析和思考,培养和训练了学生"数形结合"的思维能力,突破了应用题教学的难点,提高了课堂教学的效果和质量。

---

① 司荣梅.浅谈在应用题教学中如何培养学生的思维能力[J].石油教育,1998(8):56-58.

7.5.2.2 分数、百分数应用题中的联想

(1)看线段图进行联想训练

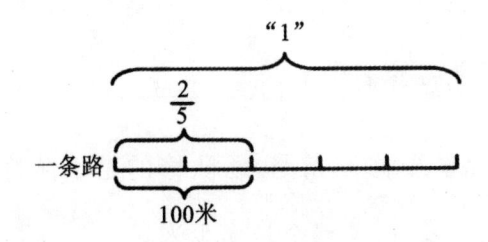

看到这个线段图后,马上联想到:

①根据路总长为单位"1",它的 $\frac{2}{5}$ 是 100 米,可求出路总长:

$100 \div \frac{2}{5} = 250$ 米;

② $\frac{2}{5}$ 外的其余部分是: $1 - \frac{2}{5} = \frac{3}{5}$ 米。

③其余部分长是: $250 \times \frac{3}{5} = 150$ 米。

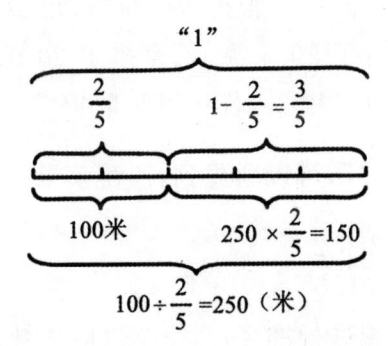

在上述联想的基础上,还可以继续联想到:

①100 米是 150 米的几分之几: $100 \div 150 = \frac{2}{3}$。

②150 米是 100 米的几倍: $150 \div 100 = 1\frac{1}{2}$。

从上述两次联想,便可得出结果,编出若干道分数应用题:

①两个修路队要修一条250米长的路,甲队修的是乙队修的$\frac{2}{3}$,甲、乙两队各修多少米?

②两个修路队要修一条250米长的路,乙队修的是甲队修的$1\frac{1}{2}$倍,甲、乙两队各修多少米?

③两个修路队要修一条路,乙队修的是甲队修的$1\frac{1}{2}$倍,乙队比甲队多修50米,这条路全长多少米?

从以上的联想和编题可以看到,从一个简单的线段图进行联想可以解决许多分数应用题。

(2)根据分数、百分数应用题中的条件和条件的关系进行联想。

有两筐苹果,甲筐苹果是总数的60%,若从甲筐取出20千克放入乙筐,则乙筐苹果是总数的$\frac{3}{5}$。乙筐原有苹果多少千克?

根据题中"甲筐苹果是总数的60%",可以联想到:乙筐苹果是总数的1－60%＝40%。根据"从甲筐取出20千克放入乙筐",可以联想到:甲筐少了20千克,乙筐多了20千克,甲、乙两筐相差20＋20＝40千克。根据"若从甲筐取出20千克放入乙筐,则乙筐苹果是总数的$\frac{3}{5}$",可以联想到:乙筐苹果是总数的$\frac{3}{5}$,甲筐苹果则是总数的$1-\frac{3}{5}=\frac{2}{5}$。

根据前面的联想进行推算:两筐苹果的总数没变,乙筐苹果从原来占总数的40%变成占总数的$\frac{3}{5}$,是由于从甲筐取出20千克,放入乙筐造成的,因此乙筐苹果比原来多占总数的$\frac{3}{5}-40\%=20\%$与20千克相对应。两筐苹果总数:20÷20%＝100千克。乙筐有苹果:100×40%＝40千克。

同理:甲筐苹果从原来占总数的60％,变成占总数的$\frac{2}{5}$,是由于取出20千克放入乙筐的结果,因此甲筐苹果比原来少占总数的$60\%-\frac{2}{5}=20\%$与20千克相对应。这样也可以求出两筐苹果的总数,总数求出来了,乙筐原有多少千克苹果也就迎刃而解了。

从这道题的联想中我们可以清楚地看到:通过联想,不仅逐一分析出原题与每个条件的意义,而且还可知道原题引申的意义,出现了新的数量,从而找到解题的方向。这种联想使思维积极、主动,进一步开阔解题思路,为正确解题扫清了障碍。

(3)联系旧知,从不同角度联想。

丰富的知识,扎实的基础,迅速的思维是联想的前提,而思维迅速又来自于对基础知识的熟练掌握。如:甲是乙的4倍。通过从不同角度的联想可得知:甲比乙多3倍,乙是甲的$\frac{1}{4}$,乙比甲少$\frac{3}{4}$。甲乙之和是乙的5倍。甲:乙＝4:1,乙:甲＝1:4,甲占甲乙之和的$\frac{4}{5}$,乙占甲乙之和的$\frac{1}{5}$。

在上面联想的基础上,教师又出了一题:甲、乙、丙三位同学种树,种的棵数的比是2:3:4,甲种10棵,他们一共种多少棵?

可以这样解答:

①$10\times[(2+3+4)\div2]=10\times4.5=45$(棵),他们一共种45棵;

②$10\times3/2+10\times4/2+10=45$棵;

③$2+3+4=9,10\div2/9=45$棵;

……

7.5.2.3 在联想中培养学生的思维灵活性

提高学生运用知识解决问题的能力,是数学教学的一个重要目标。教师不仅要善于提出问题,而且还要善于鼓励学生发现和思考问题,并对思考问题的方法与过程进行指导,特别要进行思维策略的传授和训练,使学生形成良好的思维习惯。根据教学内容组织设计不同层次、有梯度,难易适中的练习是很有必要的。例如:在教学按比例分配应用题的练习课上,为了培养学生观察问题、分析问题的能力,可以这样启发学生的。

两个班共植树 120 棵,一班和二班植树棵数的比是 3∶2,两个班各植树多少棵?

当学生按比例分配的方法解答出来后,老师改变了题目中的条件,成为:一班和二班植树棵数比是 3∶2,已知一班植树 72 棵,两班共植树多少棵?

这样一来,题目就不完全是按比例分配了,这就要求学生明确,题目中给了两部分的比和一部分的量,求总量。要联想到棵数比与份的关系,清楚给了的这一部分的量,相当于几份中的几份,再根据已知一个数的几分之几是多少的方法去解决问题。这样就与分数应用题沟通起来了。

继续改变题中的条件:一班和二班植树棵数的比是 3∶2,已知一班比二班多植树 24 棵,两班各植树多少棵?

学生们解题时联想到了对应关系,以份数差对应量差,就可求出了两班各植树多少棵。此时又有同学联想到,以总数为单位"1",一班是总数的 $\frac{3}{5}$,二班是总数的 $\frac{2}{5}$,则 $\frac{3}{5}-\frac{2}{5}=\frac{1}{5}$,$24÷\frac{1}{5}=120$ 棵是总棵数。这时出现了争议,有的同学认为是一班比二班多 24 棵,就是以二班为单位"1",则求出的是二班的数。由此展开了讨论,此题到底是以谁为单位"1",同学们看到率差是 $\frac{1}{5}$,而 5 是根据 3∶2 得到的总份数,因此,$\frac{1}{5}$ 是总份数中的一份,所以还是以总数为单位"1",求出的是总数。马老师又引导学生根据题目的条件与条件的关系、条件与问题的关系来联想,如果是以二班为单位"1"应该怎样计算。因为一班和二班植树棵数比是

第7章 应用题思维

$3:2$,则一班是二班的 $\frac{3}{2}$ 倍,用 $\frac{3}{2}-1=\frac{1}{2}$(率差), $24÷\frac{1}{2}=48$ 棵(二班棵数)。那要以一班为单位"1",该怎样计算呢?则二班是一班的 $\frac{2}{3}$, $1-\frac{2}{3}=\frac{1}{3}$, $24÷\frac{1}{3}=72$(棵)(一班棵数)。

通过联想把"按比例分配应用题"同"分数应用题"结合了起来,使学生的思路有了进一步的发展,不但练习了比例分配,当题目中所给条件有比,但又不具备按比例分配的条件时,解题方法是多种多样的。

7.5.2.4 在知识沟通中培养学生思维灵活性

根据题目中的已知数量的意义,在知识的沟通中联想出一个或几个新的数量,在此基础上,根据新的数量与原题中的有关条件间的关系,再联想出若干个新的数量,使联想不断深入。新的数量不断增加,从而找到解题的方向。例如:"一辆汽车2小时行64千米,照这样的速度,5小时行多少千米?"此题解决起来并不困难,但为发展和提高学生的能力,在知识的沟通中使学生树立自信心,从而激发学生创新精神,我们提出"对解决这个问题你想到了哪些可能的方法"、"除此之外你还有什么不同的方法",要求学生的解法尽可能多、尽可能新、尽可能具有独创性。通过讨论学生得到的解题方法有:

①用归一法:$64÷2×5=160$。

②用倍比法:$64×\left(\frac{5}{2}\right)=160$。

③用假设法:假设每小时行64千米,再还原 $64×5÷2=160$。

④用分数法:以2小时行的路程为单位"1",看5小时是2小时的几分之几,则 $64×\frac{5}{2}=160$。以5小时行的路程为单位"1",看2小时是5小时的几分之几,则 $64÷\frac{2}{5}=160$。

这样的一题多解可以表现出学生思维的创造性。由此题中的某个条件我们可以联想到什么？2小时行64千米，就可以想到1小时行多少千米，由此可以想到，知道总路程就可以求出所用时间，联想到知道行了多少时间，就可以求所行的总路程。

在此基础上我们把题目中的问题进行改变：

①再行5小时共行多少千米？

②要行320千米，共需多少小时？

③再行320千米，共需多少小时？

这样联想的结果，使原题改变，使之成为多道新的应用题。

7.5.3 培养学生解题的灵活性

7.5.3.1 一题求多解

在应用题教学中，当学生具有一定解题基础后，我们进行了解题方法灵活性的训练。如：某小学四年级有学生136人，占全校学生总数的$\frac{4}{25}$，五年级学生是全校学生人数的18％，五年级有学生多少人？

老师鼓励学生用多种方法解此题。学生的积极性被调动起来，他们积极思考，找到了四种解题方法。

解法一：$136÷\frac{4}{25}×18\%=153$人（用四年级的136人除以对应分率$\frac{4}{25}$即得全校人数，再乘五年级人数的对应分率18％，即得到五年级有学生153人。）

解法二：$136÷\left[\frac{4}{25}÷18\%\right]=153$人（先求出四年级和五年级的人数比，再运用"归一解法"求出五年级的人数。）

解法三：$136×\left[18\%÷\frac{4}{25}\right]=153$人（用倍比的方法，把四年级人数看成一倍量，先求出五年级人数是四年级的几倍，再求出五年级有多少人。)

解法四:根据"四年级和五年级人数分别除以他们的对应分率,都等于全校人数"用等量关系列方程解答,设五年级有学生x人,$136 \div \dfrac{4}{25} = x \div 18\%$。

这种一题多解的发散训练,不是为了解某道应用题,而是为了开阔学生的解题思路,启发学生探求不同的解题途径,从而提高学生的解题能力。

7.5.3.2 一题求多问

例如,挖一条水渠,已经挖了250米,还有150米没挖,根据已知的条件可以补充什么问题使之成为一道完整的应用题?

已挖的米数是没挖米数的几分之几?

没挖的米数是已挖米数的几分之几?

已挖的米数占这条水渠的几分之几?

已挖的米数比没挖的多几分之几?

水渠的全长是已挖米数的几分之几?

让学生根据条件提出不同问题的练习,使他们了解到相同的条件可以提出不同的问题,有助于学生分析数量关系,培养学生的分析推理能力,使之灵活解题,有助于克服思维定式的消极影响。

7.5.3.3 一题求多意

这个训练就是用一个算式,不改变题意,让学生用多种说法,说明算式所表示的意义。如:$360 \div 5 = ?$说明算式所表示的意义。

①把360平均分成5份,每份是多少?

②360里包含多少个5?

③360是5的多少倍?

④360和5的比值是多少?

一题求多意要求学生的思维活动要多向，而不局限于单一角度，不受一种思路的束缚。在这种情况下，学生往往会独辟蹊径，发现解决问题的新途径。这样培养出来的学生，不仅思维灵活，而且具有较好的应变能力。

7.5.3.4　改变叙述方法

学生在解题过程中，常常会出现一种定式，即按习惯思路思考问题，碰到常规题型，解题速度快，思路比较清晰，而对叙述形式稍有变化的题，便无从下手。为使学生理解题意，掌握问题结构，提高学生的解题水平，可以进行改变叙述方法的训练，就是使题意不变，仅改变题中的某些词、句的叙述方法，达到举一反三的目的。

例如，在教授"两数相差应用题"时，为了理解问题的含义，教师不局限于就事论事，而是训练学生运用不同的叙述方法来表述。比如："红花比黄花多几朵?"这一问题，还可以这样叙述：

①黄花比红花少几朵？
②红花与黄花相差几朵？
③红花如果去掉几朵就和黄花的朵数同样多？
④黄花如果再添几朵就和红花的朵数同样多？

应用题反映的是日常生活中的问题，数学语言也要与生活语言紧密结合起来。把下面的"多"和"少"换成生活用词，说说题意是否改变：

①小红比妈妈少（小）几岁？
②旅游鞋比布鞋多（贵）几元？
③一箱苹果比一箱香蕉少（轻）几千克？
④一条裤子比一件上衣少（便宜）多少元？
⑤九月份的生产总量比上月多（增长）了多少台？

这样的训练，不仅开拓了学生语言叙述的范围，加深了其对应用题中的名词术语的理解，而且可以促进学生思维的发展，提高学生分析问题和解决问题的能力。以后不论遇到怎样变化的题目，学生都会以不变应万变。

7.5.3.5 改变重点词语

重点词语是连接条件与条件、条件与问题的纽带。它是引导学生理解题意、分析数量关系、寻求解题方法的主要线索。训练中要通过变式练习,让学生体会重点词语的作用,引导学生寻找重点词语的方法,并在读题的过程中有意地做好标记。

例如,一年级学生在学习了"整体与部分"关系的应用题之后,为了让学生在具体的环境中进一步理解"整体与部分"的关系,理解"整体与部分"的针对性、变化性等,教师进行了改变重点词语的变式练习,让学生深刻体会其中的内涵。

认真读题,找出下面两道题的区别,并根据整体与部分的关系分析解答。

①停车场上原来有 40 辆汽车,又开走了 20 辆,现在停车场上有多少辆汽车?

②停车场上原来有 40 辆汽车,又开来了 20 辆,现在停车场上有多少辆汽车?

学生读题后,发现只一字("走"和"来")之差,数量关系却发生实质性的变化。然后让学生讨论:两道题"整体与部分"的关系发生了怎样的变化?在计算方法上有什么不同?学生边讨论,边做标记。

7.5.3.6 改变条件

每个应用题都有条件和问题,在数学教学中不应只局限于传统应用题的教学,而更应重视变化条件余亏,进行开放的应用题训练,以此来打破学生的思维定式,培养创新思维,提高创造力。

(1)条件多余。为了深化理解,我们进行了条件多余的应用题变式训练。

例 7-1:小红要看一本故事书,第一天看了 15 页,第二天看了 18 页,两天一共看了多少页?

例 7-2：小红要看一本 50 页的故事书，第一天看了 15 页，第二天看了 18 页，两天一共看了多少页？

教师先让学生对比观察：看发生了什么变化？（多了一个条件）。两道题有什么相同的地方？（问题相同）老师进行诱导：这道题也是求两天一共看了多少页，那么，"小红要看一本 50 页的故事书"这个条件对于问题来说是多余的。

学生不难提出：

①第一天看完后还剩多少页？

②第一天比第二天少看几页？

③还剩多少页没看？

例 7-3：小红要想 3 天看完一本 50 页的故事书，第一天看了 15 页，第二天看了 18 页，两天一共看了多少页？

学生有了前面的基础，很快提出了很多有思考性的问题。随着解决问题的条件不断变化，学生逐渐意识到，解决问题的方法也发生了变化。学生就是在这变化之中学会了选择。

（2）条件不足。学生掌握了给应用题补充一个条件后，再来解决问题的条件训练。例如：

①还剩多少只？

②两班一共有多少人？

③第一天比第二天少多少页？

④平均每组多少人？

对于题①，学生可以这样分析：要想求还剩多少只，必须知道原来有多少只，中途又发生了什么变化（是游来了？还是游走了？是飞来了？还是飞走了？……）

学生根据原有应用题的结构，编出了多种符合问题情境的应用题。由此可以看出，学生在训练开放应用题时，打破了解决传统应用题的思维定式，而补充条件和筛选条件的过程就是学生创新的具体表现。

7.5.3.7 改变问题

改变问题,就是使条件不变,只改变应用题的问题,不仅使题意发生了变化,而且使思路、解题的具体方法都发生了变化。

例如,学校有 18 个篮球,有 6 个足球_____?

教师出示题目后,先让学生读出题目要求,知道这是一道不完整的应用题,需要补充一个跟条件有直接关系的问题。

补充问题举例:

①篮球和足球一共有多少个?

②篮球的个数再去掉几个就和足球同样多?

③足球的个数比篮球少几个?

④篮球的个数比足球多几个?

⑤篮球的个数是足球的几倍?

⑥足球和篮球的总数是足球个数的几倍?

第8章 小学数学思维能力评价

　　培养学生数学思维能力是小学数学教学的根本任务,更是新课程改革当中对数学教育提出的要求。数学思维是特定学习思维,教师要重视培养学生的数学思维能力,探索完善学生思维品质的方法,有效改革传统的数学教育模式,把握数学思维教育核心,帮助学生扎实数学学习基础,能够带领学生在解决数学问题时选用合理化的思维方式进行处理,提高解题质量和效率,保证新课程改革目标的落实。

8.1　小学生数学学习评价的目的

　　与评价常常联系在一起的是测量评定、评估这些术语。事实上在一个完整的评价体系中,它们确实是联系十分紧密的一些评价活动。测量(measure),主要的任务在于收集有关学生的学习成就的数据。评定(assess),它与测量的任务相同,但更强调收集数据类型的多元化,收集数据方式的多样化,而非只针对学生的数学知识和技能或者只固定在正规的考试形式上。评估(evaluate),它是基于测量或评定的基础上对学生的学习状况定级或作出一个定性的描述。评定和评估联系非常紧密,是一个完整的评价体系中缺一不可的两个过程。

　　数学学习评价是指有计划、有目的地收集有关学生在数学知识、运用数学的能力和对数学的情感、态度、价值观等方面的证据,并根据这些证据对学生数学学习状况、某个课程或教学计划

第8章 小学数学思维能力评价

作出结论的过程。① 这个过程涉及四个环节,如图8-1所示。

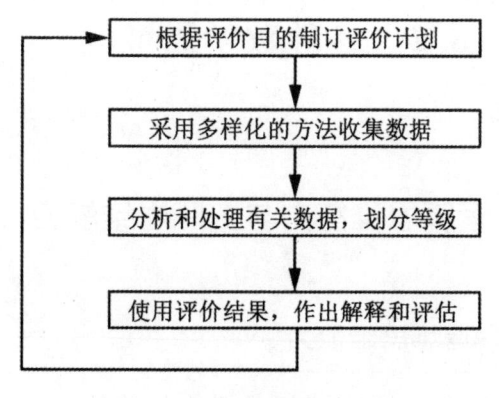

图 8-1 评价的四个环节

- 根据评价目的制订评价计划
- 采用多样化的方法收集数据
- 分析和处理有关数据,划分等级
- 使用评价结果,作出解释和评估

对学生数学学习的评价主要包括以下五个方面的目的(图8-2)。

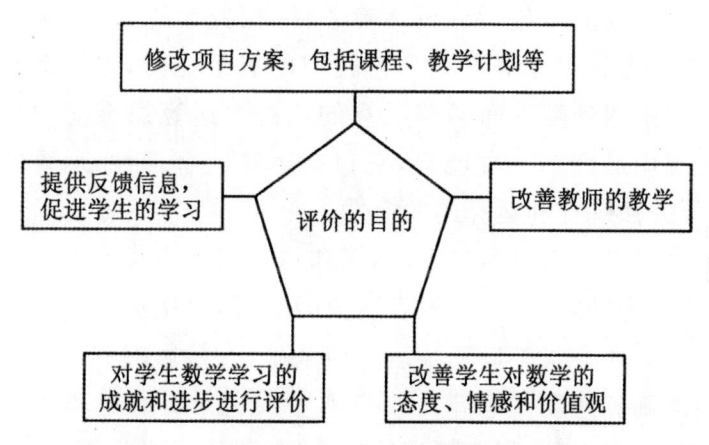

图 8-2 对学生数学学习结果评价的目的

评价的目的:
- 修改项目方案,包括课程、教学计划等
- 提供反馈信息,促进学生的学习
- 改善教师的教学
- 对学生数学学习的成就和进步进行评价
- 改善学生对数学的态度、情感和价值观

---

① 左峰辉. 对职业院校学生数学学习过程性评价的思考与研究[D]. 首都师范大学,2006.

8.2 各种数学思维能力

8.2.1 运算思维能力与数感思维能力

8.2.1.1 运算思维能力

运算是指根据运算法则与运算律对具体对象进行变形的演绎过程。运算能力是指不仅会根据法则、运算律等正确地进行运算,而且理解运算的算理,能够根据问题的条件寻求合理、简捷的运算途径的能力。

运算思维能力包括分析运算条件、探究运算方向、确定运算程序、选择运算定律等一系列过程中的思维能力,也包括在实施运算过程中遇到障碍而调整运算的能力。运算思维能力是基础的又是应用最广的一种能力,它包括运算的合理性、运算的准确性、运算的熟练性和运算的简捷性。

运算思维能力包括口算、笔算和估算三个方面。口算又称心算,是指不借助计算工具,不表达中间过程,直接通过思维活动算出结果的运算方式。口算是运算的基础,直接影响和制约着整个运算的准确和速度。笔算一般指列竖式记录运算过程的运算形式。难度较大、复杂程度较高的运算,如果不借助运算工具,通常都是通过笔算来完成的。笔算具有格式固定、步骤固定等机械化操作的特点,它采用外显形式记录中间过程,省却了很多脑力负担,便于学习和掌握,也便于检查错误,基本上不受数据数位的限制。估算也称概算,是对运算过程或结果的粗略的近似估计。估算远比精确的计算省时省力,而实际活动中需要用到估算的场合更是多于需要精确运算的场合。除此以外,估算还可以预见运算结果的大致范围,帮助人们在一定程度上检验运算的结果,提高运算的准确性。

运算思维能力主要表现为：能够根据法则和运算律正确地进行运算；理解运算的算理；能够寻求合理的运算途径解决问题。

8.2.1.2 数感思维能力

数感是对数量关系和模式的意识以及运用这种意识灵活地解决数学问题的能力。学生具有数感的典型特征是他们能够对其所面对的数量模式、数量关系和计算过程进行归纳并能把新知识和已有的知识联系起来。

数感是一种主动地、自觉地或自动化地理解数和运用数的态度与意识，是人的一种基本的数学素养。它是建立明确的数概念和有效地进行计算等数学活动的基础，是将数学与现实问题建立联系的桥梁。具有良好数感的人对数的意义和运算有灵敏的感受和感知能力并能作出迅速而准确的反应。

数感思维是人们在数概念的扩展中产生的对数学的一种敏感与一般理解。这种敏感与理解是对数字（量）的直觉，它帮助人们把数字（量）直观、迅速地反应为数学问题，使数学问题从感知层面敏捷地链接到数学思维。这种敏感与理解是关于数概念的网络结构。这个网络结构帮助人们以数为基础掌握更多的数学知识，以选择灵活而有创新的方式解决数量问题。这种敏感与理解具有非算法、非单一、非确定、非逻辑等特点，其反应时间短、稳定性差，是所需解决的问题与数学思维之间的按钮，其灵敏度与数概念网络结构的个性化有关。[1]

数感思维能力的主要表现，包括"理解数的意义；能用多种方法表示数；能在具体的情境中把握数的相对大小关系；能用数表达和交流信息；能为解决问题选择适当的算法；能估计运算的结果并对结果的合理性作出解释"。这些对数感的具体描述，构成了小学阶段培养学生数感的主要内容。

---

[1] 腾发祥．数感及其教育价值[J]．课程·教材·教法，2004，12．

8.2.2　数学符号思维能力

符号是数学的语言,是人们进行表示、计算、推理、交流和解决问题的工具。学习数学的目的之一是要使学生懂得符号的意义,会运用符号解决实际问题和数学本身的问题,发展学生的符号意识。

符号意识是人对符号的意义、作用的理解以及主动使用符号的意识和习惯。它包括三层意思:第一,理解各种数学符号的意义,表示什么意思,在什么时候使用以及怎样使用;第二,理解数学符号的作用与价值,使用符号的原因及好处;第三,在学习数学和应用数学时,在独立思考和与人交流时能经常地、主动地、甚至是创造性地使用符号。符号意识反映的是"数学化"及数学表达的能力,符号意识是衡量数学素养的重要标志。因此,在小学阶段尤其应该注重学生符号意识的培养。

《课程标准》强调应发展学生的数学符号思维能力,数学符号思维能力主要表现在:能从具体情境中抽象出数量关系和变化规律并用符号来表示;理解符号所代表的数量关系和变化规律;会进行符号间的转换;能选择适当的程序和方法解决用符号所表示的问题。

8.2.3　空间观念与几何直观思维能力

8.2.3.1　空间观念思维能力

空间观念是指对物体的方向、大小和形状的知觉,是客观世界空间形式在人脑中的表象。空间观念是在空间知觉的基础上形成的关于物体的形状、大小和位置关系的表象,它是在综合同一类事物的多次感知的基础上形成的,是记忆的重要形式,是想象的必要材料,是形成空间想象力的基础。义务教育第一学段强调经历从实际物体中抽象出简单几何体和平面图形的过程，了解一些简单几何体和常见的平面图形；感受平移、旋转、轴对称现象；认识物体的相对位置；掌握初步的测量、识图和画图的技能。在从物体中抽象出几何图形、想象图形的运动和位置的过程中，发展空间观念。第二学段强调探索一些图形的形状、大小和位置关系，了解一些几何体和平面图形的基本特征；体验简单图形的运动过程，能在方格纸上画出简单图形运动后的图形；了解确定物体位置的一些基本方法；掌握测量、识图和画图的基本方法。初步形成数感和空间观念，感受符号和几何直观的作用。

空间观念思维能力主要表现在以下几个方面：能由实物的形状想象出几何图形，由几何图形想象出实物的形状，进行几何体与其三视图、展开图之间的转化；能根据条件做出例题模型或画出图形；能从较复杂的图形中分解出基本的图形，并能分析其中的基本元素及其关系；能描述实物或几何图形的运动和变化；能采用适当的方式描述物体间的位置关系；能运用图形形象地描述问题，利用直观来思考。空间观念这几方面的表现是一个包括观察想象、比较、综合、抽象分析，不断由低到高向前发展的认识客观事物的过程，是建立在对周围环境直接感知基础上的、对空间和平面相互关系的理解和把握。

8.2.3.2 几何直观思维能力

直观与直觉两者并不完全相同，直觉不等于直观。从研究对象上来看，直觉的对象不一定是可视的对象，而直观的对象一定是可视的；从过程来看，直觉与个人的经验、经历有关，具有层次性，直觉是从一个层次看到更深刻的层次或本质，而在同一个层次上不是直觉而是直观，直观是原因与结果的关联，因而直观是一个平面上的，属于同一层次；从功能上看，直觉是用来发现定理的，而直观是用来证明定理的。

从广义上说，几何直观是一种思维形式，它是人脑对客观事物及其关系的一种直接识别或猜想的心理状态。从狭义上说，所谓几何直观就是在几何教学过程中，对抽象几何知识的背景材料所进行的直接感知的具体或形象的感性反应过程。几何直观思维能力主要是指利用图形描述和分析数学问题。借助几何直观可以把复杂的数学问题变得简明、形象，有助于探索解决问题的思路、预测结果。几何直观思维能力不仅在"图形与几何"的学习中发挥着不可替代的作用，而且贯穿在整个数学学习过程中。

几何直观思维能力主要表现为"利用图形描述和分析数学问题"，即能运用图形形象地描述问题，利用直观来进行思考。

8.2.4 数据分析思维能力

无论用"数据分析观念"还是"统计观念"，反映的都是由一组数据所引发的想法、所推测到的可能结果，自觉地想到运用统计的方法解决有关的问题等。也许有人认为统计就是计算平均数、画统计图，而这些事情计算器、计算机就能做得很好，似乎没有必要让学生从小就学习。确实，在信息技术如此发达的今天，计算平均数、画统计图等内容不应成为学生学习统计的核心。在义务教育阶段，学生学习统计的核心是发展数据分析观念。

同时，在概率的学习中，帮助学生了解随机现象是重要的。所涉及的随机现象都基于简单随机事件；所有可能发生的结果是有限的，每个结果发生的可能性是相同的。《中国大百科全书·数学》对概率的阐释是"随机事件出现的可能性的度量"。它是概率论最基本的概念。

所谓"数据分析观念"也就是"统计观念"。数据与人们的日常工作和社会生活密切相关，生活已先于数学课程将数据分析（随机现象）摆在了学生的面前。在以信息和技术为基础的现代社会里，人们面临着更多的机会和选择，常常需要在不确定的情境中，根据大量数据，作出合理决策，这是每一个公民都应当具备的基本素质。义务教育阶段数学课程应培养学生具有从纷繁复杂的情境中收集、处理数据,并作出恰当选择和判断的能力,这是时代发展对教育提出的必然要求。

8.2.5 解决问题与推理能力

8.2.5.1 解决问题

从信息加工的观点来看,一个问题可分为三个部分:初始状态(接受问题,所拥有的信息不够完整);目标状态(确定所希望达到的状态);认知操作(从初始状态到目标状态的过程中必须采取的步骤)。这三个部分共同界定了所谓的问题空间。例如,在证明一道题目的时候,题目中的已知条件即为这一问题的初始状态,目标状态是证明的结果,中间的一系列证明过程就是为了达到目标所采取的一系列认知操作。可以认为。解决问题的思维过程就是采取有效的策略和方法不断缩小问题空间,以至解决问题的过程。

学生在按照一定的目标,应用各种认知活动、技能等,经过一系列的思维操作,使问题得以解决的综合能力就是解决问题的能力。

解决问题的主要表现包括:初步学会从数学的角度发现问题、提出问题,认识到现实生活中蕴藏着大量的数学信息,数学在现实世界中有着广泛的应用;面对实际问题时,能主动尝试着从数学的角度综合运用所学的知识和方法寻求解决问题的策略并体验解决问题策略的多样化;面对新的数学知识时,能主动地寻找其实际背景并探索其应用价值;能对解决问题的过程或结果进行验证和反思。

8.2.5.2 推理能力

由一个或几个已知判断推出另一个未知判断的思维形式叫

做推理。推理有演绎推理、归纳推理、类比推理等。演绎推理的前提和结论间具有蕴涵关系,是必然性推理。三段论是演绎推理的一种重要形式。合理推理是根据已有的知识和经验,在某种经验和过程中推论出某种可能性结论的推理。归纳推理、类比推理和统计推理是合情推理的三种重要形式。科学结论(包括数学的定理、法则、公式等)的发现往往发端于对事物的观察、比较、归纳、类比等,即通过合情推理提出猜想,然后再通过演绎推理证明猜想正确或错误。演绎推理和合情推理是极不相同又相辅相成的两种推理形式。

能通过观察、实验、归纳、类比等获得数学猜想,并进一步寻求证据、给出证明或举出反例。这就是说,学生获得数学结论应当经历合情推理—演绎推理的过程。合情推理的实质是发现,因而关注合情推理能力培养有助于发展学生的创新精神。[1] 合情推理得到的猜想常常需要证实,这就要通过演绎推理给出证明或举出反例。

能清晰、有条理地表达自己的思考过程,做到言之有理、落笔有据。也就是说要把思考过程中每一个判断的理由和依据这种"内部语言"转化为清晰而有条理的外部语言。在与他人交流的过程中,能够运用数学语言合乎逻辑地进行讨论和质疑。

"数与代数""图形与几何""统计与概率""实践与综合应用"数学的各个领域都充满了推理。

8.3 不同维度下小学数学内容领域中的思维能力评价

新课程小学数学包括数与代数、图形与几何、统计与概率、实践与综合应用四个内容领域。本章将就这四个内容领域,对基础

---

[1] 于留珍. 初中生合情推理能力的培养[J]. 成功(教育),2012(7):173.

知识与基本技能、数学思考和问题解决以及情感态度三个维度的评价进行指导。

8.3.1 不同维度下对数与代数思维能力的评价

在"数与代数"这个学习领域中,把以往数学与计算、代数初步知识、量与计量的部分内容进行适当的整合与更新,形成新的学习内容。新课程中这一领域的主要内容包括:数的认识、数的表示、数的大小、数的运算以及数量的估计;用字母表示数、等量关系;简单方程等。

历来的小学数学教学大纲中,数的认识与计算都占有重要的地位,学生在数学学习方面扎实的基础,在很大程度上反映在数的认识及其四则运算上。在新课程中,"数与代数"领域在小学数学中依然占据着重要地位,它是学生继续学习数学,同时也是学习其他内容领域的基础。

8.3.1.1 对"数与代数"基础知识和基本技能的评价

新课程中,"数与代数"领域的基础知识和基本技能除了传统的认数、计算等外,还增加了许多新的内容,如前面提到的数感和符号意识等。"数学知识不仅包括'客观性知识',即数学事实,如法则、公式等,而且还包括从属于学生自己的'主观性知识',即带有鲜明个体认知特征的个人知识和数学活动经验,如对'大数'的认识等。"[①]因此,对"数与代数"这一"旧"内容的评价也应加入"新"内涵,才能全面评价《课程标准》中的"数与代数"这一内容领域。评价既要包括学生必须掌握的基本规则,基本公式等方面的题目,又要增加体现学生自身数学思维能力的题目。

---

① 数学课程标准研制组编写. 数学课程标准解读[M]. 北京:北京师范大学出版社,2002:172-174.

8.3.1.2 对"数与代数"数学思考和问题解决的评价

数学思考的评价包括"是否能在解决问题中进行简单、有条理的思考,能否运用生活经验对有关的数字信息作出解释等"。解决问题的评价包括"对提出问题的意识和能力,解决问题的策略,创新和实践能力以及合作与交流方法等的评价。"[①]对数学思考和问题解决的思维能力评价要依据总体目标和学段目标的要求,体现在整个数学学习过程之中。应重视了解学生数学思考的过程,可以让学生在解决问题时,说一说他的思考过程。在测验试题的后面补充跟踪问题,如"你为什么这么想?""你是怎样思考的?"之类的问题。

《课程标准》中多次提到:在教学中,应注重所学知识与日常生活的密切联系。这就要求教师充分借助生活原型,引领学生们从生活中发现数学问题,并学会用所学知识解决这些问题。充分发挥考试的导向作用,改革考试内容严重脱离生活实际的状况,是指引教师端正教学思想、改进教学行为的有效举措。

对"数与代数"内容的评价,应结合具体情境,考察学生的理解。新课程重视在现实情境中学习数与计算,同时提倡解题策略与计算方法的多样化。一个问题可能通过不同的策略找到答案,一个算式也可以用不同方式得出结果。用什么方式合适,得到结果的合理性如何,与学生的思维方式和发展水平有关。

8.3.1.3 对"数与代数"情感态度的评价

情感态度的评价应依据课程目标的要求,采用适当的方法进行,主要方式有课堂观察、活动记录、课后访谈等。

情感态度评价主要在平时教学过程中进行,并要注重考察和记录学生在不同阶段情感态度的变化。另外,在"数与代数"评价中,不应用"人为"编造毫无实际价值的计算复杂的题,而要多结

---

① 中华人民共和国教育部制订. 数学课程标准(实验稿)[S]. 北京:北京师范大学出版社,2001:7-9.

合具体情境，让学生感受到数学的有用、有趣，并且用一些具有挑战性、探索性的问题，增强学生学习数学的信心和兴趣。

8.3.2 不同维度下对图形与几何思维能力的评价

"图形与几何"是整合了以往的几何初步知识内容形成的一个新的学习领域，小学阶段该部分内容如下。

第一学段（1~3年级）：认识简单几何体和平面图形，感受平移、旋转、对称现象，学习描述物体相对位置的一些方法，进行简单的测量活动，建立初步的空间观念。

第二学段（4~6年级）：了解一些简单几何体和平面图形的基本特征，进一步学习图形变换和确定物体位置的方法，发展空间观念。

这个学习领域与以往的几何初步知识有联系，但也存在明显的区别。内容结构的变化拓展了图形与几何领域的内容范围，在保留原有的几何初步知识的主要内容基础上，整合与增加了许多新的内容。使学生更好地认识、理解和把握自己生存的空间，发展学生的空间观念和几何直观。学生可以有更多的机会经历观察、操作、推理、想象等过程，体现自主探索、合作交流与实践创新的学习方式，以真正体现"图形与几何"的教育价值。学生生活的世界和周围的事物与空间图形有密切联系，他们常常接触图形与几何的具体问题，需要从形状、位置等方面认识周围事物，描述事物的特征。

《课程标准》扩展了图形与几何的知识范围，注重培养学生的空间观念，培养学生的几何直观与推理能力。增强学生对周围事物的感受与体验，提高具体操作和解决实际问题的能力。这些知识技能和能力不仅在"图形与几何"的学习中发挥着不可替代的作用，而且贯穿在整个数学学习过程中。

8.3.2.1 对"图形与几何"基础知识和基本技能的评价

《课程标准》扩展了"图形与几何"的知识范围，所以在本领域进行基础知识和基本技能评价的时候要注意对新知识的把握,不能只重视传统的重点知识而忽略对新知识的考查。

例 8-1 下图这个机器人是由哪些基本图形组成的,并说出个数。

像这样的试题,既考查了学生对图形进行分类的能力,又考查了学生在生活中发现几何图形的能力。

"图形与几何"内容比较直观,而且与生活结合紧密,对这一内容知识技能的评价,不应凭空捏造偏题、怪题,而要结合直观素材和生活情境评价学生对图形的认识和空间观念。例如,针对"会用上、下、左、右、前、后描述物体的相对位置"这一技能目标,教师可以设计如下问题。

例 8-2 观察右图中的骰子,从正面能看到_____个点,从侧面能看到_____个点,从上面能看到_____个点。

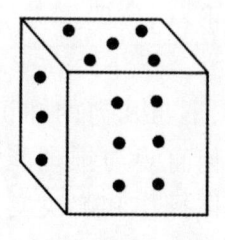

8.3.2.2 对"图形与几何"数学思考和问题解决的评价

对数学思考和问题解决的评价应当采用多种形式和方法,要重视在平时教学和具体的问题情境中进行。例如,在第二学段,教师可以设计下面的活动，评价学生数学思考和问题解决的能力。

例 8-3 用长为 50 厘米的细绳围成一个边长为整厘米数的长方形，怎样才能使它的面积最大？

教师在对学生进行评价时，应主要关注以下几个方面：第一，学生是否能理解题目的意思，能否思考出解决问题的策略，如通过画图进行尝试；第二，学生能否列举若干满足条件的长方形，并通过列表等形式将其进行有序排列；第三，在观察、比较的基础上，学生能否发现长、宽发生变化时面积的变化规律，并猜测问题的结果；第四，对猜测的结果给予验证；第五，学生能否猜想当它的长、宽不限于整厘米数时，面积何时最大。

需要指出的是，评价时，教师不仅仅要关注学生获得的结果，更要关注考查学生解决问题的过程。根据实际，教师可以要求学生用不同方式表达出自己思考的过程，也可以通过设计以下有层次的问题评价学生的不同水平。

(1)找出三个满足条件的长方形，记录下长方形的长、宽和面积。

(2)当长、宽发生变化时，面积有什么变化？根据你的发现，猜测长、宽等于多少厘米时，围成的长方形的面积最大。

(3)将长、宽所有可能的结果列举出来，验证你的猜测。

(4)当长方形的长、宽不限于整厘米数时，猜测长、宽发生变化，何时长方形的面积最大。

对于第二学段的学生，能够完成以上第(1)、(2)题就达到基本要求。如果学生只能完成第(1)题，教师首先要对他取得的成绩给予肯定，并且指出他的不足。对于能完成第(3)、(4)题的学生，教师应以适当的形式对他进行充分肯定。

学生解决问题的策略可能与预设不同，教师应当仔细分析学生的策略，给予适当的评价，并了解不同学生的思维特点。

8.3.2.3 对"图形与几何"情感态度的评价

情感态度的评价应依据课程目标的要求，采用适当的方法进行,主要在平时教学过程中进行。

在"图形与几何"评价中,多利用有趣的图形,设计一些游戏性、探索性的问题,可以增强学生学习数学的信心和兴趣。

例 8-4 长方体展开后可能是什么样的?

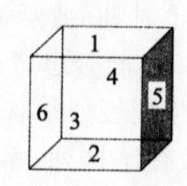

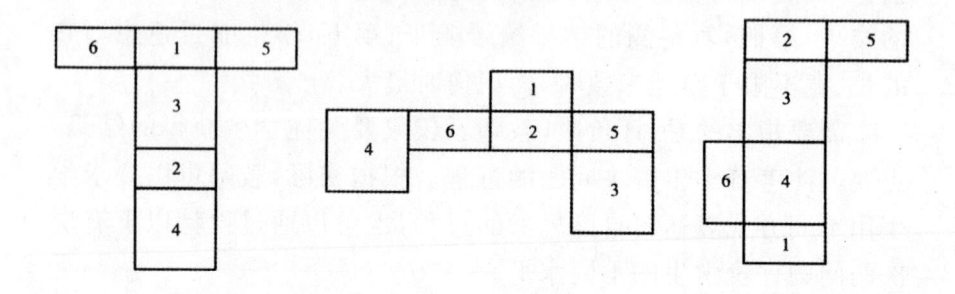

8.3.3 不同维度下对统计与概率思维能力的评价

"统计与概率"这部分内容曾是小学数学教学中的"软肋",但在现代信息社会,"统计与概率"在日常生活中有着极广泛的应用。而且"统计与概率"内容提供了一种随机的思维方式,与熟悉的"数与代数""图形与几何"的思维方式完全不同,可以开阔学生的视野,为他们今后的生活和数学学习打下基础。正由于这些原因,新课程改革在小学各个学段都增强了这部分内容的学习。

在"统计与概率"内容领域中,应帮助学生逐渐建立起数据分析观念、了解随机现象。在小学阶段,本部分的主要内容有收集、整理和描述数据,包括简单抽样、整理调查数据、绘制统计图表等;处理数据,包括计算平均数;从数据中提取信息并进行简单的推断;简单随机事件。

8.3.3.1 对"统计与概率"基础知识和基本技能的评价

对"统计与概率"基础知识和基本技能的评价,重点应放在考察学生是否理解各种统计图表的特征和统计量的意义,能否选择适当的统计图表和统计量来表达数据,是否体会事件发生可能性大小的意义等。这些内容的评价,应结合生活情境,而纯粹的计算题,如计算给定数据的平均数不应当成为评价的主要内容。

8.3.3.2 对"统计与概率"数学思考和问题解决的评价

在小学阶段,让他们对数据统计过程有所体验是"统计与概率"内容领域的主要教学目标,也是主要评价目标。对统计与概率内容的评价,应结合生活情境考察学生初步的统计意识和解决简单问题的能力。例如,在准备班级活动时,为了确定要购买水果的种类和数量,可让学生调查全班同学最喜欢吃的水果种类和相应人数。在评价时,可以主要考察以下几方面:学生能否在教师的指导和帮助下,运用适当的方法收集喜欢吃各种水果的人数;在收集数据的基础上,能否将这些数据进行分类、整理和描述(如能说出"我们班喜欢吃苹果的人数最多,喜欢吃梨的人数还不到喜欢吃苹果的人数的一半"等);能否确定自己的购买方案。

8.3.3.3 对"统计与概率"情感态度的评价

情感态度的评价应依据课程目标的要求,采用适当的方法进行,主要在平时教学过程中进行。

"统计与概率"评价要结合具体情境,让学生体验有实际意义的统计过程,有助于学生形成尊重事实、用数据说话的态度;使学生体会用数据进行推断的思维方式;使学生提高综合运用知识解决问题以及实践能力;有助于学生形成对数学的积极的情感体验,体会数学的作用。

8.3.4 对实践与综合应用思维能力的评价

"实践与综合应用"是帮助学生积累数学活动经验、培养学生应用意识与创新意识的重要途径。这部分可以让学生感悟数学各部分内容之间、数学与生活实际之间、数学与其他学科之间的联系,加深他们对所学数学内容的理解。

在《课程标准》的实施过程中,"实践与综合应用"领域是一个很特别的领域,内容标准更多的针对数学思考、问题解决和情感态度这些方面,更适合于平时的考察,教师应注重评价学生参与活动的过程,不宜把这一类活动或问题纳入书面考试或测验的范围之中,而恰恰又由于数学综合实践活动自身的特点,在这个学习领域中更有利于实现评价功能从甄别选拔向激励发展的转变。

在评价中应设计恰当合理的表现性评价,编制与生活经验密切联系的、具有一定挑战性和综合性的问题,以发展学生解决问题的能力,加深对其他学习领域的理解,体会各部分之间的联系。

"实践与综合应用"领域的表现性评价是:通过学生完成实际的、与数学密切相关的实际任务的过程,来表现学生在学习方面的发展与成就的评价。表现性评价的教育价值在于其评价的整体性和深刻性。通常的测验和考试更多地是关注数学的某一个知识点,把评价的重点放在学生知识技能的表现上,评价的范围和内容受到很大限制,容易忽视学生的整体发展,而表现性评价,是对学生完成一个实际任务的过程的考查与评价。因此,通过表现性评价,可以比较全面地了解学生的发展状况,评价出学生多方面的表现,评价出不同学生的不同发展。这与新课程提倡的评价目标多元,评价方法多样的理念是一致。

"实践与综合应用"领域中的表现性评价与传统的纸笔测验相比,在评价学生的数学综合实践活动中具有以下几个特征:

(1)具有很强的任务感和真实性。
(2)体现以数学为主的各种知识和技能的综合运用。
(3)考察学生多方面的表现。
(4)鼓励学生找出多种解决问题的途径、策略、方法和答案。
(5)反映学生发展上的差异。

"实践与综合应用"领域中实施表现性评价的要素如下：

(1)综合实践活动的选题要精彩,既能激发学生的参与兴趣,又便于全面、整体地评价学生学习活动。

(2)评价的主体要多元,是一种开放式、多主体的评价体系。

(3)评价的方式要多样。

(4)评价的结果要能得到有效的运用。及时反馈,对结果的再分析和讨论,以期为下一个数学综合实践活动中更适应学生差异、更富针对性的个性评价表提供支撑,为促进学生发展和教师改进教学这一最终目标积累素材。

8.4 认知领域中的思维能力的评价

8.4.1 简单技能与概念理解中的思维能力评价

8.4.1.1 思维特征和题目特征的描述

简单的技能主要包括加、减、乘、除或代数运算的技能以及运用数学和测量工具进行计算、作图和测量等技能。

概念理解,意味着学生能够根据概念的定义、性质和特征在具体的情境中进行表示,举例和判断。对概念的理解还包括能够识别出那些可以根据给定的信息解决的问题,以及明确对象与有关对象的区别和联系对事物进行比较、分类、排序等。

这一水平的题目特征是以具体呈现的问题情境为背景,鼓励学生借助思维中的表象,抓住概念中的关键属性或性质,以及识别有用的信息(数据)进行表达、解释、比较和判断。同时这一水平还会涉及考查学生需要达到相对自动化的技能的题目,而这些相对自动化的技能构成了学生数学能力发展的重要基础。

8.4.1.2 简单技能和概念理解主要行为表现

识记/再认:能根据对象的特征,从具体情境中认出这一对象。

简单运算:知道加,减,乘,除以及它们的混合运算的运算规则;求表达式和公式的值,将一个代数或数字表达式进行化简;合并同类项,解方程等。

简单测量与作图:能使用简单的测量工具,用直尺和圆规根据给定的条件作图。

分类或排序:根据共同的属性将物体、图形、数字、表达式、概念进行分类;能正确地将某一对象进行归类并按某一属性进行排序。

表示与提取:使用模型来表示数字;用图形、表格、图表、坐标图等来呈现数学信息或数据;能用等价的表示法来表示给定的某种数学本质或关系;能够识别和提出有助于解决问题的有用信息(数据)。

举例:能从举例中说明对象的有关特征,对于一个给定的方程或表达式算式,能够用问题或情境来进行解释。

判断:能根据概念的意义、性质和特征,判断对象与有关对象之间的区别和联系。

8.4.2 应用中的思维能力评价

8.4.2.1 思维特征和题目特征的描述

当学生达到应用水平,就意味着他能够准确地选择和运用适当的程序,在各种变化的情境中运用规则,能够使用具体的模型或符号的方法解决问题。学生对程序性知识的掌握常常会使他把计算方法和给定的问题情境联系在一起,并在正确使用运算法则和交流运算结果的能力中得到反映。应用水平还涉及包括阅读能力、产生图表能力、进行几何建构和解释模型的意义等非计算性的技能。

这一水平的题目特征是问题背景相对常规。常规问题的特点是学生能借助特定的方法和技能进行实践性的练习。这类问题常常以语言的形式把问题设置在类似于真实背景的情境中,而且情境应尽量多样化,以促进学生在变式练习中促进能力的内化和迁移。每一年级提供的问题类型都期望学生非常熟悉题中的情境,这样学生才能有效地运用所学的知识。可能会有少部分题目会把问题放在真实生活的情境中,或者涉及纯数学问题,如数或代数表达式、函数、等式、几何图形或统计数据,但是应用水平更强调熟悉和常规的任务。

8.4.2.2 应用的主要行为表现

选择:选择适当的算法、模型、法则、公式、单位等解决问题,而其中的算法规则或解决问题的方法是学生所知道的。

模式化:用一个适当的模型如等量表达式、图表解决常规的问题。

解释:对给定的数学模型(等式,图表等)进行解释。

使用工具:按照要求使用一系列的数学工具和步骤完成给定要求的图形。

解决常规问题:应用事实、程序、概念等知识解决常规问题(包括现实生活中的问题),也就是说,题目与学生在课堂上可能遇见的问题相似。

验证:能够证实/检查解决方法或结果的正确性;评价问题解决方法或结果的合理性。

8.4.3 解决问题中的思维能力评价

8.4.3.1 思维特征和题目特征的描述

当学生达到这一能力水平时,意味着他能够从给定的信息中作出合理的假设、猜想和有效的预测与推断,在新的环境中使用推理,进行分析和评价,能够把他所知道的所有数学概念、程序、推理和信息交流的技能都联系到一起解决问题,并且能够用数学的方法和理由来证明或反驳某一陈述的真实性。

这一水平的题目特征是问题情境相对学生来说不熟悉的非常规问题。它超出了仅能解决常规问题的能力水平,即使学生已经学过了所需要的知识和技能。非常规问题可能是纯数学问题,也可能是具有真实的生活背景的问题。这两类题目都涉及把知识和技能迁移到新的情境中去。因为背景的新颖性或复杂性,或者需要综合一些步骤,或者需要利用数学领域中不同的知识和概念,所以不同的问题需要用不同的、灵活的方式来处理,常常没有固定的解题套路或步骤可循。

8.4.3.2 解决问题的主要行为表现

假设/猜想/预测:从给定的信息中作出合理的假设、猜想和有效的预测与推断。

分析:在数学情境下,决定、描述、运用变量或对象之间的关系;分析单变量统计数据;将几何图形进行分解以简化问题;对于一个给定的不熟悉的正方体能够描绘出它的本质。

概括和推广:用一种更一般、更概括或适用性更广的术语对思考和问题解决的结果加以扩展。

联系/综合/整合:能将新的知识和已有的知识联系综合起来;将知识的不同元素和相关的表示法联系起来;将相关的数学思想或对象联系起来;将数学过程进行整合以获得结果;将结果

进行综合以获得进一步的结果。

解决非常规问题：能将数学过程应用于不熟悉的情境中，解决在课堂中没有遇见过但跟之前遇见过的问题相似的问题。

证明：根据数学结果或属性，证明某一结论的真实性或用数学理由证明（反驳）某一陈述。

评价：能对数学思想、猜想、问题解决策略、方法、证明等进行讨论和批判性的评价。

第 9 章 数学游戏与思维能力培养

在小学阶段,数学作为学生学习的基础课程之一,担负着培养学生智力,锻炼学生思维以及引导学生形成良好习惯的重任。因此,教师在小学教育阶段,要找寻适合方法开展教学活动,提高学生的学习兴趣,培养他们的学习能力。学生对于游戏具有较浓厚的兴趣。所以,教师在数学教学过程中,可以利用游戏激发学生的学习兴趣,培养学生形成积极的学习态度,从而营造一个良好的学习氛围,有效地提高数学学习效率。

福禄贝尔曾在《人的教育》一书中恳切地呼吁:"母亲啊,鼓励和支持儿童的游戏! 父亲啊,保护和指导儿童的游戏!"福禄贝尔呼吁父母重视孩子的游戏权利。与此同时,小学教师更应该关注孩子的游戏权。在学校教育中,不管是课堂教学还是课外活动,教师都应该尊重儿童的游戏精神。[1] 其实,在小学数学课堂教学中,运用游戏来开展教学,也会给课堂带来无穷的乐趣。

9.1 数学游戏

所谓数学游戏,是将数学知识以游戏的形式呈现出来,让学生在游戏活动的过程中把握数学知识,最终实现寓教于乐的教育目标。在新课程改革不断深入发展的教育背景下,数学游戏作为

---

[1] 徐文彬,彭亮."游戏教学法"解析及其运用——小学数学教学方法系列研究之九[J].教育研究与评论(小学教育教学),2016(10):5-11.

第 9 章　数学游戏与思维能力培养

改革创新传统教学课堂的有效形式,逐渐得到广大教师的认可,成为现代教师得力的教学手段。与传统的教学模式相比,数学游戏在小学数学课堂教学中的应用,因其本身所具有的娱乐性、趣味性等特点而有助于增强数学课堂的趣味性,进而达到激发学生数学学习兴趣、构建互动性数学课堂、提高数学课堂教学质量的目的。①

9.1.1　巧用数学游戏导入,激发学习兴趣

只有在学习过程中对于所学知识真正感兴趣时,才可以充分地调动学生学习的积极性,促使学生主动地参与到教学环节中促进他们积极、愉快的进行学习活动。在现在的教学中,学生会因为数学知识太过枯燥而缺乏学习的兴趣。基于这一情况,教师便可以通过创设一些数学小游戏激发学生的学习兴趣,促使其在玩游戏的同时,有效地学习数学知识。

如在进行数学绘本教学时,虽然学生对于绘画比较感兴趣,但是他们对于一些系统的数学公式以及数学理论知识的兴趣是相对较低的,那么教师就可以有效地利用数学游戏激发学生对于数学绘本教学的兴趣。比如,在学习人教版二年级数学教材中"观察物体"这一课时,教师可以让学生每四个人组成一个小组,然后让他们分别坐在桌子四周,再将一个两面是正方形的长方体放在桌子上,让学生根据看到的作画并猜测这是谁看到的。如此便可以充分地激发学生学习的兴趣,活跃课堂学习氛围。

9.1.2　借助数学游戏进行知识讲解,突破教学重点与难点

重点与难点内容历来是教师比较头疼的部分。小学数学教

---
①　陆燕华. 浅析数学游戏在小学数学教学中的有效应用[J]. 新课程导学,2019(S2):89.

师可借助数学游戏的应用,将复杂的数学知识简单化、抽象的数学知识具体化,有效突破教学的重点和难点,最终提高学生的数学学习效果。例如,教师在指导学生学习"倍数"的相关知识时,为了提高教学效果、突破教学重点和难点,教师通过富有趣味性的"倍数"游戏强化学生对知识的理解。教师让学生按照7人一组的形式进行分组,然后开始"3的倍数游戏"活动,让学生边拍手边报数,轮到3的倍数的学生不能拍手、只能拍桌子,报错的学生将会受到小惩罚。这样不仅能让学生全身心地投入到课堂知识学习中,同时还有助于营造愉悦的课堂教学氛围。又如在"3的整除"教学中,为了让学生学习到相关的技巧,教师可以开展趣味性的游戏活动:让学生随机说出一个数字,教师马上就能计算出是否能被3整除,学生们面面相觑,以为教师有"神功",教师娓娓道来,给学生讲解其中的技巧。类似的游戏活动在小学数学课堂中的开展,符合小学生的天性,能够提高学生在数学课堂中的广泛参与度,同时还有助于突破教学的重点与难点,提高小学数学课堂教学质量。[①]

9.1.3 有效利用数学游戏,促进学生的思维能力发展

小学生因年龄以及经验的因素,会对身边的事物充满着好奇。在数学课堂学习的过程中,学生的注意力很容易被其他的事物所吸引,致使精神不集中。如果教师在教学过程中可以充分地利用数学游戏开展教学活动,便可以很好地弥补这一不足,促使学生可以很快地进入数学课堂学习状态,思维活跃,进而提升思维创新能力。

如在学习人教版二年级数学教材中"图形的运动"这一课时,为了让学生理解这一章节的内容,教师可以利用绘画游戏让学生

---

① 江涛.小学数学教学中数学游戏的应用[J].新课程导学,2019(34):88.

集中注意力。比如,教师可以让学生先在自己的练习本的顶格处各画一个正方形、三角形、长方形,然后在本子上其他地方随意画一些大小相等的正方形、三角形、长方形等,最后让学生观察自己画的图形中有哪些可以与顶格的图形相重合并圈画出来,讨论与思考为什么?学生通过观察与讨论,很快便可以得到答案。教师根据学生的回答再进行总结与补充,以加深学生对于图形运动知识的理解,促进学生数学思维发展,从而有效地提高数学课堂教学效率。

9.2 数学游戏与数学符号思维

"数学的本质是概念和符号,并通过概念和符号进行运算和推理",符号性是数学学科的特质。这种具有数学学科特质的符号,即数学符号,是表达数学对象和进行数学思考的工具。[①]

培养小学生的符号意识具有促进学生数学思考、提升数学素养的价值。在教学中要遵循从简单到复杂、从具体到抽象的规律,让学生经历"形象—抽象—符号化"的教学过程。通过在教学过程中引导学生认识符号、理解符号、运用符号,培养小学生符号意识。

数学符号贯穿于整个数学发展过程中,推动着数学不断进步,可以说,整个数学的发展历史就是数学符号产生和发展的历史。培养儿童的符号意识,简而言之就是要让儿童认识符号、理解符号,运用符号进行思考,让儿童感受到数学符号的简洁美和符号化的优越性,从而提升儿童的数学素养,发展他们的数学思维,帮助他们理解数学的本质。

[①] 陶红强. 小学生数学符号意识发展研究综论[J]. 江苏教育研究,2015(16):55-57.

例 9-1 抓三堆游戏。[①]

1. 游戏设计

名称:抓三堆游戏。

道具:小石子或花生米等若干。

游戏方法:

(1)将小石子按三堆放,数量可以相同,也可以不同。为了降低难度,可以先放每堆不超过 10 粒的三堆,主要是感受方法,找规律。待熟练后可以增加。

(2)甲乙两人依次轮流抓取石子,每人每次只能从一堆中抓取,每次抓取哪一堆没有限制,每次不能抓空,至少抓一粒,多者不限,最多可以把一堆一次抓尽。

(3)为了便于说明,我们引入符号,把三堆记为$(a、b、c)$(其中$a、b、c$代表三堆石子的数量,均为自然数),规定谁最后抓尽,即抓的结果变成$(0、0、0)$视为胜利。

(4)取胜秘籍:记住下面的规律

①出现$(a、a、0)$的情况时,后抓的人必胜。

②出现$(1、2n、2n+1)$的情况时,后抓的人必胜。

具体的原因为什么是这样?

游戏的目的:就是让孩子掌握上述规律的基础上,灵活应用,把给出的三堆数变成上面的其中一种形式,逼迫对方先抓,自己是后手,就能获胜。举例:三堆数为$(4、5、6)$,甲乙二人,其中甲先抓,如何保证自己获胜呢?可以先抓 6 变成 1,这样留给乙的是$(2乘2、2乘2加1、1)$,符合规律的第二种形式(三堆数 4、5、1 排列与 1、4、5 排列是一回事)。于是轮到乙抓了,无论怎样抓,甲都会取胜(原因在后面解释)。否则,甲若抓成其他的情况,如甲抓 4 变成 0,留给乙$(0、5、6)$,此时乙把 6 变成 5,留给甲$(0、5、5)$,此时甲败了。这是简单的例子,稍复杂的如$(4、6、8)$。自己试验一下,因为这里面变化情况太复杂了,对思维能形成有效的训练。大家

[①] 刘源. 略论如何让孩子在游戏中培养数学思维[J]. 中国校外教育,2018(26):43-44.

第9章　数学游戏与思维能力培养

想一想,数学平时的解题就是利用公式或者定理来解题,和这个提供的场景是一样的,都是灵活运用为根本,这种训练就是数学方法的训练。当然,比做数学题有趣多了。

2. 原因探析

(1)特殊问题一般化,如三堆是(4、5、6),此时我们变为(a、b、c)处理。

(2)一般问题特殊化,从最简单的开始想起。(甲乙二人,不妨规定甲先抓,乙后抓。)

①若只有一堆时,即(a、0、0)的情况,此时甲胜。

②若有两堆时,又分为两种情况:

这两堆数量相同,为(a、a、0),此时乙胜。

若两堆不同,不妨设 $a<b$,为(a、b、0),此时甲把 b 变成剩 a,得到(a、a、0)留给乙,乙不论怎样抓,甲胜。

③若三堆都有,又要分情况。

其中有两堆相同,为(a、a、c)情况,甲先抓 c 变成 0,留给乙(a、a、0),有上面可知,甲必胜。

三堆中其中任意两堆都不相同,为(a、b、c)(不妨设 $a<b<c$),此时状况就复杂了。下面展开讨论:

我们还是采取从最简单、最特殊的考虑。总体的思路是先研究(1、b、c),依次(2、b、c),(3、b、c),(4、b、c)等。因此,可以发现最先要从(1、b、c)开始研究,这种情况,再从最简单的想起,因此(1、2、3)是最先需要研究的。下面分别叙述。

当 $a=1, b=2, c=3$ 时为(1、2、3)时,甲先抓共有六种情况。第一,甲先抓 1,留给乙(0、2、3),乙抓 3 变 2 为(0、2、2),由前面可知乙必胜。第二,甲先抓 2 得 1 或得 0,若留给乙(1、1、3),乙抓 3 为 0 得(1、1、0)留给甲,乙胜。若留给乙(1、0、3),此时乙抓 3 变 1 为(1、0、1)留给甲,乙胜。第三,甲先抓 3 得到 1,2,0 三种情况,若留给乙(1、2、1),乙抓 2 变 0 为(1、0、1),乙胜。若留给乙(1、2、2),乙抓 1 变 0 为(0、2、2),乙胜。若留给乙(1、2、0),乙抓 2 变 1 为(1、1、0),乙胜。

257

由此可以得到结论,若(1、2、3)留给对方先抓,自己后抓,必然获胜。

当$a=1,b=2,c>3$时,为$(1、2、c)(c>3$的自然数),甲先抓c变为3得到(1、2、3)留给乙,通过化归的方法转化为上面情况,可以得到甲获胜。

当$a=1,b=3,c=4$时为(1、3、4),此时,甲先抓把4变成2就得(1、3、2)留给乙,可得甲获胜。

当$a=1,b=3,c>4$时为$(1、3、c)$,此时,甲先抓c变为2得(1、3、2)留给乙,甲获胜。

当$a=1,b=4,c=5$时,此时甲先抓有10种情况,先抓1得0是一种情况,先抓4可得3、2、1、0四种情况,先抓5可得4、3、2、1、0五种情况,共计10种情况分别讨论。这里不再展开论述,可以得到乙必然获胜。由此得到,当出现(1、4、5)时,留给对方先抓,自己必然获胜。

当$a=1,b=4,c>5$时,甲先抓c变成5,得到上面的情况,此时甲必然获胜。

当$a=1,b=5,c\geqslant6$,甲先把c变成4得到(1、5、4),甲获胜。

依次可以发现(1、6、7),(1、8、9),(1、10、11)都是甲先抓必败,后抓的为胜。所以上述结论表明想方设法留给对手上面的局面,自己获胜。

由此,可以在上述例子的基础上,猜出一般的结论,即为符合$(1、2n、2n+1)(n$为自然数)的三堆数,后抓的获胜。

符号意识很重要。让学生体会符号的使用使表述方便,便于理解。表达的关系深刻、简明。会用符号是会学数学的标志,数学符号是全世界最通用的语言,也是最好的表述方式。数学课程标准提出,要培养学生的符号意识,无论是数学的学习还是社会需要,符号表述我们离不开。

让孩子在游戏中训练数学思维,感受数学文化的浸润,领会符号意识、化归方法、一般到特殊的思路、分类思想、规则灵活运用等数学问题的处理手段。在娱乐中寓教于乐,善莫大焉。

9.3 数学游戏与计算思维

为了全面提高学生的学习兴趣,教师可以通过游戏教学法的应用来更新传统的教学模式,让学生在愉快的游戏过程中学习新知识,体会到数学带来的乐趣。游戏教学法的应用能够全面激发学生的学习热情,让学生能够更好地融入教学情境中,教师在教学游戏设计和选择的过程中,需要结合学生的个性化发展需求,坚持以学生为主体的教学理念,更好地融入教师创设的教学情境中,通过游戏来体会数学学习的魅力,能够运用掌握的数学知识来解决生活中的问题。为了激发学生的自主学习性,教师还可以分别说出不同的时间点数来进行游戏,学生们也能够结合不同的游戏场景设计出不同的有余数的除法算式,通过游戏教学法的应用,不仅营造了一个良好的教学氛围,激发了学生的学习兴趣,还提高了学生与人交流能力、问题设计能力、问题解答能力和知识应用能力,营造出良好的教学氛围,学生们都积极主动地参与到游戏中来,牢牢掌握了有余数的除法知识。[1]

例 9-2 扑克牌凑点游戏[2]

1. 游戏规则

(1)四人轮流抓牌,把这副扑克牌抓完,握在手中,摆成扇形。

(2)学生 A 出两张牌,叫牌,边叫两张牌的和或差(只使用两张扑克牌),边出牌,学生 B 跟牌,用加法、减法运算,凑出跟学生 A 相同的得数,可以跟两张牌或者三张牌;例如:学生 A 叫牌 7 和 5,说"7+5=12",学生 B 跟牌 6、2 和 8,说"6-2+8=12"。

(3)如果学生手中的牌无法凑到与学生 A 相同的得数,也就

---

[1] 孔冬良.情境教学下小学数学与计算思维的融合分析[J].当代家庭教育,2019(36):166.

[2] 陈燕云等.让数学变得好玩——小学一二年级数学课堂游戏88例[M].北京:中国轻工业出版社,2015:89.

是无法凑到"12",就喊"不跟",直到对方都无法凑到相同的得数"12",由最后一次能跟牌者换叫牌;例如:换叫牌"9+7=16",跟牌者就要凑16。

(4)直到一方手里没有牌或者只剩下一张牌,这一盘游戏结束,谁手里的牌少谁就赢。

2. 游戏分析

一年级学生对20以内的加减法有了一定的计算能力,他们对扑克牌有了一些了解,平时用扑克牌玩过简单的游戏,本节课需要借助扑克牌来玩复杂一点的数学游戏。数学素养中的口算能力、观察能力和分析能力,在本节课得到一定的体现,学生这三种能力还未形成,需要通过一系列的动手实践以及游戏活动来引导学生探索、思考。

"凑点游戏"属于知识性游戏,主要是涉及20以内的加减混合运算,学生在跟牌时常常会使用加法、减法、连加、连减和加减混合的运算策略。其中一个学生叫牌并计算两张牌的和,其他同学就要考虑怎样出牌对自己有利,是出两张、三张,还是不跟,这就需要学生善于发现,积极思考,这对培养学生思维的灵活性和提高学生的口算能力起到重要的效果。

3. 游戏目的

(1)理解游戏规则,会使用20以内的数进行加减法口算,尝试寻找游戏取胜策略。

(2)通过小组合作游戏活动,积累利用数学解决问题的经验,初步培养数感。

(3)在游戏中增强学习数学的兴趣,提高观察能力和口算能力,感受到生活中处处有数学。

4. 游戏过程

一、情境导入,认牌识点

导入:老师带给大家一个新的朋友,请同学们观看大屏幕,让同学们齐声回答出图片中的圣诞老人,并让学生说一说圣诞老人口袋里装的神秘礼物是什么,借此引出扑克牌。

第 9 章　数学游戏与思维能力培养

课件出示:扑克牌。

师:这些扑克牌你们都认识吗?(生齐:认识)

认一认:请同学举手或指名让学生回答牌面上的点数,重点是 A 的认识(板书:A=1)

课件出示:从这些扑克牌中,你们发现了什么?(如图 9-1)

图 9-1

生:按照数字的顺序排列。

师提问:你们用这些扑克牌都玩过哪些游戏?(学生举手回答)

生:斗地主、干瞪眼、斗牛。

师:老师发明了一个特别好玩的数学游戏,就是玩扑克,想和咱们班的同学一起玩,你们愿意吗?(生齐:愿意)

【活动目的】情景导入的方式,可以激发学生对扑克牌游戏的兴趣;谈话法,可以拉进与学生之间的距离,为接下来的游戏教学做好铺垫。

二、讲解规则,进行试玩

不过这个游戏啊,有一个规则,你们要读懂了才能玩,现在老师先来读一下游戏规则,看看大家能懂吗,一会老师要邀请三个同学到讲台上示范玩游戏,所以同学们要认真听。

规则讲解:老师一边读一边讲解,示范抓牌和握牌的手势,示范叫牌、跟牌和两张牌口算的过程,并告知大家游戏的赢牌规则。

学生演示:叫三个同学到讲台上示范玩游戏。

【活动目的】以师生问答法的互动形式一起来阅读游戏规则,让学生去思考游戏的原理和玩的方法,使扑克牌游戏变得更加神秘和有趣;学生上讲台演示不仅可以给学生提供一个自我展示的机会,还能检验学生是否真的理解了游戏规则,从而提高学生的学习兴趣。

三、明确规则,分组活动

师:规则清楚了,你们想不想亲自摸一摸扑克牌?(生齐:想)

在玩游戏之前,老师给大家一些游戏的建议。摸:一张一张摸。算:仔细算准确。想:认真想一想。赢了的会有奖励,每一局的小冠军都会得到一个小奖励,玩的时候都要遵守规则,你们能做到吗?(生齐:能)

师:好,现在请组长拿出老师给你们发下去的扑克牌。坐端正了,同学们按照这个规则四人一小组开始玩。

【活动目的】代币奖励法可以激发学生玩游戏的兴趣,提高学生的参与度,四人一小组玩游戏,可以培养学生团结合作的能力,并且能在游戏中培养学生对数字的感知,通过学生的思考和计算,逐步培养学生的口算能力。

四、小结游戏,交流体会

师:现在老师要问问你们,刚才在玩游戏的时候遇到了什么问题,或者有什么体会感受,这些都可以说。

生1:玩游戏时需要按顺序一个接着一个出牌,不然就会乱。

生2:不会握牌。

生3:第一次叫牌可以先出减法算式吗?

师:有哪位同学能帮他解决这个问题,第一次叫牌到底能不能先出减法的算式?(学生举手回答)

生1:不能。因为第二条游戏规则说的是:边叫两张牌的和边出牌。

生2:能。因为只是凑它的得数而已。

小结:这两个同学说的都有道理。其实先出减法还是先出加法都是可以的,因为就像第二个同学说的只是凑它的得数,不影响玩游戏的效果,第二条游戏规则只是举了一个加法例子。咱们班的同学特别会发现问题,并且立马就能解决掉,一个同学提问,其他同学帮忙解答,做得非常好!

在刚才的游戏活动中,每个小组都有一个小冠军,老师想问问我们的小冠军,你是用什么方法赢的呢?

生1:遵循游戏规则,靠运气赢的。

生2:观察手里的扑克牌,认真思考,快速计算。

总结:我们有些同学是靠运气赢的,有些同学有自己的一些小秘诀,还有些同学是仔细观察,认真思考,靠着自己的快速计算赢的。无论是哪一种,都说明同学们遵循了游戏规则,认认真真的玩游戏,同学们做得非常棒!

师提问:我们游戏的最后一条规则是什么呢?

生:直到一方手里没有牌或者只剩下一张牌,这一盘游戏结束。谁手里的牌少谁就赢。

师:那怎样才能做到手里的扑克牌最少,最好是做到一张牌也没有呢?

总结:每个同学手里是10张扑克牌,跟牌的时候可以跟两张或者三张,如果想要手里一张牌也没有,那么就需要在最后找到机会两张两张的出,不出三张牌就能做到手里一张牌都没有,就能赢了。

师:刚刚老师发现有一些小组玩得特别好,现在老师想请玩的成功的一组来给大家展示一下,让我们看看你们是怎么合作的。好,小眼睛都看着他们,保持安静!

师:老师发现有些小组不会玩,通过刚才的交流,现在会了吗?(生:会)

输了的同学不要紧,这只是一局游戏,下次再争取赢一赢,好不好?(生齐:好)

【活动目的】学生在玩游戏的过程中肯定会出现很多问题,并且有很深的感受,游戏结束后及时让学生分享体会和赢的秘诀,不仅能提高学生学习的自信心,训练学生的口头表达能力,还能从中寻找游戏取胜的策略,进一步理解游戏规则。

五、积累经验,再次试完

(1)再次试玩

老师发现有些小组不会玩,通过刚才的交流,现在会了吗?(生齐:会了)输了的同学,现在争取赢一赢,这一次赢了的有奖励,每一局的冠军会得到一个小奖励,这个奖励老师在下课的时候发,保持神秘!大家要记得每次都是谁赢的,这次玩的时候都要遵守规则,你们能做到吗?(生齐:能)开始吧!

(2)交流感受

在刚才的游戏活动中,每个组都产生了冠军。老师想现场采访,小冠军们有什么想对大家说的?或者说一说是靠什么方法赢的?

生1:靠运气赢的。

生2:还没轮到我之前就在心里想着该出哪几张牌,快速计算出结果。

生3:其他同学老是不跟牌,都是我在出牌,所以我就赢了。

总结:我们有些同学是靠运气赢的,有些同学有自己的一些小秘诀,还有些同学是仔细观察,认真思考,靠着自己的快速计算赢的。无论是哪一种,都说明同学们遵循了游戏规则,认认真真的玩游戏,同学们做得非常棒!

师:我们游戏的最后一条规则是什么呢?那怎样才能做到手里的扑克牌最少,最好是做到一张牌也没有呢?

生:谁手里的牌最少谁就赢。

总结:每个同学手里是10张扑克牌,跟牌的时候可以跟两张或者三张,如果想要手里一张牌也没有,那么就需要在最后找到机会两张两张出,不出三张牌就能做到手里一张牌都没有,就能赢了。

【活动目的】学生有了第一次的经验,第二次玩起来就比较游刃有余了,不仅能更好地理解游戏规则,还能慢慢地提高口算速度;每一局的游戏都有输有赢,给冠军一点小奖励,以此来激励孩子们,满足学生的荣誉感;第二次询问学生在玩游戏中的体会,可以从中检验他们是否真的遵循了游戏规则,是否完全熟悉了这个游戏,是否善于去发现游戏中存在的问题,并解决问题。

六、创造规则,升级游戏

师:你们有没有发现,老师给你们提供的这样牌当中是不完整的,看看缺少了谁?

生:J、Q、K,大小王。(板书:J、Q、K、大王、小王)

思考:如果他们也参与到这个游戏当中的话,你想让他们当几?

生1:J当11,Q当12,K当13。

生2:小王当14,大王当15。

师:谁还有其他的不同意见?

生:都当1。

师:这是他创造的规则,你们觉得行吗?你们发明的这些规则只要能找到和你规则一样的小伙伴玩就行。

揭示游戏名称:有没有同学知道这个游戏的名字叫什么?现在老师要告诉大家,这个游戏叫"凑点"。(板书课题)

【活动目的】花牌的加入,是想让孩子们自己去创造游戏规则,培养学生的发散性思维。

七、总结活动,深化认识

师提问:在玩扑克牌游戏的时候,我们应该注意什么?

生:明白游戏规则,遵守游戏规则。

总结:我们在游戏中可以共同创造制定规则,共同遵守。小朋友们,生活中处处有规则。如:过马路要遵守交通规则,在一个班集体中要遵守班级规则。只有遵守规则,我们的生活才会更加文明、有序。

【活动目的】数学来源于生活,数学游戏也同样来源于生活,联系学生的实际,让孩子们感受到生活中处处有数学,处处有规则,只有遵循规则,我们的生活才会更加有序。

例 9-3 找规律,填数字。

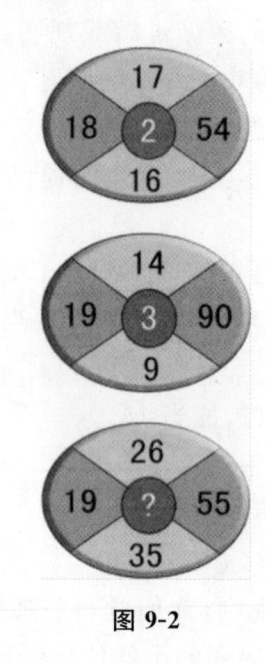

图 9-2

例 9-4 送货任务。

有 4 辆汽车要给图 9-3 中的 7 个地点送货,图中圆圈中的数字分别表示每辆车到达该地时完成任务所需装卸工人数。如果装卸工可以跟车,那么最少要安排多少名装卸工才能完成任务?

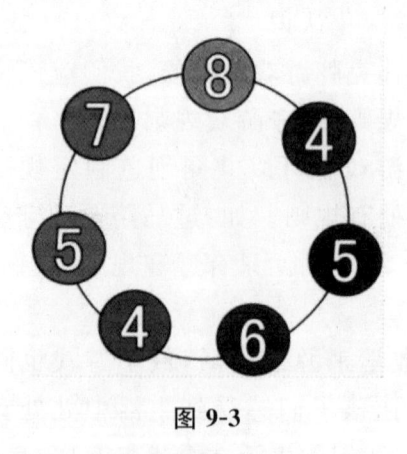

图 9-3

第 9 章　数学游戏与思维能力培养

例 9-5　握了几次手？

明明、冬冬、蓝蓝、静静、思思和毛毛六人参加一次会议,见面时每两人都握一次手,明明已握了五次手,冬冬已握了四次手,蓝蓝已握了三次手,静静已握了两次手,思思握了一次,问毛毛已握了几次手？

例 9-6　挖地雷。

如图 9-4 所示,这是 1 个挖地雷的游戏。在 64 个方格中一共有 10 个地雷,每个方格最多有 1 个地雷。对于写数字的方格,其格中无地雷,但与其相邻的 8 格中可能有地雷,地雷的个数与该数字相等。请你指出哪些方格中有地雷？

图 9-4

9.4　数学游戏与推理

逻辑推理是数学核心素养的重要组成部分,是得出数学结论、构成数学体系的重要方式,是人们在数学活动中进行交流的基本思想品质。但在数学教学中,发现许多学生参与学习的主动性、积极性不高,导致缺乏数学逻辑推理能力。而数学游戏突出教学课程的游戏性,并借助相应的游戏工具,发挥数学游戏的趣味性,达到怡情益智的教学效果,从而激发学生学习数学的热情,积极思考数学的能力,培养学生逻辑推理能力。借助数学游戏培养学生逻辑推理能力是很有意义的。

首先基于学生的兴趣点考虑。游戏本身就是学生喜闻乐见的形式,把游戏引入数学课堂,借助数学游戏培养学生的逻辑推理能力是事半功倍的。传统课堂中的许多逻辑推理题目比较枯燥乏味,学生们学着累,老师讲得也累。然而,将逻辑推理的过程蕴含在游戏过程中,学生在感情上就是投入的,学生学得开心,老师引导得也更加顺畅。

其次是基于学生困难点的考虑。有些数学游戏对学生来说,理解上确实存在一定的难度,但学生跳一跳是能接受的。而前提一定是教师精心设计了每个教学环节,层层深入,步步为营,引导学生慢慢充分理解游戏规则。在设计时,不能只单纯讲规则,要讲、练、说结合,这样,学生的逻辑推理能力才能在此过程中得到初步发展。

最后是基于学生思维点的考虑。学生的思维一般是通过问题引发的。但是,教师问出的问题不能随意,一定要严谨。特别要在恰当的时间提出关键的核心问题,这样才可以引导学生在思考问题时学会找准问题的关键,找对突破口,有条理地思考。在教学过程中,教师不能只关注题目的答案,更要关注学生的思维。语言是思维的外衣,教师一定要认真倾听学生的回答,找出学生思维的误区,并及时纠正,引导其理性思考,这样,学生的逻辑推理能力才能得到进一步的提升。

逻辑性思维,即合理性的构成、关联性的思维表达,是一种基于发散性思维与创造性思维的演算、推理思维,也是一种基础性的数学研究思维,它基于推导演示的数学游戏注重逻辑性的联系。同样的,数学游戏曾对逻辑性的表达进行专项的研究。例如,数学符号化陈述能力的游戏模拟,即是数学逻辑思维的训练及表达。课堂中,以情景创设、人员模拟为切入点开展游戏,假设由 A 同学分别通知 B、C、D 三位同学,且 1 分钟只能通知一位同

第 9 章 数学游戏与思维能力培养

学,通过游戏的方式,确定最佳方案,并同步对方案的逻辑性进行阐述并作数学符号表达的推广。

通过游戏的演示得出,逐一通知,总耗时为 3 分钟;若采用关联性通知的,总耗时仍为 3 分钟,然而采用双向法,即第一位接通知者传递消息时,通知者继续传达消息,总耗时为 2 分钟。由此类推,通过关键线路的逻辑性表达,不难发现最优的通知方式。同时,将该游戏的情境进行升级,若同时通知人员为 7 人,那么采用该方式进行关键线路的研究,并采用不用的数学符号进行时间差的表达,分 4 条关键线路进行逻辑的表达,不难发现,最短时间为 3 分钟。同理,我们可以继续升级情境,将通知人员递增,但是通过关键线路的合理分析表达,即可快速获得关键线路,确定最优耗时方案,并可以采用图标形式进行直观性的表达。这既体现了数学游戏的多样性,也表达了数学教学游戏对逻辑性思维表达的强化。同理,知名的数学游戏——数字的定位推理演示,也是对逻辑性思维的表达。研究时,通过对数字的定位组合,根据相关的要素提出不用的组合假设,纵横向同时满足不同的要求既要全盘对数字进行排列分析,又要在实际排列中进行合理有序的排列组合。这样的数学游戏的实操性,是基于数学游戏知识点关联性的表达,也是数学逻辑性思维发展的过程体现。[1]

例 9-7 猜猜单双数

1. 游戏规则

(1)教师请一位同学在黑板上写 1~9 之间的一个单数和一个双数,左边的数为单数,则右边的数为双数;反之,左边的数为双数,右边的数则为单数,教师背对黑板。

(2)再请学生将左边的数乘 3,右边的数乘 2,把乘积相加的结果告诉教师。

(3)教师去猜测学生左边的数字和右边的数字是单数还是双数,师生共同探究游戏奥秘。

---

[1] 殷勤. 数学游戏与学生思维的发展[J]. 教育,2019(49):55.

2. 游戏分析

本节游戏课是在学生已掌握乘法和加法的基础上进行的,适用于小学二三年级的学生,学生对 100 以内数的加减法有了一定的计算能力,在学生学习了乘法口诀的内容后进行最为合适。将教材中的内容呈现出来,以游戏激发学生的学习、探索兴趣。在游戏过程中重视通过猜想、尝试、探索等方式启发学生的思维。让学生从数学和数学游戏中感受推理,体会数学思想方法,培养学生的推理能力。

此游戏的秘诀是:如果相加的结果是单数,则左手的数字为单数,如果相加的结果是双数,则左手的数字为双数。(左手数是单数时,左手数乘 3 结果也是单数;右手数为双数,右手数乘 2 结果也是双数;相加的结果是单数。左手数是双数时,左手数乘 3 结果也是双数;右手数则为单数,右手数乘 2 结果也是双数;相加的结果是双数。)

3. 游戏目标

(1)在理解单数与双数的意义的基础上,通过游戏探索数与数之间的关系,初步了解单数、双数的运算关系。

(2)通过游戏的设置巩固学生的乘法和加法运算,提高学生的口算能力。

(3)在游戏活动中通过观察、推理探究游戏规律,从而提高推理能力。

4. 教学过程

一、表演游戏,激发兴趣

出示规则:

(1)请一位同学在黑板上分别写 1～9 之间的一个单数和一个双数,左边一个数,右边一个数,不让老师看见。

(2)再请他将左边的数乘 3,右边的数乘 2,把乘积相加的结果告诉老师。

(3)老师去猜测他左手数和右手数是单数还是双数。

第9章 数学游戏与思维能力培养

首先,学生齐读游戏规则。

然后,请一名学生站起来陈述对游戏的理解。

最后,教师先进行示范填写,然后请三名学生上台填写,其他同学注意仔细看他们是否有计算错误。强调助手写的时候学生不要说出来左右手数的数字。

老师猜左右手数是单数还是双数。学生猜左右手数的单双数情况。

(三位同学写老师猜,老师写一组学生猜)

【设计意图】让学生观察他人是否出错,既考察了学生的计算能力,也会激发学生的兴趣,吸引学生的注意力。

表9-1

左手数	右手数	左手数乘3	右手数乘2	相加结果
5	4	15	8	23
8	3	24	6	30
6	7	18	14	32
3	2	9	4	13
7	4	21	8	29

教师猜测结果全部正确,学生猜不对或者猜对了不知道为什么。

师:想一想老师是怎么通过相加的结果判断出左手数是单数还是双数的呢?

【设计意图】游戏单的记录有利于学生观察并发现前后的规律。

二、引导探究,破解奥秘

(一)组内讨论,探究规律。

(1)学生独立思考

观察表格中的数字,你能发现什么?

想一想如何通过相加的结果判断左右手数是单数还是双数。

(2)前后四人一组进行讨论

师:现在很多同学还是摸不着头脑,不知道怎么就可以又快又准地猜出结果,有的同学似乎发现了什么,老师给大家一点提示:观察最后的结果和前面的左手数有什么关系?我们这节课的游戏和什么有关?

【设计意图】让学生先独立思考发现规律,再在小组中进行交流讨论,学生根据教师提示很容易发现其中的规律。这样既教会了学生在遇到问题的时候要先独立思考,也让学生掌握了通过比较和发现来解决问题的方法,并为今后的探索做了铺垫。

(二)交流反馈

师:好,谁有发现吗?和大家分享一下?

(多让学生汇报)

预设:

右手数乘2所得的结果都是双数。/第四列的数都是双数。

左手数乘3所得结果有的是单数有的是双数。/第三列的数有些是单数有些是双数。

后面相加的结果是单数的话,则前面的左手数是单数;后面相加的结果是双数的话,左手数是双数。

(一个同学回答,其他同学重复)

师:她得出了这个结论,我们一起来验证一下。

教师带领学生逐一分析最后相加的结果,并与左手数进行比较验证。

(或者对第1列和第5列进行整体分析)

师:还真是这样呢!那我们就发现了规律:相加的和是双数,左手数是双数;相加的和是单数,左手数是单数。

【设计意图】在这个环节学生有些学生可能发现不了这个规律,需要老师进行适当的引导来突出规律。通过逐一分析,突出对比,让学生明显观察到到规律。

三、深入研讨、探究原理

(一)提出问题

为什么相加的结果是单数,左手数就是单数,右手数是双数?

为什么相加的结果是双数,左手数就是双数,右手数是单数?

第 9 章　数学游戏与思维能力培养

（二）引导观察

(1) 观察第 1 列和第 3 列数字的单双数特点，你能发现什么？

(2) 观察第 2 列和第 4 列数字的单双数特点，你能发现什么？

(3) 观察第 3 列第 4 列和第 5 列数字的单双数特点，你能发现什么？

生 1：第 3 列和第 5 列的数字有单数有双数，第 4 列的数字全是双数。

提问：相加的结果什么时候为单数，什么时候为双数？

生：第三列的数字为单数时，相加的结果为单数；第三列数字为双数的时候，相加的结果为双数。

生 2：第 3 列是单数的时候，第 5 列是单数；第 3 列是双数的时候，第 5 列是双数。

提问：那么第 5 列数字的单双数和第 3 列有关还是和第 4 列有关？（第 3 列）有什么关系？

提问：为什么相加的结果是单数，则左手数是单数，相加的结果是双数，则左手数为双数？（发现第 1 列影响第 3 列影响第 5 列）

（三）得出结论

师引导学生说出：因为左手数是单数时，左手数乘 3 也是单数，相加的结果是单数。因为左手数是双数时，左手数乘 3 也是双数，相加的结果是双数。而右手数无论是单数还是双数，右手数乘 2 都是双数。

【环节说明】对结论进行提问引导学生继续观察、探索，发现几列数字之间单双数的特点，从而发现几列数字之间的联系"第 1 列影响第 3 列影响第 5 列"，得出规律。

四、总结知识，拓展提升

（一）巩固练习

师：同学们观察的非常认真、仔细，说出这么多发现，其他同学有没有想验证一下的，看看到底是不是这样的？现在老师写两张卡片，请同学们猜猜看。

表 9-2

左手数	×3	右手卡片	×2	和
4	12	5	10	22

生：左手卡片上的数字是偶数，右手卡片上的数字的奇数。

师：现在老师公布一下左手和右手分别拿的卡片：左手是 4，右手 5。同学们非常厉害，这么快就猜出来了。

(二)深度体验

师：现在再看这个表格，想想，在最开始老师猜数的时候，你们是什么感觉？

生：神奇的。

师：那现在再看它，是什么感觉呢？

生：有规律，非常简单。

师：同学们，清楚了游戏规律，同桌之间再玩一次。

【环节说明】在这里，学生回忆对于游戏最初的感受，以及现在学习之后的感受，让学生的感受形成鲜明的对比，这样可以激发他们的学习兴趣，而且可以感受到学习后的效果。

在《猜猜单双数》游戏教学中，教师通过列表格对比分析的方式，让学生发现第一列和第三列，第二列和第四列、第三列、第四列、第五列之间的关系，直接推理出第一列影响第三列，从而决定第五列的结果。在这个过程中教给学生利用表格罗列对比的方式推理出数学原理，培养学生的推理能力。

整理和总结数学知识的过程其实是一个从未知到已知的推理过程。在这个过程中，教师应该注重示范和引导学生，要把先后所学的知识联系起来，与学生一起总结数学学习方法，帮助学生积累经验，理解数学思想，从而有效地培养和发展学生的推理能力。

例 9-8 五人猜帽。

五个人站成一列纵队，从五顶黄帽子和四顶红帽子中，取出五顶分别给每个人戴上。他们不能扭头，所以只能看见前面的人头上的帽子的颜色。

开始的时候,站在最后的第五个人说:"我虽然可以看到你们头上帽子的颜色,但我还是不能判断自己头上帽子的颜色。"这时,第四个人说:"我也不知道。"第三个人接着说:"我也不知道。"第二个人也说不知道自己头上帽子的颜色。这时,第一个人说:"我戴的是黄帽子。"

你知道他是怎么判断的吗?

例 9-9 烤肉片的策略。

约翰逊先生在户外有个烤肉架,正好能容纳 2 片烤肉。他的妻子和女儿贝特西都饥肠辘辘,急不可耐。

约翰逊先生:"瞧,烤一片肉的两面需要 20 分钟,因为每一面需要 10 分钟。我可以同时烤两片,所以花 20 分钟就可以烤完两片。再花 20 分钟烤第三片,全部烤完需要 40 分钟。"贝特西说:"你可以更快些,爸爸。我刚算出你可以节省 10 分钟。"

你也可以做到吗?

例 9-10 组合数字。

图 9-5

请把图 9-5 中的各部分组合起来,可以得到哪个选项中的数字?

例 9-11　搬家。

图 9-6

夫妻刚搬进一套六居室的舒适新居。他们有五件大家具：床、桌子、沙发、冰箱和写字台。这些家具如此之大，竟无法使两件家具同时放进任何房间。不巧，家具搬运工又把冰箱和床搬错了房间。现在，户主与他的贤妻已经花了几个小时，想找到一个有效的方案把这两大件家具对调。必须用尽可能少的搬动来完成这项任务。

9.5　数学游戏与图形思维

小学生的思维特性主要是形象思维，而几何概念本身比较抽象，所以，理解抽象几何知识，形成空间概念时，更容易受到心理因素的影响，更容易被物体的颜色和形状之类的要素影响。教育应该以逐渐使学生们通过观察、启动、推论等，来理解简单的几何平面图形的形状和大小，观察物体、模型制作和图案设计等。

小学生们的思维正从直观的形状思考转换为抽象的逻辑思考，他们对几何人物的理解根据人类对人物和几何学的理解的初期阶段，即根据生活和生产等实际经验，根据直观的观察和反复的实验，不可能立即构建比较完善严格的科学知识和分析方法系

第9章　数学游戏与思维能力培养

统。因此,在教学中,需要以现有的知识为基础,寻找成长点,教授新知识,并在新知识的成长点改善关系。①

在有关数学知识实践和应用上,学生倾向于强调数字而不是"形"。学生解决问题时只注意问题的数据,根据数据直观地思考忽视几何的特性,从而发生错误。有研究者指出:"学生的知识不是来自事物,而是来自行动。"让学生们通过独立思考或合作沟通来探索问题,解决问题,让学生们加深对几何图形、视线移动的理解,内在地培养知识,获得成功,刺激关注,增强自信心经历了数字和形式的组合,从而获得了解决数学问题的战略。

在小学数学的教学中,观察力是学生需要具备的技能之一,在平面图形相关的教学中,若是学生不能有效区分、归纳图形的特征,不利于学生形成空间想象力,难以顺利开展后续的教学。磁力片通常用于 STEAM 课堂,具有各种形状,如三角形、正方形、圆形、半圆、扇形等,因此教师可以将之运用于平面图形的教学中,引导学生通过盲摸游戏学习几何知识。

例 9-12　认识图形。

下面以苏教版一年级《认识图形》为例,教师可以让学生两人一组,在桌子上放置几个形状不同的磁力片,其中一人蒙上眼睛,由另一人说出要找的图形,蒙眼的人通过触摸磁力片找出对的图形。游戏结束后,教师询问学生为何能摸出正确的图形,学生回答"三角形有三条边、三个尖尖的角;圆形的边是圆的,没有角"在此过程中,学生因为盲摸游戏会对课堂感到新奇,能在轻松的氛围中学到数学知识,可以通过闭眼摸磁力片辨认出平面图形,最后还能用语言描述出平面图形的特征、异同,同时学生可以增强观察力与语言表述能力,有利于平面图形后续教学的开展。

1. 背景介绍

《长方形、正方形和平行四边形》是义务教育课程标准实验教科书(人教版)小学《数学(第五册)》第五单元第一课时的内容。

---

① 林苑黛. 小学几何图形思维能力的培养探析[J]. 福建教育学院学报,2020(08):98-99.

这节课的主要目的是结合学生的生活经验,认识长方形、正方形、平行四边形这三种图形的特征。在学习前,学生对这三种平面图形已经有了初步的认识,在生活中也有大量的感性认识。"玩"是孩子的天性,根据三年级学生的年龄特点和生活经验,我从"以人为本,玩好数学"的设计理念出发,在教材上进行了大胆的处理,以"玩"贯穿整个教学过程,设计了游"图形乐园"的游戏,引导学生从"找、探、用"等"玩"中去理解这些图形的特征。

2. 案例描述

一、带领学生从生活中"找"数学

新课伊始,老师通过电脑媒体创设一个情境:"告诉大家一个好消息,图形乐园,开通了,今天老师就带大家去大开眼界,你们说怎么样?"这一问极大地激发了学生的学习兴趣。然后老师带领学生"前往"乐园,一路上过三关,认识和回忆了生活中的长方形、正方形和平行四边形,同时演示把一个长方形教具拉成平行四边形,让学生初步感知平行四边形。

(点评:这个环节从生活入手,体现了"生活中有数学,数学存在于生活"的思想。教师通过创设情境,带大家到乐园玩,使学生立刻感兴趣。在去乐园的路上,一路闯三关,把学生带回到他们熟悉的生活场景中去,使他们体会到数学就在身边,从而对数学产生亲切感。)

二、引导学生从操作中"探"数学

(1)明确要求。到达乐园,老师引导学生阅读入园须知:各位游客,图形乐园实行识图入园的措施,游客须说出门票的形状,研究出图形的特点,并说说你是怎样发现的,验证合格,才能进园。

(2)探究图形。老师出示三种形状(长方形、正方形、平行四边形)的门票,引导学生观察、讨论,知道它们都有四条边和有四个角。接着鼓励学生猜想。

师:每个图形形状不一样,说明它们都有各自的特点,我们来猜一猜,好吗?

生:我猜,长方形相对的边可能一样长。

生：我想，正方形的四个角都是直角。

老师根据学生汇报进行板书，形成猜想图。然后，请学生到组长那儿选取自己喜欢的门票，自己动手来进行验证。学生自主选择，小组合作，利用桌上的尺子、笔、剪刀等学具，动手操作，研究图形门票的特点，并把验证的结果在小组里和班里进行交流。

(3)交流汇报。学生各抒己见，方法非常多，有量的、比的、折的、画的，还有的学生把鞋带都拿出来量了，课堂非常活跃。老师根据学生的发现，把猜想图进一步整理，形成板书图。最后，电脑演示这三种图形的特点，进行验证。

(点评：这个环节教师通过对学生进行学法指导，引导学生在玩门票中学会观察、猜想、验证、交流、整理的方法。并且通过动手折一折、比一比、量一量等方法，给学生充分交流、表达的机会，使本节课的重点和难点轻易化解。在这个环节中，还处处体现了评价的促进作用。老师鼓励性的语言，同学们的肯定，使每一个敢于表现的学生信心倍增，学习热情高涨。)

三、组织学生在游玩中"用"数学

进园后，大屏幕出现了五个小乐园，学生高兴地欢呼起来。老师说："快点告诉老师，你最喜欢到哪个游乐场玩啊？"老师设置的这五个小乐园是供学生自主选择的，可随意点击，不分先后。

(1)找朋友。

一进入这个乐园，屏幕出现："我是长方形。""我是正方形，你是我的好朋友。""我是平行四边形，长方形是我的好朋友。"三种图形在争论，老师问："你认为谁跟谁才是好朋友呢？请把你的意见跟组里的同学说一说。"

生：我发现正方形和长方形是好朋友，因为它们的四个角都是直角。

生：不，平行四边形是长方形的好朋友，因为它们的对边相等。

生：长方形能变成平行四边形。

(学生演示长方形能变成平行四边形。)

生:不,它们三个都是好朋友,都有四条边、四个角。

师:哦,原来这三种图形都是好朋友。大家看。(演示图形变化。)

师:三个好朋友玩得真开心呢,它们还想跟我们玩捉迷藏的游戏呢,大家找找看,他们藏到哪里去了?

(2)瞎子摸鱼。

屏幕出现藏宝箱的话:"小朋友,这里有很多漂亮的图形卡片,请闭上眼睛,如果你能猜出你摸到什么图形,这张卡片就是你的了。"

师:你们想来摸一摸吗?

教师拿出藏宝箱,学生争先恐后地要参加。教师指名几个学生摸,并让他们说出是怎样猜的。摸对的,说得好的,就把卡片送给他。学生都争着要上来,最后,教师让学生分小组玩一玩。

(3)好农夫。

师:我们去看看农夫叔叔在干什么。你们看。

(课件演示:农夫叔叔说他画的这几块菜地都是平行四边形,你认为对吗?)

生:一个画得不对,因为平行四边形的对边相等,这个上边长,下边短。

师:你的眼睛真灵,一眼就看出来了!

师:大家真了不起,帮农夫叔叔纠正了错误。现在农夫叔叔还有一个问题:我准备在这块稻田上画一块长方形和一块正方形菜地,该怎么办呢?

师:同学们拿出钉子纸,帮他画一画。

学生在钉子纸上画长方形和正方形,并拿到上面来,让大家评一评。

生1:真漂亮,你的绘图能力真不错。

生2:他画的地真大啊,农夫叔叔肯定很满意!

生3:他真粗心,画缺了一条边。

师:没想到我们来乐园玩还能用我们学到的知识帮农夫叔叔

第 9 章　数学游戏与思维能力培养

做了一件好事,现在农夫叔叔请大家到其他游乐场玩!

(4)摆一摆。

这个乐园是让学生玩七巧板的,学生从七巧板中找出平行四边形,并自选几块图形,拼成一个平行四边形。

在玩七巧板中,学生跟周围的同学比拼,有的学生用了 3 块图形拼成了一个平行四边形,有的用了 4 块、5 块、6 块,甚至有的学生用了两副七巧板拼成了一个平行四边形。学生的思维活跃,动手能力增强。

(5)巧裁缝。

乐园里的小精灵说:"小朋友,你们能把门票剪成另外两种图形吗?请试试看。"

师:小裁缝要求我们做什么呢?

生:把门票剪成另外两种图形。

师:我们赶快行动,剪得好就是巧裁缝!

学生动手剪一剪,并把剪好的图形拿到上面来展示,学生对作品进行评价。

(点评:这个环节教师设计了五个游乐场和两个秘密关口供学生去自主选择和探索。让学生从"找朋友"中了解三种图形之间的联系;从"瞎子摸鱼"中去摸图形,说图形,进一步强化了学生的知识基础;从"好农夫"中去认识平行四边形和画长方形与正方形;在"摆一摆"中,通过从七巧板中自选几块图形,拼成一个平行四边形,锻炼了学生的拼摆能力;从"巧裁缝"中,把门票剪成另外两种图形,训练了学生的动手能力。学生在这几个环节中玩得尽兴,玩得起劲,开放式的设计更显出学生的主体地位,而且也把原本枯燥、单调的练习变得生动、活泼。)

3. 教学反思

这节课力图体现"以人为本,玩好数学"的教学理念。

(1)创设情境,调动学生"玩"的兴趣。上课伊始,通过电脑媒体创设了一个情境和提出问题,一下子就激发了学生的学习兴趣。之后又创设了几个小乐园,如找朋友、瞎子摸鱼等,大情境中包含着小情境,使学生自始至终兴趣盎然。

(2)转换角色,提供学生"玩"的时间。教学中,尽量提供更多的时间让学生在玩中探索、交流、获取知识。如:在探究图形特征时,放手让学生先猜想、探究、交流,学生在玩中学知识、用知识,体验到了数学的价值。

(3)指导学法,交给学生"玩"的钥匙。"玩"数学,要教给学生"玩"的方法,让学生亲自打开数学知识的大门,在数学王国里自由自在地畅游。这节课中,老师引导学生运用"观察、猜想、操作、交流、整理"的方法,来探索这三种图形的特征,效果良好。

(4)联系生活,拓展学生"玩"的空间。数学来源于生活,又应用于生活。一旦和生活联系起来,就变得生动、活泼了,花样也就层出不穷了。如在游戏的过程中,老师设计了"鱼塘""农田""裁缝店"等生活中的情境,让学生在"鱼塘"中玩瞎子摸鱼,在"农田"里帮农夫圈出长方形、正方形、平行四边形的菜地,在"裁缝店"里,把门票剪成另外两种图形。通过这样的设计,学生玩的空间大了,兴趣也自然被激发出来了。

(5)注重评价,提高学生"玩"的效果。在这节课中,通过师评、他评、自评等形式,尊重每个学生的不同个性和不同发展,用激励性的语言和欣赏的目光来肯定每一个学生,让每个学生都有成功的机会。

(6)大胆开放,关注学生"玩"的过程。课堂中,从多方位、多角度去关注学生的学习过程,开放学生的思维。在"游乐园"这个环节中,就很好地体现了开放性这一特点。主要表现在:一是练习设计的开放,充分调动学生的感官,让学生在摸、剪、画、数、摆中去强化认识;二是学习场景的开放,让学生自主选择活动内容;三是学生思维的开放,让学生从多方面、多角度去探究问题;四是实现学习结果的开放,让学生充分表达自己的发现。

第 9 章　数学游戏与思维能力培养

9.6　数学游戏与创造性思维

"数学好玩",这是著名数学大师陈省身对我们当下数学教学的一个美丽期待。数学游戏很好地契合了陶行知先生提出的"六大解放"即解放小孩子的头脑,解放小孩子的双手,解放小孩子的眼睛,解放小孩子的嘴巴,解放小孩子的空间,解放小孩子的时间。通过数学游戏来培养儿童的创造性思维不失为一种有趣、有味和有效的路径。当孩子们被一个个好玩的数学游戏深深吸引时,当孩子们成功的破解了数学游戏中的密码时,洋溢在他们脸上的不仅仅是欢笑,更是智慧与创造。

创造性思维是思维分析再造的表达力,它是一种通过在发散性思维下的辩证整合,不断推陈出新的思维方式。数学游戏的实践性,对于学生的创造性思维具有一定的推动作用。

曾有专家做过数学游戏与学生创造性思维的关联性研究。以火柴棒论证三角形的边长关系为例,实验人员分别为参加研究的学生发了一根 5cm 和 3cm 的木棒,并提出问题:再配一根多长的木棒就可以围成三角形,共有多少种围法?同时,哪些情况不可以围成三角形?学生们通过不断的尝试围拼,得出结论:3cm 至 7cm 的木棒均可以围成三角形。据此,学生们对不可以围成三角形的木棒长度进行了分析论证,然后以一根 3cm 的木棒、一根 2cm 的木棒为例,进行了结论的推广。同样得出结论,2cm 至 4cm 的木棒可以围成三角形。最后,学生们进行了大胆的假设,得出了三角形边长关系的初步理论,即:已知三角形边长 a、b,那么第三边边长 c 的关系为:c 大于长边短边差值且小于两边之和。这样经过与理论知识的对比,进一步验证了三角形的几何关系。通过对参与研究的学生的思维测试,发现参与自主研究的学生,其思维敏捷度与对获得认知的理解度大于非自主研究学生,这也说明数学游戏情景下的创造性思维高于一般情况下的思维。①

例 9-13 高矮。

1. 背景介绍

《高矮》是义务教育课程标准实验教科书(人教版)小学《数学(第一册)》第 10 页的内容。高矮在学生的日常生活中已有接触,这节课通过游戏的方式进行学习。学生在一系列的游戏中感受高矮的意义,学习高矮的比较方法。

2. 案例描述

一、游戏一:摘苹果

黑板上画着一棵大树,树上挂满苹果,有高有矮。

师:秋天来啦,苹果熟了,谁愿意来把苹果摘下来放到篮子里?

生:我来我来!(学生摘到下方的苹果,怎么都拿不到黑板上方的苹果。老师却轻松地将苹果拿下来。留下一个学生。)

师(问留下的学生):你为什么没能摘到苹果,而老师为什么能摘到呢?

生:因为老师长得高,我长得矮。

师板书:高矮。

师生:老师和同学比,老师高,同学矮,老师比同学高,同学比老师矮。

二、游戏二:全体学生参与想办法比身高

师:老师个子高,小朋友个子矮,你们一眼就看出来了,现在你们找自己身边的同学比比高矮,看看你们能不能一下子就比出谁高谁矮?

(全体学生参与,想办法比身高,探索比高矮的方法,并汇报。)

生1:我们是这样比的。(演示面对面比。)

师:谁知道这样比叫怎么比啊?

生:面对面比。

---

① 殷勤. 数学游戏与学生思维的发展[J]. 教育,2019(49):55.

师:大家觉得这种方法可以吗?

生:可以。

生2:我们是这样比的。(演示背靠背比。)

(学生想出了三种比较高矮的办法:面对面比、背靠背比、靠墙比。)

三、游戏三:猜一猜谁长得高

演示课件情境图:

图1　　　　图2　　　　图3　　　　图4

师(出示图1):请小朋友们猜一猜,谁长得高些?

生:男比女高。

师(出示图2):看看到底谁长得高?

生1:女孩高。

生2:一样高。

师(出示图3、图4动态课件):请你看看是谁长得高?

生1:女孩高。

生2:一样高。

师:原来是女孩高些。对他们比较高矮的办法你有什么意见?

生1:两人比身高不能一个人站在凳子上,一个人站在地上。

生2:也不能踮起脚比。

师:那你们说应该怎么比较高矮?

生1:站直比。

生2:立正比。

生3:还要大家站在同一个地方,不能一个人站凳子上,一个人站在地上,也不能踮起脚。

师(小结):判断高矮要有统一标准,大家首先应该脚跟并拢站直,立正来比,可以用背靠背的方法比,也可以用面对面的方法比。

四、游戏四:摆高

师:我们身边的物体也可以比高矮,拿出身边的东西摆摆,看哪个小组摆得最高。摆的时候,要想想怎样摆才能摆得更高些。(小组活动。)

师:说说你们摆得高的办法。

生1:竖着摆高些,但容易倒下来。

生3:大的放下面,小的放上面。

五、游戏五:排队

每一个小组的同学按高矮排成一队,比比哪个小组排得最快。(排好之后说说谁最高,谁最矮。)

六、游戏六:找朋友

三个人比高矮,看谁最高,谁最矮。

3. 教学反思

(1)学生已有的经验是学生主动学习的基础。由于要将一年级学生日常生活的许多活动规范化、常识经验系统化,因此,学生已有的生活经验对于他们理解数学知识是十分重要的。将生活中有关数学现象的经验进行类比、分析、归纳,加以总结,从而逐渐建立起规范化、系统化的数学知识。我们的课堂教学需关注学生已有的生活经验,引导学生自主探索。

(2)兴趣是学生主动学习的源泉。兴趣是学习成功的起点。"高矮"的现象是日常生活中经常可以接触到的,学生学习时并不觉得是一种负担,而是主动地进行观察、猜测、交流等数学活动,通过运用数学知识解决日常生活中碰到的"高矮"问题,体会到学生活中的数学、学有用的数学的乐趣。

(3)和谐的课堂教学氛围是学生主动学习的保障。实践证明,良好的课堂气氛能激活学生的脑细胞,激发他们的学习兴趣,开发他们的思维潜能,从而有效地促进他们接受新知识,并在获

第 9 章　数学游戏与思维能力培养

得新知识的基础上进行联想、综合、分析、推理等创造性的学习,进而提高课堂的效率和质量,使师生都获得精神上的满足。本课教学中,教师与学生是处于一种游戏和玩耍的状态中,学习变得更有趣、和谐、欢乐,学生的自尊心得到保护,自信心得到体现,刺激了他们的表现欲,从而产生学习的动力。

参考文献

[1]《小学数学思维》编写组.小学数学思维[M].南京:江苏凤凰科学技术出版社,2018.

[2]程凯,王非.能力培养与思维训练[M].开封:河南教育出版社,1991.

[3]杜逢光.小学数学创造思维训练[M].太原:希望出版社,1998.

[4]冯回祥.思维方法与数学教学思维方法在小学数学教学中的应用[M].武汉:华中科技大学出版社,2018.

[5]冯克诚,肖坚强.最新小学素质教育课堂教学实用方法书系 小学数学思维能力培养与训练(下)[M].修订版.呼和浩特:内蒙古大学出版社,2000.

[6]冯克诚等.创造性思维的能力与技巧[M].北京:华语教学出版社,1996.

[7]金成梁.小学数学教学与逻辑思维能力培养[M].南京:江苏人民出版社,1983.

[8]柯友辉.全世界孩子都爱玩的700个数学游戏[M].长春:吉林出版集团股份有限公司,2018.

[9]林崇德,申继亮.小学数学与思维能力培养[M].北京:华艺出版社,2001.

[10]罗祥森.小学数学思维能力升级[M].福州:福建教育出版社,2019.

[11]牛跃林,郭春霞.小学数学思维训练[M].赤峰:内蒙古科学技术出版社,2017.

参考文献

[12]苏丹.谈小学数学教学中思维能力的培养[M].开封:河南教育出版社,1984.

[13]王传旭,邱章乐.教育思维学[M].长春:吉林大学出版社,2013.

[14]王春陵.数学的思维与发展[M].长春:吉林科学技术出版社,2006.

[15]王永春.小学数学思想方法解读及教学案例[M].上海:华东师范大学出版社,2017.

[16]温寒江,陈立华,魏淑娟.小学数学两种思维结合学习论马芯兰教学法的研究与实践[M].北京:教育科学出版社,2016.

[17]温寒江.小学数学思维训练与能力培养[M].北京:教育科学出版社,2016.

[18]沃建中.小学数学教学心理学[M].北京:北京教育出版社,2001.

[19]吴立宝,赵思林.小学数学教学与案例研究[M].成都:四川大学出版社,2014.

[20]吴正宪,刘延革.发展儿童数学关键能力[M].北京:教育科学出版社,2017.

[21]徐素珍.小学数学教学的实践与探索[M].上海:上海交通大学出版社,2017.

[22]叶笑天,马蕊琼.超好玩的600个思维游戏[M].北京:中国纺织出版社,2017.

[23]俞海东.数学思维培训基础教程[M].合肥:中国科学技术大学出版社,2018.

[24]俞洁文.小学数学学科综合与实践教学案例研究[M].芜湖:安徽师范大学出版社,2016.

[25]张春莉.小学生数学能力评价研究[M].北京:人民教育出版社,2010.

[26]张春莉.小学数学能力培养[M].北京:北京师范大学出版社,2014

[27]张天孝.小学数学能力训练系列图形与几何 第二册[M].杭州:浙江教育出版社,2016.

[28]张天孝.小学数学思维训练 第5册[M].杭州:浙江大学出版社,1993.

[29]张祥斌.聪明孩子快速提高数学能力的500个思维游戏[M].北京:中国画报出版社,2016.

[30]张玉军.小学数学思维训练营[M].延吉:延边人民出版社,2009.

[31]赵思林,潘超,刘成龙.数学教学探索与研究[M].成都:四川大学出版社,2017.

[32]马建霞,张晓丹.小学生数学发散性思维的调查研究[J].运城学院学报,2019(6):65-69.

[33]安美景.对培养学生数学创造性思维能力的思考[J].新课程(教研版),2009(8):23-24.

[34]陈立华,魏淑娟,王晓松.小学数学思维训练与能力培养[M].北京:教育科学出版社,2016.

[35]陈燕云等.让数学变得好玩——小学一二年级数学课堂游戏88例[M].北京:中国轻工业出版社,2015:89.

[36]黄翔.理解把握数学课程中的核心概念(二)——《义务教育数学课程标准(2011年版)》解析之四[J].小学数学教育,2012(7):12-15.

[37]江涛.小学数学教学中数学游戏的应用[J].新课程导学,2019(34):88.

[38]金李会.中学生数学思维障碍的成因分析和对策探讨[J].高中数理化,2011(8):24-25.

[39]孔冬良.情境教学下小学数学与计算思维的融合分析[J].当代家庭教育,2019(36):166.

[40]赖静.数字化资源在小学数学课堂体验式学习中的应用研究[D].赣州:赣南师范大学,2018.

[41]李艳秋.小学数学教学中建模思想的渗透实践研究[J].

数理化解题研究,2016(15).

[42]林刚强.新课标视域下优化小学探究式学习的策略探析[J].中小学教师培训,2020(5):67-72.

[43]林苑黛.小学几何图形思维能力的培养探析[J].福建教育学院学报,2020(08):98-99.

[44]刘燕.浅谈数学创新思维的培养[J].时代人物,2008(6):169-170.

[45]刘源.略论如何让孩子在游戏中培养数学思维[J].中国校外教育,2018(26):43-44.

[46]陆国良,胡明明.直观演示化解"矛盾"[J].思想政治课教学,2017(12):40-43.

[47]陆燕华.浅析数学游戏在小学数学教学中的有效应用[J].新课程导学,2019(S2):89.

[48]莫翠英.探析化解小数数学计算教学难点的有效策略[J].读写算:教育教学研究,2013(2):130-131.

[49]彭聃龄.普通心理学[M].北京:北京师范大学出版社,2001.

[50]施益新.从"怎么想到的"谈面积公式推导的教学落脚点[J].小学教学研究(教师版),2009(3):41-42.

[51]数学课程标准研制组.数学课程标准解读[M].北京:北京师范大学出版社.2002:172-174.

[52]司荣梅.浅谈在应用题教学中如何培养学生的思维能力[J].石油教育,1998(8):56-58.

[53]孙保华,杨国华."奇妙的图形密铺"教学设计[J].中小学数学:小学版,2008(5):31-33.

[54]孙杰.培养数学思维能力与学生素质的提高[J].德州学院学报(自然科学版),2001(2):25-27.

[55]谭鑫.浅谈高职数学教育中创造性思维及其培养[J].大学时代:b版,2006(6):70-71.

[56]陶红强.小学生数学符号意识发展研究综论[J].江苏教

育研究,2015(16):55-57.

[57]腾发祥.数感及其教育价值[J].课程·教材·教法,2004,12.

[58]王成营.数学符号意义及其获得能力培养的研究[D].武汉:华中师范大学,2012.

[59]王青建.数学是什么[J].自然辩证法研究,2000,16(1):1-5,36.

[60]王绍诚.对新《数学课程标准》的认识[J].课程教材教学研究（小教研究）,2012(Z6):36-37.

[61]温寒江,陈爱苾.让青少年智力得到最佳发展:两种思维的智力基本理论[M].北京:北京科学技术出版社,2006.

[62]文江涛.浅谈画图与几何形体的教学——培养小学生几何空间观念的金钥匙[J].雅安职业技术学院学报,2015(3):79-80.

[63]徐丹丹.谈培养学生思维技能方法[J].吉林教育,2013(5S):7-7.

[64]徐素珍.培养小学生数学思维能力的有效途径[J].新课程研究,2012(10):150-152.

[65]徐文彬,彭亮."游戏教学法"解析及其运用——小学数学教学方法系列研究之九[J].教育研究与评论（小学教育教学）,2016(10):5-11.

[66]殷勤.数学游戏与学生思维的发展[J].教育,2019(49):55.

[67]于留珍.初中生合情推理能力的培养[J].成功（教育）,2012(7):173.

[68]张丹.小学生数据分析观念发展过程的研究[D].沈阳:东北师范大学,2015.

[69]赵华.数学思想与方法在高中教学中的渗透研究[D].苏州大学,2011.

[70]郑昌建.数方格在平面图形面积公式推导教学中的妙用[J].新课程（小学）,2016(4):126-127.

[71]郑娜,陈发志.以图为纲,准确把握圆锥曲线[J].求学,

2020(21):56-58.

[72]中华人民共和国教育部制订.数学课程标准(实验稿)[S].北京:北京师范大学出版社.2001:7-9.

[73]左峰辉.对职业院校学生数学学习过程性评价的思考与研究[D].首都师范大学,2006.